科学与文化

汪品先 著

人民日报出版社
北京

图书在版编目（CIP）数据

科学与文化 / 汪品先著 . -- 北京：人民日报出版社 , 2024.5
　ISBN 978-7-5115-8283-6

Ⅰ . ①科… Ⅱ . ①汪… Ⅲ . ①人文素质教育 Ⅳ . ① G40-012

中国国家版本馆 CIP 数据核字 (2024) 第 090901 号

书　　　名	科学与文化 KEXUE YU WENHUA
作　　　者	汪品先
出 版 人	刘华新
策 划 人	欧阳辉
责任编辑	寇　诏　杨冬絮
装帧设计	观止堂_未　氓
出版发行	人民日报出版社
社　　　址	北京金台西路 2 号
邮政编码	100733
发行热线	（010）65369509　65369527　65369846　65363528
邮购热线	（010）65369530　65363527
编辑热线	（010）65363105
网　　　址	www.peopledailypress.com
经　　　销	新华书店
印　　　刷	大厂回族自治县彩虹印刷有限公司
法律顾问	北京科宇律师事务所 010-83622312
开　　　本	710mm×1000mm　1/16
字　　　数	310 千字
印　　　张	23
版次印次	2024 年 6 月第 1 版　2024 年 6 月第 1 次印刷
审 图 号	GS（2024）1146 号
书　　　号	ISBN 978-7-5115-8283-6
定　　　价	88.00 元

前　言

在同济大学任教50余年，深感文理脱节是阻碍创新思维的"毒药"，同时我也明白许多事情光提意见是没有用的，说一百遍不如自己做一遍。于是，2021年我开设了一门通识课，就叫"科学与文化"，一共八讲，每讲两节课。开课的宗旨是"想在科学和文化之间构筑桥梁，哪怕只是架在校园角落里的一座小木桥"。没有料到的是这门课反应强烈，不但吸引了校内同学，还惊动了媒体，观看网上直播的观众动辄数以万计。

在课程介绍里我对学生们说："这门课并没有'要考的'知识，也不教你'有用的'技巧。这门课的目的只有一个：让你多想想。"想什么？想科学和文化的关系。"这门课将向你鼓吹科学就是文化，科学创新要有文化元素。"我想要告诉同学们：科学既是生产力，又是文化。作为生产力，科学是有用的；作为文化，科学是有趣的。但是我们往往说了前一句、丢了后一句。基础科学的原动力并不是应用，而是好奇心。正因为科学是有趣的，老师用不着虎着脸教，学生也不需要皱着眉头学。课堂上就是要点透这"有趣"的"趣"在哪里，什么样的"好奇心"造就了科学家。

有一个重大问题需要"科学与文化"课程来回答：为什么现代科学不会产生在中国，而只能在欧洲产生？这就需要比较东西方的历史。中国有规模地引进现代科学，是从一个半世纪前的洋务运动开始的。可是洋务运动要求"中学为体、西学为用"，也就是去除了科学的文化属性，以至于时至今日，科学创新仍然遇到障碍。这门课试图从历史的深处来回答这些问题，我的结论是所谓东西方文化差异，本质上就是海洋文明和大陆文明的区别，科学创新的潜力要从文化深处去发掘和释放，不能单靠号召和刺激。

因此，我安排了八讲对此加以讨论。第一讲从"科学的产生"破题，回顾现代科学产生的历史和在中国遇到的困难。接下去用三讲来解释为什么说科学"有趣"：从人类的视野（第二讲）、世界的海洋（第三讲）和科学家的"好奇心"（第四讲）的不同角度，来展现大自然的奥秘与美丽，来说明科学和艺术之间的共性，来解释什么是科学家精神，总之是用文化的视角来看科学。然后用三讲比较东西方的科学与文化，探讨两者的差异究竟在哪里：从不同的教育（第五讲）、不同的文化（第六讲）和不同的文字（第七讲）出发，指出欧洲和中国的区别，根源就在于海洋文明和大陆文明的不同。我国当前的任务是要把传统文化和现代科学结合起来，创造海陆皆顾的中华民族现代文明，提高社会主义现代化强国的软实力。最后第八讲"地球的未来"讲的是当代科学家提出的政治、文化问题，探讨人类可持续发展的前景和陷阱。所以这本书的后四讲，都试图从科学的角度来看东西方文化。

这本书是修改整理后的讲课记录，当书稿整理完之后我仍觉得意犹未尽，于是又加了一段"引言"。在每次讲课之后都组织了同学提问、老师回答，促成了课程的双向交流。只是提问太多，只能选一部分作课堂回答，附在本书各讲的末尾。

2023 年 3 月

目 录

引言 *001*

第一章　科学的产生

第一节　现代科学传入中国的历史回顾　　*010*

第二节　人类早期的智力劳动产品　　*016*

第三节　古文明中的科技早期发展　　*020*

第四节　文艺复兴与现代科学产生　　*029*

第五节　四百年来的科学加速发展　　*037*

第二章　科学与视野

第一节　视觉与视角　　*050*

第二节　人类视野的空间拓展　　*057*

第三节　人类认知的时间尺度　　*068*

第四节　"人类中心观"　　*082*

第三章　人类与海洋

第一节	初识海洋真面目	**098**
第二节	在平面上进入海洋	**102**
第三节	在垂向上进入海洋	**112**
第四节	成也海洋，败也海洋	**125**
第五节	民族复兴的海洋关	**130**

第四章　科学与好奇

第一节	科学源自好奇心	**138**
第二节	科学创新和艺术	**148**
第三节	失误与学术造假	**155**
第四节	科学普及与"票友"	**163**
第五节	思想活跃与创新	**170**

第五章　创新与教育

第一节	学校：多种教育形式	**180**
第二节	变革：中华教育沿革	**188**
第三节	创新：应试教育反思	**194**
第四节	治学：变灌输为吸取	**203**
第五节	珍惜校园岁月	**210**

第六章　东西方文化

第一节	硕果仅存的华夏文明	**220**

第二节	东西方文明比较	**231**
第三节	东学西渐与西学东渐	**239**
第四节	现代科学与古代文化	**248**
第五节	中国人重新认识自己	**255**

第七章　科学通用语

第一节	信息交流的载体：从语言到文字	**268**
第二节	世上文字知多少：民族分裂之招	**278**
第三节	世界通用语演变：东亚古文化圈	**286**
第四节	汉字与现代科学：两种文化之选	**297**

第八章　地球的未来

第一节	科学引发的国际议题：全球变暖的提出	**310**
第二节	温室效应的科学症结：碳循环气候效应	**320**
第三节	学术争论的文化背景：西方的末日文化	**329**
第四节	地球表层系统的演变：宜居地球的形成	**337**
第五节	人与自然的协调发展：突破"人类中心观"	**348**

图片来源　　　　　　　　　　　　　　　　**355**

致谢　　　　　　　　　　　　　　　　　　**357**

引 言

之所以"科学与文化"需要专门开课讨论,是因为两者之间的关系出了问题。从学校到社会,科学与文化的脱节不但阻碍了文化的与时俱进,更遏制了科学创新能力的发挥。如果把这本洋洋二十多万字的书浓缩为一句话,那就是:科学创新的基础在于创新文化。

◎ 科学与文化之争

科学和文化脱节,不只是在中国。科学发展太快,连现在欧洲的文化也与科学脱节了。1959年,斯诺(C.P. Snow,1905—1980)教授在剑桥大学发表了关于"两种文化"的演讲,埋怨人文科学没有跟上自然科学革命的步伐,以致英国社会分裂,出现了人文和科学"两种文化"。这番批评招来了强烈的反驳,引起西方学术界一场"科学大战"的大辩论,直到20世纪末还在延续。

斯诺可不是等闲之辈,他既是科学家又是小说家,还当过官、封过爵,因此他的批评很有分量。他认为文理两种文化互不理解、缺乏交流,正在阻碍着社会的进步。斯诺的观点被引进中学教育，认为提高科学的地位，提升非科学家的科学素养，才是弥合文化分裂的途径。但是这种观点引起了部分人文学科学者的反驳，他们主张历来文化只有一种，科学不过是其中一个部分，具有想象力和创造性的文学才是文化的最高范式，把热力学第二定律和莎士比亚的文学问题相提并论是可笑的，于是又掀起了"反对科学至上"的浪潮。

这场争论至今没有结束，但是与我们讨论的"科学与文化"并不相同。现代科学本来就是欧洲文化的产儿，因为科学发展太快而嫌弃文化不相匹配，这种吵架是西方文化内部的"家庭不和"。而现代科学在中国属于"外来户"，西方现代科学和中国传统文化之间的"强迫婚姻"至今缺乏感情，现代科学和文化之间的鸿沟要深得多。为什么今天我们的科学家"创新"不够？是我们太懒不肯创新，还是我们太笨不会创新？都不是。创新的土壤是文化，土壤对头，创新的"苗"才会更茁壮地成长。都说中国传统文化产生了深厚的土壤，难道这土壤还不够利于科学生长？

◎ 两种文化土壤

在历史的长卷里，有过几个耀眼的亮点，其中之一是在公元前3—6世纪，在东方和西方都出现了文化思想的活跃期。西方是以雅典为代表的古希腊，出现了苏格拉底、柏拉图、亚里士多德等一批先哲；东方在黄河流域的春秋战国之交，出现了诸子百家学术争鸣的群星灿烂时期。就在这几百年里，铺下了人类文明的两种土壤层：东方的大陆文明和西方的海洋文明。

两种不同性质的文化土壤造就了两种文明：地中海的优质港湾，结合尼罗河与两河流域之间的地理位置，造就了擅长商业的爱琴海海洋文明；黄河流域的季风气候和大河平原，造就了农耕社会的华夏大陆文明。两种文明有着明显的差异：海洋文明要求开拓和变更，大陆文明要求稳定和继承；海洋文明以个人为基础，主张自由发挥，大陆文明以族群为社会基础，要求尊重权威；海洋文明突出族群的差异，倾向于争斗，大陆文明强调族群间的和谐，趋向于融合。两者各有千秋，很难进行评判。

具体地说，作为西方文化基础的古希腊文明确实很先进，但是其建立在武力征服的基础上，在80%的服役人口支持下，20%的统治者才享有民主。海洋文明强调差异，以致欧洲至今不能统一。

华夏文明是多民族文化的融合体。历史上征战、臣服，并没有产生种姓制度或者民族奴役，而是一步步丰富了华夏文明，从我们坐的椅子（"胡床"）到穿的裤子（"胡服"），都来自少数民族。儒释道可以三家思想融合，儒生不妨"有酒学仙，无酒学佛"。中国历史上从没有宗教战争。华夏文明的亲和力在世界上独一无二，中国成为世界上的人口大国，应当归功于亲和力。

◎ 儒家文化与现代科学

但是，融合也是有代价的。论土地面积中国和欧洲相当，中国早在2300多年前已经统一，而欧洲至今争斗不断，历史的差异根子在文化。海洋文明以城邦为单位，古希腊先后出现过200多个城邦；大陆文明要求稳定，统一的国家有利于保卫和发展。中国早在公元前二三百年就开启了"外儒内法"的体制，延续2000多年，限制了"争鸣"的余地。

更大的差异在于最近五六百年。15世纪，欧洲的中世纪随着文艺复兴而结束，重新唤回了古希腊的古文明，为文化的活跃和现代科学的产生提供了土壤；中国在同一时期却是明清两朝的"海禁"锁国和"八股"取士，导致了历史的倒退。接着文艺复兴而来的地理大发现，欧洲人走出地中海进入世界大洋，开始了殖民时代，并随着现代科学产生而来的工业革命，改变了整个世界，结果是海洋文明占领了全球，包括东亚。

到这时候,两种文化的差别毕露无遗。以亲缘关系为基础、以儒家理念为指导的社会系统,保证了华夏文明 2000 多年盛而不衰。然而为了维持系统稳定运行,社会文化要求"服从",在这方面,"忠孝"理念,对于先贤祖辈和上级权威的崇拜,就是很好的例证。而"服从"正是科学创新的大敌,科学发展要求挑战前人。与此同时,这种稳定社会将社会伦理提升到最高层。如果说海洋文明驱使学者去开拓视域、探索自然,那么大陆文明注重的却是人际关系和内心修养。

这些文化弊端在一定程度上阻挠了现代科学在中国的产生和传播。创新要求思想活跃、怀疑前人,创新要求有好奇心的冲动和投身实践的决心。我国这些年来科学发展迅速而创新不足,问题就是创新文化的土壤不够肥沃。

◎ 科学发展路径的突破口

如此说来,是不是中国传统文化就是不利于科学创新,就是个历史包袱,应当"弃若敝屣",甚至连汉语方块字也应该摒弃?这确实是一部分人的主张,提倡"全盘西化",或者就像现在的印度那样。眼前看来这话貌似有道理,现代科学的各种学科在西方产生,国际学报都用英文出版,中国科学家除了勤奋之外,很难说有什么优势可言。但是,这世界在变,科学到了今天,已经不同于 500 年前,用历史的大尺度衡量世界,答案就并非如此。至少有两点需要澄清:一是"欧洲中心论"的偏见,二是未来科学的"范式转换"。

现代科学的产生,无论以牛顿三大定律还是以哥白尼日心说作为标志,从学科分类看都是物理学;从方法学来看,主要是观测与实验、数学与逻辑、辩论与证伪这三大基础。科学来华的"西学东传", 先靠传教士,后靠留学生,传的是各种分科的学问,而这就为后来的偏向埋下了伏笔。近来的发展,将生命科学和地球系统科学推上了前台。与物理、化学之类的实证科学不同,地球科学和宏观生物学都具有地方性，当它们在欧洲产生的时候就带有地区的"胎记"，得出的规律不见得都有全球普适性，但是传到中国都被奉为圭臬。如果我们照搬欧洲版本就容易发生偏差，这就是"欧洲中心论"。

再往前看，科学发展之所以能突飞猛进，关键并不在于不断日积月累，而要靠革命式的"范式转变"。近几十年来的科学进展，都揭示出生命系统和地球系统具有极高的复杂性，并不是越来越大的计算机模拟所能对付，新的科学问题召唤着科学方法新的革命。如果说现代科学产生后的长期趋势，曾经是分科越来越细，那么近几十年来研究复杂系统的新趋势，是各种科学的集成和大数据的整合，需要有新的"范式转换"实现方法学的突破。自古以来，东方哲理的特色就是从整体着眼，无论国画、中医都有这种特色。我们的科学家能不能从传统文化里吸取养料，在研究越来越大的复杂系统中发挥作用，改换思路、另辟蹊径？

◎ 铸造中华民族现代文明

科学与文化的历史发展并不同步，所以中国和英国都会讨论"科学与文化"的脱节问题。人类文化经过几千年的大浪淘沙，留下的主干是两类文明：源自爱琴海的西方文明和源自黄河流域的东方文明。历史见证了两大文明各自的交融拓展，但受到青藏高原和中亚沙漠的阻隔，两者之间长期难以交流。例如，亚历山大大帝东征，客观上促进了古希腊与亚非诸国的经济和文化交流，但他向东只能打到印度河流域，由于地理因素无法到达东亚，文化交流就变得困难。

到了当今信息社会，这种地理屏障已经不复存在，但是心理上的障碍并没有自行消亡。当西方文明已经占领世界的时候，东方文明又将何以自处？自从晚清屡屡战败以来，东方的传统文明已经不是世界先进文化的代表。虽然中国的哲学智慧中包含着巨大科学价值，但它曾被笼统地看作封建糟粕，在革命运动中"澡盆里的小孩和脏水"被一道倒掉,中国人自己没有系统整理古代科技成果,反而需要有李约瑟这样的外国人率先替我们发掘古代中国人的科技贡献。

现在经济的全球化带来了科学的全球化,在信息技术、人工智能的带动下,科学面临着一场新的飞跃。500年前产生现代科学是西方文明的功劳,东方文明能不能在新一代的科学飞跃中一显身手?其实,克服上述的"欧洲中心论"和实现新的"范式转换",都要求有新的视角和新的思维。我国科学当前面临着量变到质变的转型,从追求论文数量到解决科学问题,从追随发达国家、当科学"外包工"的模式,提升到开拓视域、推进"中国学派"的新高度。

当前的中国太需要反思,需要对2000多年来的文化进行反思,甄别我们古文明中的糟粕和精华。正确认识大陆文明和海洋文明各自的优势和缺点,打造东西结合、海陆兼顾的华夏新文化,这才是21世纪科学发展所需要的土壤,也是增强国家文化软实力,实现中华民族伟大复兴的方向。

第一章 科学的产生

科学是有趣的,也是有用的。现代科学并不是应用驱动的结果,而是作为一种文化追求,在 16 世纪伴随着欧洲的文艺复兴而产生的。其实历史上各大古文明都含有科学成分,在我国科学和文化之间却始终存在断层,这可能是"李约瑟之问"——"为什么现代科学没有在中国产生?"——的答案所在。

第一节

现代科学传入中国的历史回顾

现代科学引进中国，经历了一个艰难的历程。晚明的尝试和晚清的洋务运动均宣告失败，五四运动请来了"赛先生"，但仍带有片面性。

◎ 科学的产生及其东传

科学早就有了，人类开始有"智力"之后，就有了科学的"萌芽"。对于现代科学的开始时间有不同说法，通常以 16 世纪哥白尼的"日心说"建立作为代表，或者以 17 世纪牛顿提出的"牛顿力学"为代表。如果从 16 世纪算起，现代科学产生到现在将近 500 年。

世界史的中心在欧亚大陆，世界上主要的宗教都产生在亚洲，而现代科学却产生在欧洲。为什么现代科学出现在欧洲而不是亚洲？我的简单回答：现代科学是海洋文明产生的，不是大陆文明产生的。

现代科学的前奏，可以从欧几里得（Euclid，约前 330—前 275）讲起。他是古希腊的数学家，和孟子（前 372—前 289）的年龄差不多，他生活的时代在中国是战国时代。欧几里得的著作《几何原本》（又名《初探》）在科学方法上有较大的突破，即用逻辑论证建构数学定论的研究途径。早期科学的很多例子，都来自数学、物理，例如一个几何形态，拿形式逻辑的方法来研究几何图形，然后用已有的公理和定义去论证某一个结论，得出定理，这就是现代科学。他的《几何原本》希腊文原稿（图 1.1 A）早已丢失，1482 年才被翻译成拉丁文。

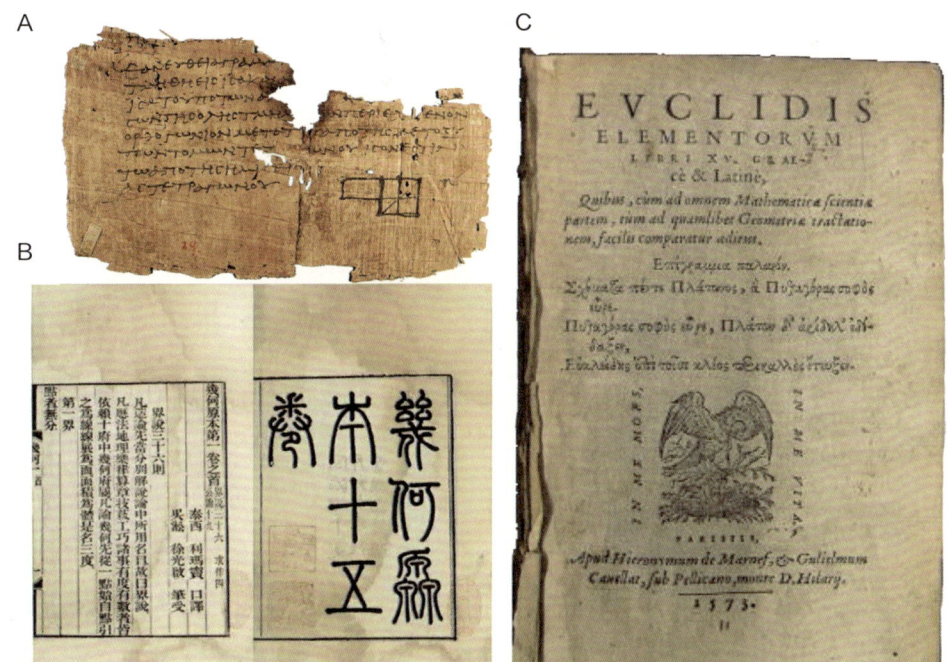

图1.1 欧几里得的《几何原本》。A. 希腊文版残片（1897年在埃及发现）; B. 《几何原本》中文版15卷，注意署名："泰西"（旧泛指西方国家）利玛窦口译，"吴淞"（指上海）徐光启笔受; C. 1573年《几何原本》的拉丁文、希腊文双语版

◎ 历史机会的丧失

到明朝，1607年《几何原本》才出版中文版（图1.1B），是由意大利耶稣会传教士利玛窦（Matteo Ricci，1552—1610）口译，上海人徐光启（1562—1633）笔录，二人合译的。徐光启是上海徐家汇人，如果有空的话，你可以到徐家汇去看看他的墓和纪念馆，他是个很了不起的人。明朝晚年，他做了很多中国自然科学方面的工作。

图 1.2 利玛窦和徐光启

利玛窦（图 1.2 A）是意大利传教士，图片中的他，虽然是"老外"，但是戴了中国学者的帽子，穿着中国的衣服，学了中文。他 1582 年来华传教，是将现代科学带来东方的第一人，他的墓在北京西城区的二里沟，北京市委党校里面。明万历三十一年（1603 年），徐光启（图 1.2 B）受洗入教，1604 年中进士，官至礼部尚书、内阁次辅，相当于现在的副总理，他在中国自然科学方面做了很大贡献，著述较多。徐光启进京赶考路过南京时遇到利玛窦，他们把利玛窦带来的 15 卷本《几何原本》的前 6 卷"平面几何"部分合译成中文，当时徐光启 40 岁左右。翻译《几何原本》时，徐光启把 geometry 翻译成"几何"，把书名翻译为《几何原本》，我们今天说的"几何"便是徐光启翻译的。《几何原本》中文版比 1687 年牛顿发表《自然哲学的数学原理》早了 80 多年！所以西方的自然科学流传到中国来，为时并不晚。可惜后 9 卷的翻译出版，居然是在 1857 年，从明朝到清朝，一套书翻译了 250 多年！

牛顿在 1687 年（清康熙二十六年）发表《自然哲学的数学原理》，提出牛顿三大定律，通常被视作现代科学建立的标志。此时在东方，处于 17—18 世纪江户幕府锁国时期的日本，在长崎的"出岛"设立开放口岸，与荷兰人开展经贸交流活动。荷兰人在那里传授知识，当时称为"兰学"，逐步奠定了日本早期的科学根基。大槻玄泽1788年写成的《兰学阶梯》（图1.3），就是介绍日兰通商、兰学兴起和荷兰文语法的书。所以日本早在明治维新前，就已经有很多译著。中国在这方面没有足够重视，这是很重要的差异。

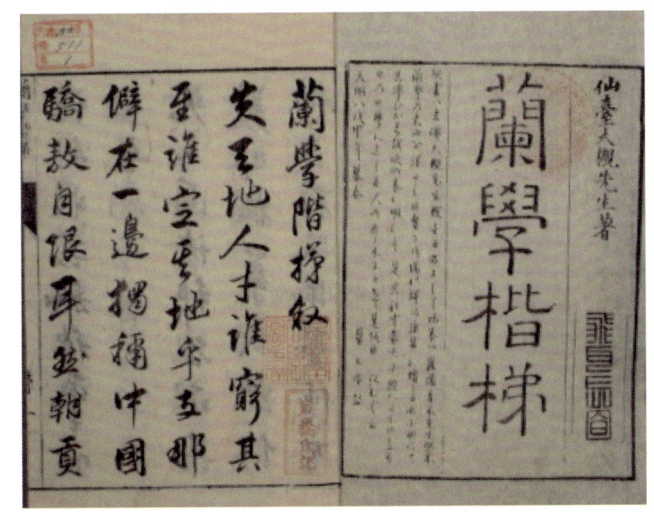

图1.3 《兰学阶梯》，大槻玄泽1788年著

◎ 从洋务运动到五四运动

中国什么时候重视科学呢？是在鸦片战争失败之后，洋务运动兴起，科学成了民族存亡关头的一种救急措施。当时中国引进西方先进技术、购买洋枪洋炮、开矿办厂、派遣留学生，目的是采用西方的技术"以夷制夷"，但并没有引进现代科学的思想，坚持"中学为体、西学为用"。结果当然是失败。1894年甲午战争北洋水师全军覆没，洋务运动告终。但是到清朝末年，现代科学已经在慢慢引进，因为有留学生，他们逐渐将科学引入中国。那时候，Science一词还没有被翻译为"科学"，严复根据《礼记·大学》里的"格物致知"一词，译作"格致"。所以清朝虽然在1905年废除科举制度，但仍为优秀的归国留学生授予进士、举人头衔。1911年10月4日，大清帝国颁布了最后一批进士名单，如格致科进士有章鸿钊（1877—1951，东京帝国大学）、丁文江（1887—1936，英国格拉斯哥大学），工科进士有李四光（1889—1971，日本大阪高等

工业学校）……这里的"格致科"就是理科。Science 这个词，是法国人孔德（Auguste Comte，1798—1857）1830 年提出来的，他把分科研究的物理、化学之类叫 science，统辖各科的研究叫 philosophy。日本人西周（Nishi Amane）接受了孔德的思想，1874 年用汉字日文把这两者翻译成"科学"和"哲学"。"科学"是指分科的学问，我国从日本引进这一翻译用词，沿用至今。

中国系统引进现代科学，始于第一次世界大战后的五四运动。陈独秀在《新青年》上第一个提出要把"德先生""赛先生"请进来，即把西方的"民主"和"科学"请进来。不过，在民族存亡面临威胁之时，国人很容易不加分辨地把西方现代科学和西方文化作为希望，全盘否定中国的传统文化，"把小孩和脏水一道倒掉"，这进一步突出了西方现代科学与中国传统文化之间的矛盾。

当时，上海在学习西方科学方面走在前面。中国第一个科学组织"中国科学社"1914 年在美国康奈尔大学成立，会徽上写的还是"格物致知"，任鸿隽（1886—1961）、赵元任（1892—1982）是主要负责人。1915 年"中国科学社"

图1.4 "中国科学社"。A.会徽，写有"利用厚生　格物致知"；B.《科学》杂志创刊号

在上海出版《科学》杂志（图1.4B），1933年在上海出版中国第一种科普刊物《科学画报》。

科学传到日本比较顺利，传到中国来比较难。为什么？以"天朝上国"自居的大清帝国，藐视"西夷"的新文化，士人沉醉于科举儒学，对自然现象不分析、不动手，洋务运动只要"夷技"不要"西学"，五四运动时留学生引进"科学""民主"作为救国紧急对策，缺乏对其深入理解和全面分析……直到今天，我们对"科学"的实际效果比较重视，对于科学精神、科学的文化性质认识仍不足。

我们可以举王阳明（1472—1529）"格竹"的故事为例，说明为什么中国引进西方科学有困难。传统文化中儒学讲"格物、致知"，是作为"诚意、正心"个人修养用的，目的是"修身、齐家、治国、平天下"，不是为了认识世界、了解自然。所以王阳明"格物"的办法是"格"院子里的竹子。他面对竹子硬想了七天，想悟出道来，结果以头痛宣告失败，于是不再向外探寻"天理"，改为向内心求索，主张"心外无物"的"心学"。中国哲学中的悟道，与探索自然界的规律完全是两回事。

第二节

人类早期的智力劳动产品

智力活动是"智人"演化成功的关键因素。人类早期的智力活动，含有艺术、信仰、科学三个层面，三位一体共同发展。

◎ 智人和智力

你我都属于智人（*Homo sapiens*），智人是人属下的唯一现存物种。人类演化过程中出现过不少属种，为什么只有智人能够发展起来？与智人最相近的是欧洲-西亚的尼安德特人（*Homo neanderthalensis*），他们曾经共同生活在3万~17万年前的欧亚大陆，尼安德特人最后没扛过来，在3万年前的末次冰期中灭绝。为什么大冰期智人挺了过来，而尼安德特人在3万年前灭绝？有人认为智人和尼安德特人最关键的差别在于艺术，智人7万年前就有雕刻与洞穴壁画，这就体现了"智力"，但尼安德特人没有艺术遗迹。尼安德特人有石器，但不见改进。在中国华北地区，2万~3万年前周口店山顶洞人的装饰品中有穿孔的兽齿、鱼骨、介壳和海蚶壳，还有用赤铁矿染红的石珠，人骨化石旁有赤铁矿粉粒。这些装饰品说明，智人发育到要讲究美了。

人类最早过着采集狩猎的部落生活，后来发展到农耕，这个变化当中智力就非常重要，也就是说，人类不仅会物质生产，而且会智力生产。但是两者的运行效率大不相同，人类对于物质生产的管理相当成熟，生产、运输、消费的效率都相当高。但智力生产中产品的形成、传输、使用的效率都极低，远古时候的智力生产绝大部分都被浪费掉了，智力的产生、传播和应用至今都是非常落后的。随着"知识经济"的发展，"体力劳动"逐渐减少，智力生产的作用大为增强，效率问题更加突出。

智力生产一开始就有三大方面，一个往信仰方面发展，另一个往科学方面发展，还有一个往艺术方面发展，相当于德、智、美三方面。总的来说，信仰对于人类是必要的，信仰调节人的行为，属于德的范围；科学即人的能力发展，属于智的范围；艺术属于美的范围。

在早期人类社会中，艺术、信仰、科学合为一体，经过几千年的发展，到14—17世纪经过文艺复兴后三者分离。艺术、信仰、科学在社会演化中都起着不可或缺的作用，但是各自的发展道路大不相同。现在的社会里，有的人专门搞艺术，有的人专门搞科学，有的人专门传教，但是这三样东西在本质上是相连的。后来我们把这三样东西切分开，有一个好处，就是科学飞速发展起来。但是回过头来看，把这三者间的关系切断以后，科学的文化土壤就成了问题。

◎ 巨石阵和金字塔

具体说，图腾（totem）就是人类早期的智力产物。Totem 是美洲印第安人语言中的名词，严复把它翻译为"图腾"，意思是某一个部落将某种动物或自然物认作祖先或者神。郭沫若讲，中国龙是夏朝的图腾，凤是商朝的图腾。原始部族把艺术和信仰相结合，可能演变为多神宗教，也可能演变为祖先崇拜。

人类智力发展再高级一些的产物就是石头的建筑，让人印象非常深的是英国伦敦西南部的巨石阵(Stonehenge)。巨石阵建于公元前 2300 年左右，由几十块巨石组成。这么大的石头不是当地的，都是运来的，中心的巨石高达 8 米，重量近30吨,当时怎么搬的就不得而知了。巨石阵是中古世界七大奇迹之一,是信仰、艺术、科技的结合。这些石头不是随便摆的,而是摆成环形,中间有一条大道,大道的方向和夏至日太阳初升时阳光照射的角度一致。巨石阵是祭祀台,也是天文台,可以精确了解太阳和月亮的12个方位,观测和推算日月星辰在不同季节的起落。(图1.5)

把信仰、科学、艺术三者结合得更精妙的是金字塔。一块石头几吨重,上百万块石头才堆砌出一个金字塔。那是公元前两三千年建造的,是什么技术?

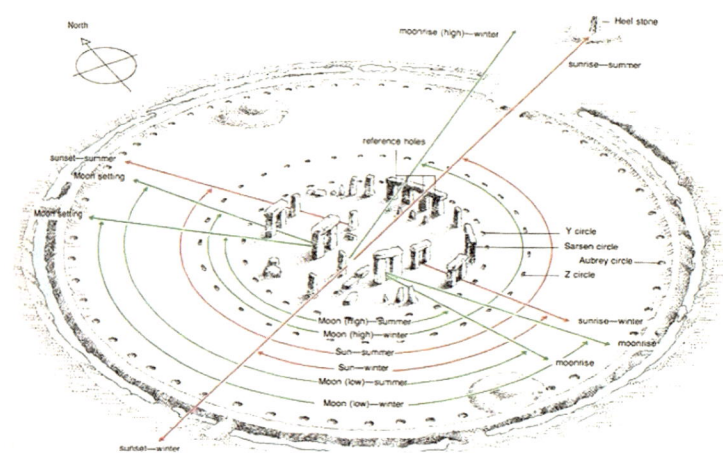

图1.5 巨石阵主轴线、通往石柱的古道,和夏至日初升太阳在同一直线上

怎么造的？有各种各样的猜想和解释。尼罗河下游散布着约80座金字塔遗迹，大小不一。这些金字塔在距今4700年前开始建造，从第三到第十三王朝（前2686—前2181年）共花费505年。金字塔最大的147米高，由二三百万块岩石堆砌成，每块石头2.5~15吨重。金字塔与宗教崇拜有关，在建造过程中应用了很多科学原理，当然它也是美的。像这些金字塔、巨石阵，都修建于四五千年前，而且不光埃及才有。美洲的金字塔建造比埃及晚。墨西哥城东北40千米的特奥蒂瓦坎（Teotihuacan）古城的金字塔（图1.6），起建于公元前1世纪，有太阳金字塔、月亮金字塔，排成阵列，非常漂亮。但是特奥蒂瓦坎的历史并无文字记录，6—7世纪起，这座古城静静地消失在热带丛林中。总之，金字塔建造于文明发育初期，是信仰、艺术、科学三者结合的建筑。

前面说过，与物质生产不同，智力生产的过程和结果很少有系统研究，物质生产的产品分配、使用都相当清楚，但智力产品传播的效率极低，使用的效率更低。艺术、信仰、科学三者随时空而异，不断演化，到文艺复兴后，三者才分开，甚至产生科学和宗教的对立。

图1.6　特奥蒂瓦坎古城的金字塔

第三节
古文明中的科技早期发展

古文明主要是大河流域的大陆文明,唯独地中海的爱琴海区,在各大文明交流的基础上,形成了古希腊的海洋文明。

◎ 科学和技术的萌芽

人类最早的发明,应该是轮子。早期人类会用火、制造石器,都是模仿和利用自然现象,但是轮子,尤其是中心轮轴,完全是人类智力的发明。那么是谁发明了车轮?怎么发明的?其实,车轮的雏形不是用在车上的。车轮的原型是做"泥坛子"烧陶器的转轴,把它横过来就是车轴和轮子。轮轴应用很广,例如水车等都应用了轮轴。车轮的最早遗迹出现在 5000 多年前,在北高加索、两河流域、中欧都有发现。车子最早是在哪里出现的并不清楚,中国的车轮是自己独立发明的。在

图 1.7　波兰出土的陶罐(前 3500—前 3350)

波兰，出土了公元前3500年左右的陶罐，上面的图案像是车子（图1.7），可能是较早的车轮之一。

　　至于科学，最早出现的应该是天文学，埃及就提供了有力证据。埃及为什么会很早有天文发现？因为农业的需要。埃及地处非洲季风区，周围是沙漠，尼罗河两岸多数时间是干旱的，每年夏季的大雨使尼罗河洪水泛滥，从上游冲下来的淤泥是种植庄稼最肥沃的土壤，因此尼罗河流域的农业才能够发展起来。人们需要知道河水泛滥的规律，也就是季风到来的时间，因而产生了天文学。

　　古埃及人怎么知道河水什么时候泛滥呢？他们长期观察尼罗河洪水泛滥和天狼星(Sirius)的关系，发现夏季季风来的时候，也就是7月19日左右，河水就开始泛滥。天狼星是除太阳外最亮的一颗恒星，古埃及人发现晨曦中天狼星先于太阳上升，预示着尼罗河泛滥。天狼星和太阳同时升起的周期是365.25天，一个周期内天狼星先于太阳升起的那天被定为埃及的元旦(7月19日)，由此制定了人类历史上第一部太阳历。古埃及人相信天狼星是神，认为它比太阳还厉害，太阳归它管，是"太阳背后的太阳"。埃及金字塔的经书里暗示，天狼星有两颗，而天文学家到19世纪才发现天狼星的伴星。西非国家马里有从埃及迁移去的原始部落多冈人(Dogon)，他们同样尊天狼星为神。多冈人至今相信：来自天狼星的外星人，教给了人类天文知识。不管多冈人怎么想，可以肯定的是早期的科学、信仰、艺术都同时产生，不相区分，但不同地区的文明发展又极不平衡，也并不连续。具体地说，尼罗河流域的发展和两河流域的发展，都给地中海文明的发展创造了很多条件。通过商业和战争的相互交流，处于两河流域和尼罗河流域交通要道上的希腊文明，在公元前8—前4世纪获得了最佳的发展机会。古希腊和古罗马的文明，又为14世纪开始的文艺复兴准备了条件。

　　我们讨论科学和技术的早期萌芽，其实相关材料很少。古代文明中的科学成果或为宗教祭祀，或为实用目的，只有极少量通过文字得以保留。古希腊没有印刷术，所有科学成果都是一笔一笔写在羊皮纸、兽皮、黏土等材料上面，然后传承下去。古埃及人靠莎草纸书（前2000—前1550）记录历史事件，现在去埃及旅游还能买到莎草纸纪念品。古希腊与春秋战国几乎处于同时期，现在留下来的古希腊的文化成果，如欧几里得的著作，到了明朝才翻译为中文，为什么呢？因为中世纪时，前人的很多文化成果被毁掉，后来这些成果由阿拉伯人再转到东方来。

◎ 古希腊的"自然哲学"

古希腊文化凝聚了几百年间众多学者的成就，这类知识笼统都算"哲学"，其中与自然相关部分的开端，是公元前6世纪的"自然哲学"。当时有人在想，自然界到底是由什么东西组成的？宇宙万物的本质是什么？是水？是气？是火？是土？其中有代表性的是毕达哥拉斯"数是万物本原"的观念、德谟克利特的"原子论"。

毕达哥拉斯（Pythagoras，约前580—前500）向往东方智慧，游历过古巴比伦、古印度和古埃及。他认为什么东西都是数字，神造世界都是靠数字，"数即万物，万物皆数"，事物的性质由数量关系决定。勾股定理就是他提出的，而且用演绎法去证明。这个定理在国外叫毕达哥拉斯定理，在中国又叫商高定理，即我们熟悉的"勾三股四弦五"。他还提出"黄金分割法"（1∶0.618），认为美的本质在于和谐，在于比例。"黄金分割法"在建筑、美术中的应用很多，这是很了不起的认识。当时中国是春秋时期，毕达哥拉斯和孔子差不多同时期。

数学，当时在天文学、土地丈量方面的地位突出。因为古埃及的法老要收税，而每年河水泛滥之后，就要重新丈量尼罗河流域的土地。丈量与几何相关，所以欧几里得的《几何原本》是当时最重要的教科书。欧几里得最重要的贡献其实还不是在几何学科，而是提供了一种科学方法，《几何原本》体现了演绎推理的科学方法，即以已经证明的定理为前提，经过演绎得出结论。欧几里得这本书的希腊文原本早已遗失，15世纪才从阿拉伯文本译成拉丁文，构成了现代科学的重要基础。现在已经用多国文字出版，据说发行量仅次于《圣经》。正因为如此，徐光启从翻译此书入手引进西洋科学，因为他意识到此书"似至晦，实至明；似至繁，实至简；似至难，实至易"，可以用作学习科学方法的入门。

古希腊文化最突出的代表是柏拉图（Plato，前427—前347），他是一位自然科学家，也是哲学家。公元前385年，柏拉图在雅典城外开办学院，后称柏拉图学院（Plato Academy）。Academy其实是《荷马史诗》里一位英雄的名字（Akadēmos），开办学院的地方据说是他的坟地，我们现在说的"科学院"就叫Academy。柏拉图学院非常重视数学，据说校门口写着："不懂几何的人不得入内。"当时不像现在大学一样讲课，采用开放性研讨的形式，探讨以数学为特色的教学内容，这种探讨式的教学以聊天讨论为主，与孔子、释迦牟尼的教学、传教方式相近。现在的学生肯定欢迎，因为没有考试压力。

与柏拉图齐名的是亚里士多德（Aristotle，前384—前322），他在公元前366年进入柏拉图学院，总共学习20年，是柏拉图最杰出的学生。据说有一门课已经没人听了，就他一个人认真学。但他经常和老师"抬杠"，关于讨论问题，他最著名的话是"吾爱吾师，吾更爱真理"（Amicus Plato, sed magis amica veritas）。亚里士多德坚持独立思考，跟柏拉图有很多矛盾的地方，但他对科学的贡献很大，在物理学、数学、天文学、动物学方面都有贡献。他提出"地心观"，即地球是不动的，其他的星球围绕地球转。虽然现在来看，他的观点是有问题的，但当时的辩论是要拿证据来论证的，没人能推翻他的观点，所以"地心观"被教会奉为经典。

在东方，数学在中国早已发展，公元前1世纪的《周髀算经》记载有"商高定理"，但并没有产生演绎推理论证的科学方法，至今一些人仍缺乏精确论证的风格。1924年，胡适在上海《申报》发表过小说《差不多先生传》讽刺学术界。这位主角"差不多先生",做什么事都"差不多"。他生病了,让人去请一个姓汪的大夫来给他看病,结果那个人请了王大夫,他说汪大夫、王大夫也差不多。但是汪大夫是医生,王大夫是兽医,结果他吃了王大夫的药,死了,反正他说活着和死了也"差不多"。"差不多先生"代表中国传统习惯的稀里糊涂,缺乏古希腊产生的科学精神。

古希腊文明是个很广泛的概念,并不局限在古希腊。马其顿国王亚历山大大帝带领骑兵队伍向东一直打到印度,建立起亚历山大帝国(前336—前323,图1.8A),横跨欧、亚、非三大洲,这样一来,古希腊的文化被带到各个地方,把其他地方"希腊化"了。在埃及开罗的西边有个港口叫亚历山大港(Alexandria),也是埃及第二大城市,就是以亚历山大大帝的名字来命名的。

亚历山大城是当时的文化中心,建于公元前3世纪的托勒密王朝,公元3世纪被毁,1996年新建。亚历山大城里有一座亚历山大图书馆,非常现代化,是希腊文化的标志(图1.8B)。2005年第三世界科学院在那里开会,我们作为埃及总统的客人去参观过。当年亚历山大图书馆就是古希腊文化成果最集中的地方,

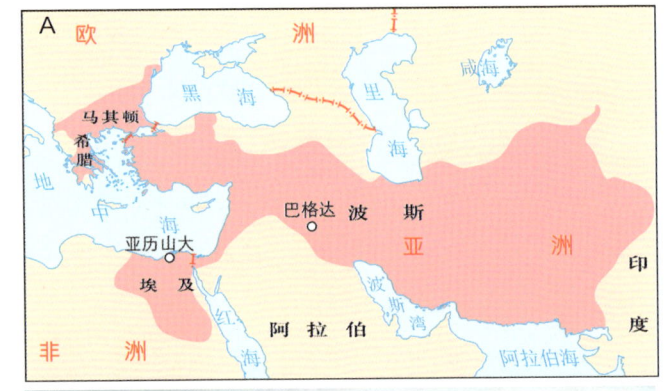

图1.8 地中海文化的"希腊化"。A.公元前323年亚历山大帝国鼎盛期的版图;B.现在埃及的"亚历山大图书馆"

请注意这不是在希腊,是在埃及。幸亏有亚历山大帝国的"希腊化",把古希腊文化传到了非洲和亚洲,等到14世纪文艺复兴能够在欧洲恢复。

◎ 宗教与科学

穆罕默德于7世纪前期创立的伊斯兰教,改变了阿拉伯世界,并传遍全球。如今,论规模,世界宗教以基督教人数最多,伊斯兰教第二。犹太教、基督教、伊斯兰教都信奉同一个造物主,为一神教,属广义的亚伯拉罕(Abraham)教系(图1.9),都承认亚伯拉罕是自己的先知。750年起,阿拉伯科学以巴格达为中心蓬勃发展,并吸收了流散的古希腊、古罗马文明的成果。这时的中国处于唐朝,造纸、纺织等技术通过阿拉伯地区远传到西亚、欧洲。

伊斯兰教影响下的阿拉伯世界,对科学与文化的发展是有贡献的。阿拔斯

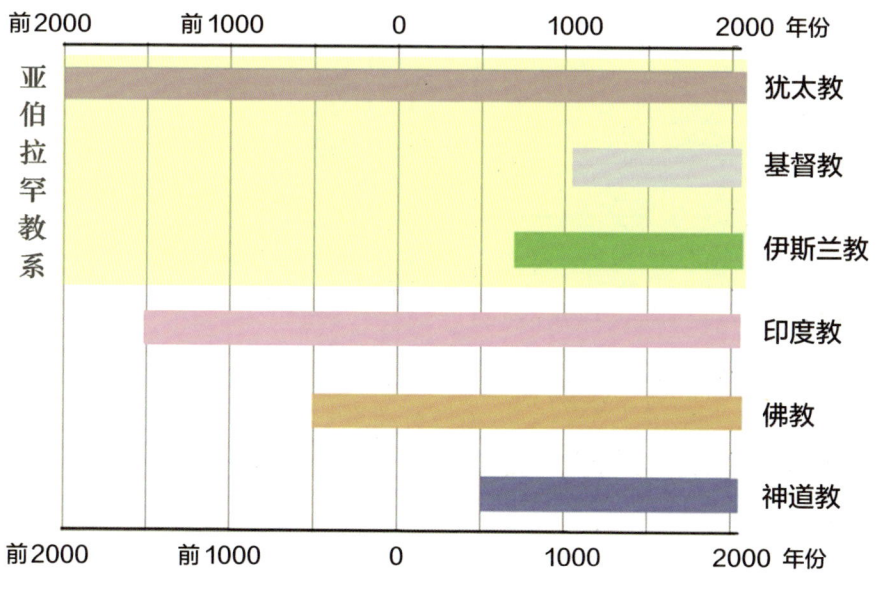

图1.9 世界现存主要宗教

王朝（黑衣大食）是阿拉伯文明的黄金时代，首都在巴格达，《一千零一夜故事》就是巴格达的故事。786 年，阿拔斯王朝在巴格达建立 "智慧宫"（Bay-tal-Hikma），大力提倡翻译外国典籍，整理了当时最完善的知识体系。智慧宫是全国性的综合学术机构，有翻译局、科学院，还有当时最大的图书馆。图书馆馆长花剌子模 (AI-Khwarizmi，780—850) 在 830 年建立了代数学 (al-Jabra，今为 Algebra)，他对数学、天文学、地理学的发展都有重大贡献。他领导的智慧宫图书馆成了阿拉伯的科学中心，对文化的发展做出了贡献。据传 13 世纪蒙古的骑兵一直打到地中海附近，企图毁掉阿拉伯的宗教，把智慧宫图书馆里的书全部扔到底格里斯河里，据说河水都变黑了。这是文化的交流，也是毁灭，但是阿拉伯文化对世界数学是具有贡献的。

阿拉伯文化对世界重大的贡献是数字，数字也是多种文明交织的成果。阿拉伯数字其实源自印度。约 600 年时印度人发明了数字，8 世纪末传入阿拉伯国家，10 世纪传入欧洲。阿拉伯数字最重要的特点：一是开始使用十进制，二是使用位值制。最早表达数字的是古巴比伦人，楔形文字刻在泥板上，1—9 用同一种图形表示，到 10 就进位，变成另一种

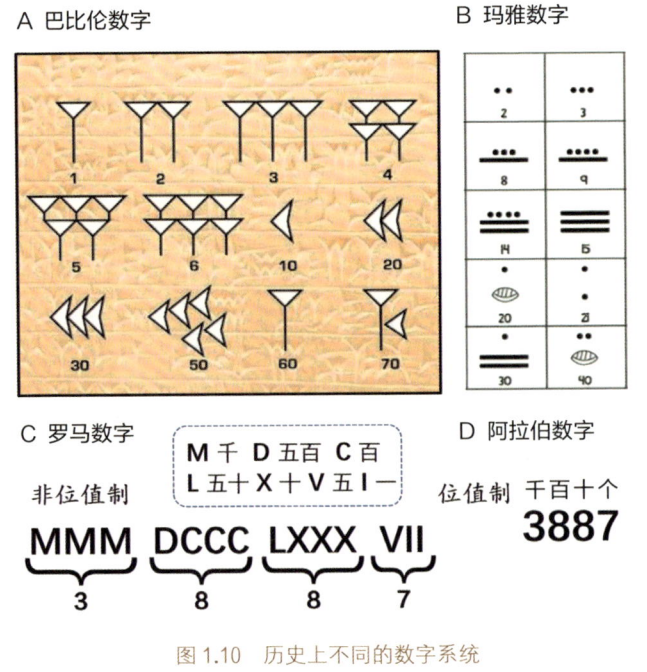

图 1.10　历史上不同的数字系统

图形表示，到了60又要进位（图1.10A），这样表达数字当然不方便。阿拉伯数字用十进位，而且引进0表示进位，"0"来自印度佛教，有"一切皆空"的意思，0乘任何数都归零。为什么是十进位？很可能是因为人有10个手指。有趣的是，玛雅人用二十进位（图1.10B），也许他们把脚趾头也算进去了吧。

更重要的是"位值制"计数法。古巴比伦的泥板文是用六十进位，我国商朝用十进位计数，但罗马数字是一种非位值制的计数法。例如，阿拉伯数字3887，一共写4个数字。如果用罗马数字，需要表示为MMMDCCCLXXXVII，写法过于复杂（图1.10C、D）。

早期的智力生产中科学、信仰、艺术是一体的，教会也做研究。欧洲最早的大学、最早的科学院（Academy），都是教会办的。如果你到剑桥某一个学系（department）读书，你虽然是剑桥大学的学生，但一定要归到一个学院（college）去，学院就是个教会。例如，国王学院（King's College）教堂是剑桥的标志性哥特式建筑，这就是一座做礼拜的教堂。教会的"科学研究"内容是签注圣经，理解上帝创世。例如，1658年，爱尔兰大主教詹姆斯·乌舍尔（James Ussher，1581—1656）"计算"出上帝创世的时间是公元前4004年10月23日星期天；亚当、夏娃被赶出伊甸园的时间是公元前4004年11月10日星期三……1644年，剑桥大学校长约翰·莱特福特（John Lightfoot）"算出"上帝创世是早上9时。

即便在黑暗中世纪的教堂也有科研，研究上帝创造出来的世界。一个突出的例子是11世纪英国马姆斯伯里（Malmesbury）教堂的青年教士埃尔默（Eilmer），他潜心钻研数学和占星术，非常相信古希腊神话故事，尤其是代达罗斯（Daedalus）和伊卡洛斯（Icarus）的故事。故事中，爸爸代达罗斯制造了一对翅膀，用蜡粘在儿子伊卡洛斯背上，两个人就飞上天去，爸爸告诉孩子，不能飞得太高，离太阳太近，热了以后蜡要化掉。伊卡洛斯不听话，就要飞得很高，结果摔下来死掉了。埃尔默也想飞，就学代达罗斯的办法，制造了两个

图1.11 中世纪青年教士埃尔默模仿古希腊神话试图飞翔

大翅膀绑在胳膊上、腿上,然后从马姆斯伯里教堂的顶上往下跳(图1.11),据说还飘了一段路,最后两条腿都摔折了,变成瘸子。但他是值得纪念的,是献身科学事业的一个人。这个故事发生时,中国处于北宋(960—1127)。后文我们介绍中国明朝的时候,会讲到一些基督教的教士和教徒为开创现代科学做出的历史贡献。

总而言之,古文明产生以来的几千年里,科学、艺术和信仰三位一体,逐渐发展演变。各个文明对三者的发展都有贡献,但是在不同国家或地区进展的速度有巨大的时空差别,不同城市在不同时期有过飞跃式的进步。然而全球大规模的科学重大飞跃,发生在15世纪欧洲中世纪结束,文艺复兴开始时。

第四节
文艺复兴与现代科学产生

欧洲中世纪以后的文艺复兴、科学革命、启蒙运动，是同一个系列的变革，标志着海洋文明超越大陆文明的历史性转折。

◎ 14—16世纪的欧洲

欧洲文化的重大飞跃发生在中世纪末，15世纪结束后的文艺复兴时期。"文艺复兴"一词源于意大利语 Rinascimento，意为"再生、复兴"。汉语"文艺复兴"，是从日文（文芸復興）翻译来的。现在日本人用ルネッサンス，即 Renaissance 的音译，为什么？因为文艺复兴不只是文艺的复兴，还是古希腊、古罗马人文主义文明的复兴。

古希腊神话中已经有科学的影子。神话里有9位文艺女神，分管音乐、舞蹈、史诗、戏剧、天文、几何、历史等，这是典型的艺术、科学、信仰三位一体的融合，统称缪斯（Muses）。供奉缪斯的神庙叫 Museum，现在称为博物馆，音乐 Music 一词也是从 Muses 而来。相传9位女神中的乌拉妮娅（Urania）发明天文学，波利海妮娅（Polyhymnia）发明几何学、文法，所以神话也包含科学。

14—16世纪的文艺复兴引起16—17世纪的科学革命，科学革命又引起18世纪的启蒙运动，启蒙运动之后是法国大革命。从科学产生的角度来看，具有标志性的事件是16世纪哥白尼（Nicolaus Copernicus，1473—1543）在1543年（明嘉靖二十二年）出版《天体运行论》，17世纪牛顿（Isaac New-

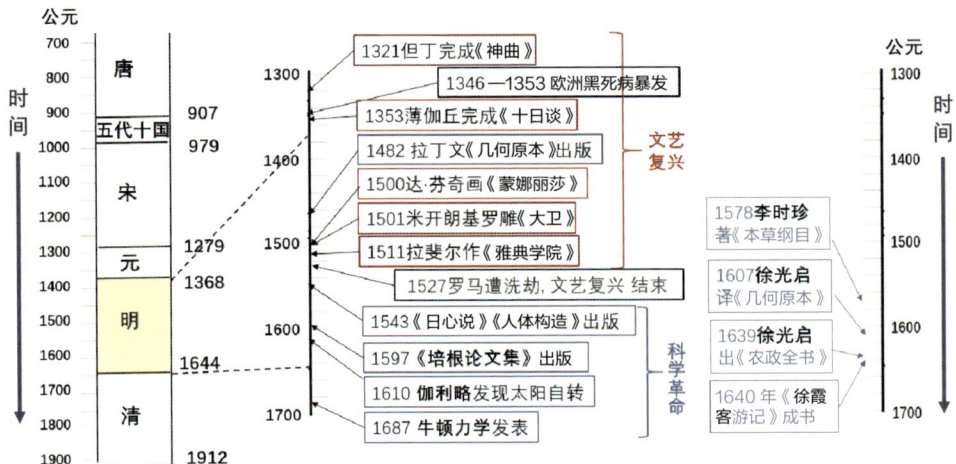

图 1.12 文艺复兴、科学革命、明朝科技发展的时间对比

ton 1643—1727）在 1687 年（清康熙二十六年）出版《自然哲学的数学原理》，中国当时处于明清时期。（图 1.11）

令人遗憾的是明朝，那是中国科学发展缓慢的一段时间。明朝的 200 多年间西方发生了巨变，而除郑和下西洋外，中国与世界少有外交往来。

其实中国有的是科学人才，明朝晚期，徐光启、徐霞客、李时珍都有科学贡献，但是影响不大。和欧洲不同，我们的知识界走上另外的路，前述王阳明"格竹"的故事就发生在这段时间。

◎ 科学革命的标志

14 世纪中叶，黑死病席卷欧洲。回顾起来，正是这场持续多年的瘟疫减少了学者、知识阶层的人数，宗教的控制力减弱，先推动文艺复兴，之后间接促进了科学革命和工业革命。具体来说，现代科学究竟是从哥白尼还是牛顿开始算起，不同观点虽有争议，但是关系不大。总体上说，现代科学是通过和中世纪教会斗争建立起来的，哥白尼的"日心说"直到他在弥留之际才正式发表，而伽利略到了 70 岁还被宗教裁判所迫害。但是把科学和宗教看作"敌我"关系是一种简单化，哥白尼本人就是教士，牛顿也信教，因此科学与宗教的关系相当复杂，我们将在"东西方文化"的一章里，作进一步的讨论。

自然科学不只是数理天文，还有生命科学，如解剖学。比利时的安德烈·维赛留斯（Andreas Vesalius，1514—1564）是近代科学的开创者之一，是近代解剖学的奠基人。他在 1538 年出版《解剖图谱六幅》，在 1543 年，即哥白尼革命性的著作《天体运行论》问世时，出版《人体构造》论述了男女肋骨数相同，否定了女人是由男人的一根肋骨演变而来的说法；人腿骨是弯的，不是直的。亚里士多德认为心管思维，维赛留斯认为脑管思维。

现代医学的建立和发展源于病理解剖，但人体解剖并不是从维赛留斯开始的。至少在他出生之前 200 年，意大利博洛尼亚大学的教授蒙迪诺（Mondino de Luzzi，1270—1326），在 1315 年就解剖过一具被处死的犯人的尸体，展示给医科的学生看，这在当时是很大的突破，因为中世纪教会反对人体解剖。1316 年蒙迪诺出版《解剖学》，从书中解剖教学图可以看到，教授坐在高处的讲台上，助手在台下手执教棒，仆人操作解剖，学生围观。此书再版 20 多次，沿用到 16 世纪。

达·芬奇（Leonardo da Vinci，1452—1519）是一位伟大的艺术家，也是发明家、科学家。他也研究解剖学，画的人和动物是有解剖学基础的；画的大洪水，那些浪花的表现也有水力学基础（图 1.13）。达芬奇近来被称为"现代科学之父"，他留存有 6000 多页手稿与插图，涵盖众多科学领域，其中解剖学的图画 200 多页，但都未发表。这些手稿的字是用左手写的"镜像反字"，后人难以解读，直到前些年才用英文翻译出来。那时国际上只认可拉丁文，他的手稿是用意大利文写的，所以当时并没有受到重视。此外，达·芬奇没念过大学，不算是学术界的人。

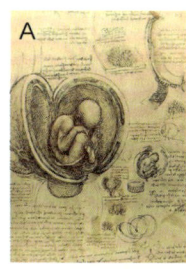
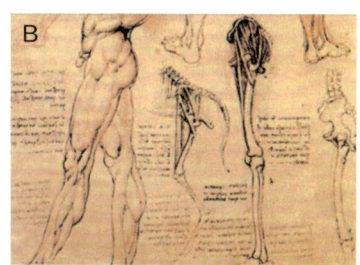

图1.13 达·芬奇画图手稿。A.子宫与胎儿；B.人腿与马腿；C.大洪水的浪涛

相比之下，中国的唐寅（1470—1523）是和达·芬奇同时代的艺术家，两位大师的作品难分高下。达·芬奇的画是西方的传世之作，唐寅的画是国画里的精品，一个有科学基础，一个强调文人性、诗性、笔墨性，相对弱化透视、解剖，这就是东西方文化的差别。

表现文艺复兴最有代表性的一张画，是拉菲尔（Raffaello Sanzio，1483—1520）在梵蒂冈的壁画《雅典学派》（图1.14），他把所有文艺复兴时期公认的古希腊的重要人物都展现在画面中。占中心位置的是柏拉图和亚里士多德师徒，周围有欧几里得、毕达哥拉斯等。这幅伟大的壁画，表现了科学和艺术的结合。

现代科学在文艺复兴时期产生，科学和艺术的共同点是创造性思维、创新的冲动，因此许多国家设有"艺术与科学院"，将两者放在一起。而在中国从科学院到高考，都是文理分家，分家的牺牲品是创新。

◎ 李约瑟难题

李约瑟（Joseph Needham，1900—1995）是研究中国科技史的杰出学者，

图1.14　拉菲尔的壁画《雅典学派》

他40岁就已成为英国皇家学会会员，在生物、化学方面颇有建树，并在剑桥大学培养了一批中国学生，其中鲁桂珍（1904—1991）后来成为他的夫人。李约瑟晚年以全部精力研究中国的科技史，他也是中国科学院外籍院士。据说李约瑟在中国科技史方面的研究之所以能取得如此成就，很大程度得益于鲁桂珍，就连李约瑟这个名字都是鲁桂珍取的。

中国人知道他，更多是因为著名的"李约瑟难题"。他提出："尽管中国古代人对人类科技发展做出了很多重要贡献，但为什么科学和工业革命没有在近代的中国发生？"这是一个非常有意思的题目。他分析认为，原因是儒家思想支配的中国封建官僚制度和古代中国缺乏商人文化。此外，中国过于注重实用，却不重视理论研究，这从四大发明就能窥见一斑。他认为源于古希腊的西方科学和源于中国的东方科学是两列火车，在公元前2世纪到16世纪时齐头并进，直到最近400年，前者蓬勃发展，暂时遮挡了后者。我很愿意引用李约瑟的话，依我看来，这两者的区别可以解释为一个是海洋文明，一个是大陆文明。

"李约瑟难题"有着各种各样的答案。著名华人地质学家、美国科学院院士、瑞士苏黎世高级工学院教授许靖华（Kenneth J. Hsü，1929— ），在1994年的退休演说题目是"为什么牛顿不是中国人？"，也就是为什么现代科学产生在西方而不是东方？他认为主要有以下几点：第一是语言，中国的方块字不利于新思维的发展；第二是儒家文化的限制，中国学者都是在替先贤立言；第三是科学的进步要依靠证伪，但是中国文化偏重学习而不是证伪，这是几千年来的老毛病，也确实是我们的一个致命伤。

任鸿隽（1886—1961）是中国科学启蒙运动中的一位杰出代表，也是化学家、教育家，发起过"科学救国"运动。他探讨了"中国之无科学的原因"，认为"无归纳法为无科学之大原因"。这是一位不该忘记的先辈，记得一次大会上，中国科学院原院长周光召专门在会上表扬了他的这一伟大贡献。我希望现在做科研的人要重视这个观点，注意方法论，如果研究的方法出了问题，一定做不好研究。

冯友兰（1895—1990）在《为什么中国没有科学——对中国哲学的历史及其后果的一种解释》一文中认为，探讨中国没有自然科学的原因，不能归于地理、气候、经济，而主要应归之于中国人的价值观、中国人的哲学。儒家注重人伦实用，只在内心寻求善与幸福，而不寻求认识外部世界的确定性，只寻求对人的治理，而不寻求对自然界的征服。例如，王阳明"格竹"是为了向自己内心挖掘，并非研究竹子。

爱因斯坦（Albert Einstein，1879—1955）认为："西方科学的发展是以两个伟大的成就为基础的：希腊哲学家（在欧几里得几何学中）发明了形式逻辑体系，以及（在文艺复兴时期）发现通过系统的实验有可能找出因果关系。在我看来，人们不必对中国圣贤没能做出这些进步感到惊讶。这些发现竟然被做出来了才是令人惊讶的。"确实,这两者都不是中国的长处,所以爱因斯坦认为,不必对中国圣贤在科学方面没能有所进步感到惊讶。

现在我们可以用一句话来回答李约瑟:产生现代科学的是海洋文明,不是大陆文明。16世纪"地理大发现"人类进入海洋后,海洋文明发生飞跃,为科学发展开辟了道路,而大陆文明没有明显变化。大陆文明要求稳定、偏于内向,而海洋文明要探索、要外向;大陆文明的重心是家庭,海洋文明的重心是个人,所以两种文明的发展走不同的路。大陆文明主要是农耕文化,海洋文明则主要是商业和航海,这需要有开拓精神,需要打破传统、超越前人。(表1.1)当然,从历史看海洋文明有其另外一面,有攻击性,通过掠夺发展自己。

表1.1 人类社会历史上两类文明的比较

项目	大陆文明	海洋文明
主要经济	农耕	商业 航海
发源地区	大河流域	沿海 岛屿
整体性质	稳定 内向	活动 外向
发展重点	家族	个人
思想习俗	孝顺 服从	自由 挑战
典型政体	国家	城邦

世界海洋文明起源于地中海,临海各国相距不远,尤其是经历数次征战几度形成大国,促进了交流。世界上有过几个大国,大陆帝国里最大的蒙古帝国曾一度有2.4亿万平方公里;海洋帝国最大的是英国,在18世纪其领土达到3.5亿万平方公里,被称为"日不落帝国"。历史上最大的大陆帝国横跨欧亚大陆,最大的海洋帝国横跨五大洲。回顾历史,波斯帝国曾经占领整个东地中海,亚历山大帝国扩张到东欧、非洲东北角,罗马帝国占领了整个地中海周围,阿拉伯帝国占领了中东和地中海南岸。(图1.15)所以说地中海周围是历史上大帝国之间大战争最为频发的地区,而大范围的文化交流也是科学快速发展的重要因素。

相比之下,远隔在中亚高原与沙漠以东的中国,与这些国家的交往并不活跃。中国不是没有具远见卓识的学者,而是缺少对科学创新起决定作用的社会

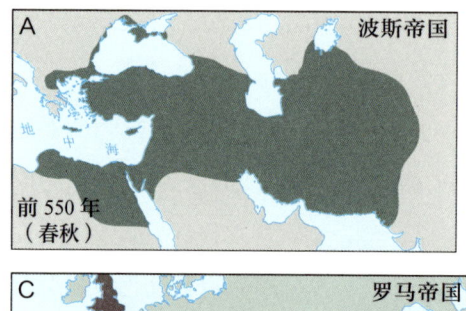
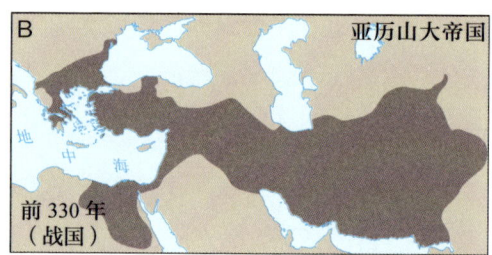
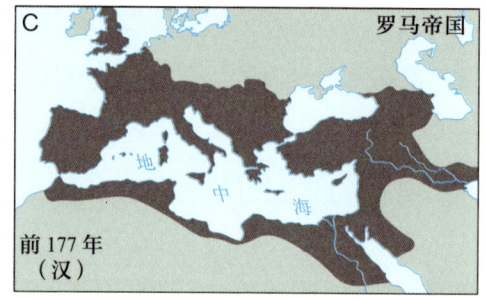
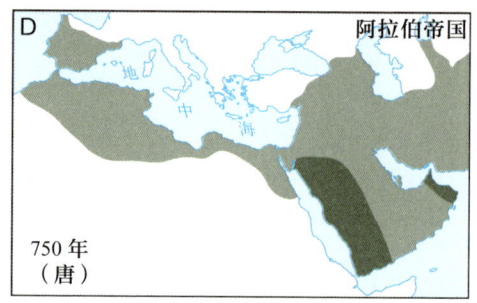

图1.15　历史上出现在地中海周围的大帝国

环境。例如，魏源（1794—1857）应林则徐之邀编写的《海国图志》，是中国第一部系统的世界史地著作，提出了"师夷长技以制夷"的主张，初版50卷于1843年出版，1852年扩充为百卷。这部书的出版时间并不晚，可见中国在鸦片战争早期已经做了很多事情，但这部书在中国没有受到重视，流传到日本之后成为天皇和大臣的必读书籍，明治维新就在一定程度上受到这部书的启发。当时有日本人特意来中国求购《海国图志》，中国人竟不知道有这么一部书。这就是我们的悲剧！可惜在现代科学的发展过程中，中国没有跟上世界的脚步。

元朝时期，马可·波罗（Marco Polo，1254—1324）来到中国，看到中国的发达程度很是惊讶。虽然当时中国是东方最富有的国家，但受制于农耕文明的保守性质，经济发展在高位波动，清代呈下降趋势。儒家文化更重视人际关系，轻视自然探索，再加上缺乏与其他国家的交流，这就造成了我们科学发展的缓慢。

第五节
四百年来的科学加速发展

以要求论证、要求革命为特色的现代科学,正以空前的速度加快发展。21世纪面临着新的变革,为中国提升综合实力提供了新机遇。

◎ 科学和宗教的分裂

欧洲文艺复兴之后的科学,像脱缰野马一样得到迅速发展。科学的世界观和宗教的教条发生对立,当时最为突出的是"日心说"和"地心说"的对抗,并由此展开激烈的斗争。亚里士多德认为地球是不动的,其他星球围着地球转,而哥白尼的"日心说"相反,认为地球绕着太阳转。

哥白尼是波兰的教士,1543年去世,在弥留之际出版了关于"日心说"的新书。他没有受苦,真正受罪的是意大利教士布鲁诺(Giordano Bruno,1548—1600)。布鲁诺反对经院哲学,做了很多科学研究,非常相信哥白尼的学说,在欧洲宣传"日心说",挑战了教会的权威。他四处流亡,1592年回国后被捕,教会的裁判所承诺只要他认错就可以免死,但他拒绝认错。1600年,布鲁诺在罗马的鲜花广场被烧死,临死前说话依然掷地有声,为了真理不惧死亡。时至今日,罗马的鲜花广场上还有他的铜像。1889年,布鲁诺得到平反。

当然,布鲁诺并非科学家,他被烧死不光是因为宣传"日心说",更是因为他反对"三位一体"教义,反对基督的神性。如果说布鲁诺主要是从宗教哲学的角度反对教会,那么意大利的伽利略(Galileo,1564—1642)则是纯粹从天文科学的角度反对教会的主张，并因此遭受迫害。伽利略制作了天文望远镜，虽然现在看来很简易，但可以放大33倍进行观测就是科学上的突破。他反对"地心说"，提出潮汐理论支持地球运动的观点。教会认为他曾经发表的学说是反神学的，要求他改过来，但他仍旧坚持，于是罗马宗教裁判所对他调查、迫害，长期软禁。伽利略受审判的时候已经70多岁，后来失明，77岁时被折磨致死。可见科学研究的历史进程并不平稳，是需要经过血的斗争的。

科学和教会的矛盾不仅仅在天文学，解剖学的观点也与教会冲突。宗教传说中，亚当是上帝用泥巴做的，上帝趁亚当睡着时抽掉他的一根肋骨做成了夏娃，那么亚当应该比夏娃少一根肋骨。但解剖学发现，男人并没有少一根肋骨，无论男女都是每侧12根，共计24根肋骨，这与基督教信仰冲突。

科学的发展，与"上帝创造世界"的信仰矛盾越来越多，最终与宗教分道扬镳，现代科学有了独立的研究。把 Renaissance 译成"文艺复兴"确实不够全面，因为欧洲中世纪遭受破坏的远远不只是文艺，以拉丁文为载体的文化整体中断，连神圣罗马皇帝们都不会写字，整个教育都在"复兴"之列。

1088年，世界上最早的西方高校——意大利的博洛尼亚（Bologna）大学成立，当时中国是北宋时期。16世纪时，这所学校开创了"自然魔法（natural magic）"的实验科学教育。1660年伦敦皇家学会成立时，中国已经是清朝初年。经过文艺复兴的推动，西方国家的科学一直在发展，中国的科学却没有明显进步。

摆脱宗教束缚之后，古希腊的治学传统得到"复兴"，逐步形成一套根据观测提出假说，通过检验证明或者证伪的科学研究方法：根据收集的材料提出问题，然后提出假设，设计一个检验的办法进行试验，试验以后有两种结果，正的或反的，如果有问题就要修改，如果正确就可以发表，发表后有其他独立实验检验是对的，或者有批评的声音，就再做研究。（图1.16）科学发展走上了在前人基础上不断改进的道路，取得了快速进展。正是这套办法，让科学走上康庄大道。

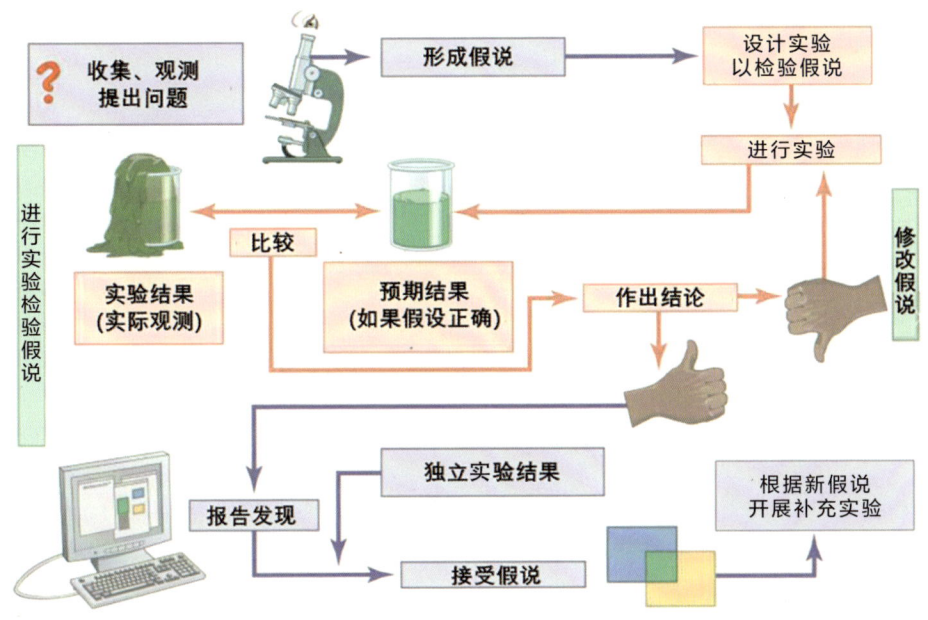

图1.16 以实验检验假说的科学研究

◎ 科学的"范式转变"

把前人的研究成果否定或修改后升级成新的认识,这是一个重大变化。1962年,美国托马斯·库恩(Thomas Kuhn,1922—1996)发表《科学革命的结构》。他指出,科学不是逐渐积累线性发展的,而是"常规科学"发展到一定时候出现"反常",进入"危机",原来的理论不能解释了,于是发生科学革命。通过"革命"实现"范式转变"(paradigm shift),建立新范式,进入新的"常规科学",从而形成新的循环。所以科学不是慢慢积累,而是通过"革命"的方式进行的。

400多年的历史表明,依靠这种转换的机制,科学实现了加速发展。科学发展基本模式是新认识推翻、取代旧认识,不是继承,而是挑战现有认识。科

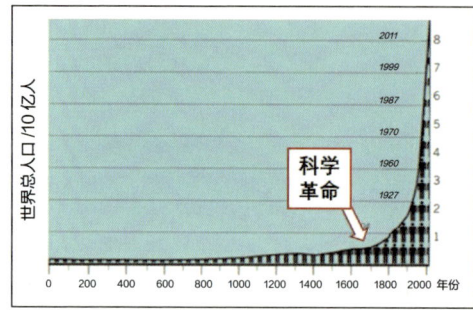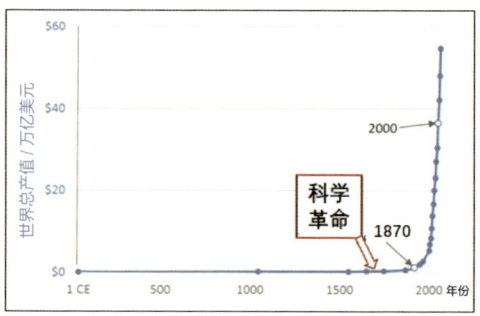

图 1.17 18 世纪工业革命后，世界总人口、世界总产值都呈直线上升

学发展主要靠"转变"，而不是线性增加。有人说科学是多数服从少数的事情，能提出理论的人是少数，后来他的证据证明了正确性，多数人就认同他了。信仰、艺术发展的基本模式与科学不同，所以几百年来并未发生这种颠覆性的变化。

20 世纪晚期进入知识经济新时期，科学快速发展的作用愈加显著。科学推动下，历史的车轮加速运转。相比之下，社会变化的速度缓慢，古埃及文化保持 3000 多年，儒家文化有 3000 多年历史，而现代社会技术演变以 10 年为尺度，飞速发展。

16—17 世纪的科学革命引发 19 世纪的工业革命，之后世界的人口、世界总产值都呈直线上升（图 1.17），最近几百年的物质生产飞跃都要归功于科学。

因此，前文提到的科学、信仰、艺术，人类智力活动三大方面的发展十分不同。宗教产生至今有 3000～4000 年的历史，其在各不同历史阶段，都受到社会制度和社会关系变化的影响而发生过相应的变化，但至今没有颠覆性的演化。但是，这三大方面又有着内在的联系。

艺术与科学都是人类探索世界的方式。达·芬奇绘画，也是为了满足探索世界的好奇心的一种手段。亚里士多德、牛顿都认为，自己对科学的探究也是对逻辑美的追求。艺术也是一种思维方式，人创造审美的过程也是潜移默化改变思想的过程。艺术是人类用于探索、改造世界的一种智性工具。爱因斯坦说过，科学的发现根本不依靠我们平时所说的逻辑思维,而是靠艺术思维。唐代张彦远在《历代名画记》中写道:"夫画者,成教化、助人伦、穷神变、测幽微。"大意是说,绘画可以教育人、提高人的心智、引领人探究自然奥秘。

科学追求客观、精确,艺术接受多义性。科学家使用抽象的逻辑思维探究客观规律,而艺术家使用形象思维表达主观情感。有人说,分析性、逻辑性工作主要靠左脑,直觉与想象力主要靠右脑,但人的思维永远是二者合一的,所以科学与艺术无法分开。此外,艺术的发展与科学不同,不遵循线性发展逻辑,不存在"范式转变"。

实际上,科学发展的速度是最快的。100多年前,法国人预测2000年时人们挂着耳机就可以读书,现在大家用手机听书,用不着像图中人在那里摇手把;现在造房子也比他们想象的先进得多,更加自动化;至于北京—巴黎的电动火车,远不如今天的先进。(图1.18)100多年来,世界的变化远远超过当时法国人的预想。20世纪50年代,我从上海到北京去念书,到南京是要"火车轮渡"的,那时没有南京长江大桥,火车被推到摆渡船上,

图1.18 1900年法国人想象2000年的世界(从上至下:读书,建房,旅行)

过了长江火车再往北京走，要花一天多的时间。现在坐高铁，上海到北京只要 5～6 小时。

◎ 科学的终结？

21 世纪到来之前的 1996 年，《科学美国人》杂志资深记者约翰·霍根（John Horgan）出版了《科学的终结》一书，声称科学的目标已基本达成，留不下多少给新世纪。当时美国发明专利局局长预言：专利局可以关门，因为专利已经被申报得差不多了。十分明显，这些观点都是错的。事实上，科学越做越深入，人认识自然并没有终点。比如，暗物质和暗能量占宇宙总质量的 96%，人类"上天"只到太阳系里的一角，而"入地"的深度只及地球直径的千分之一。生命科学和地球科学研究的都是复杂系统，近年来才接触到基础研究的深处。地球科学将建设自己的理论，相信会以生物圈和地圈相互作用为基础，而理论的建立有待于在基础科学方法论上的突破。

所以说进入 21 世纪，科学不是终结，而是酝酿着新的"范式转变"。其中信息技术的发展最为惊人，生命科学发展正在接近突破。从地球科学角度讲，第二次世界大战以后，人类"上天、入地、下海"，大大地拓宽了研究领域。这些发展也给科学分类格局带来冲击。我国传统的"数、理、化、天、地、生"学科分类流行至今，是否还能适应科学的发展？这很值得推敲。

当前人类面临的重大问题是，技术高速发展，重复性劳动由机器人承担，"无用的大众"和精英阶层发生矛盾。尤瓦尔·赫拉利（Yuval Harari）2015 年的畅销书《未来简史》中说，人类演化从猿人到智人，再到"神人"。他预测未来人要分成两种，一种是"神人"（*Homo deus*），一种是无用的人。他提出把智人升级成"神人"的方法是，基因改造＋人脑连接计算机。这种观点不是没有争论的，我来讲也并不代表是我的观点，但是当前正值中华民族伟大复兴之际，中国的学术界如何迎接世界科学整体的"范式转变"？很值得琢磨。

中国发展快的原因之一，是瞄准了科技的发展。由中国科学技术协会主编的《中国科技期刊发展蓝皮书（2021）》显示，2020年中国作者共发表SCI（科学引文索引）论文549845篇，中国SCI期刊发表论文数占全球SCI论文总数的1.45%，同期中国作者

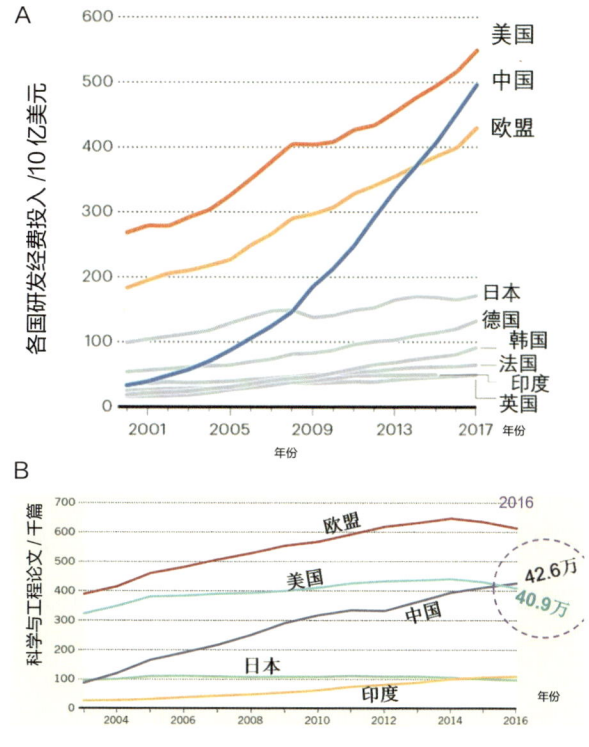

图1.19 新世纪各国科研投入与论文数量的比较。A.研发投入； B.科学与工程论文篇数

发表的SCI论文数占全球SCI论文总数的比例达到25.85%。2020年，全球有17个国家发表SCI论文超过4万篇。发文量前5位的国家中，中国作者发表论文数位列第一，中国SCI期刊发文数位列第五，引文影响力和学科规范化的引文影响力分别位列第一和第三。最近一二十年，各国的研发经费都在增加，美国最高，德国在增加，法国弱一点，而中国的经费投入已经超过欧盟。中国研发投入2015年以来已经超过欧盟28国的总和，占世界第二位。（图1.19A）

2018年《自然》杂志发表文章说，中国现在成为世界上发表文章最多的国家，在2016年中国发表的文章数量已经超过美国（图1.19B），这是非常惊人的。当前我国科学的发展，正处在历史性的黄金时期。20世纪80年代改革开放的

早期，中国人还没听说过 SCI，而到近年，中国 SCI 论文数量就跃居世界顶尖地位。但是，从历史上看，95% 的论文只是"过眼烟云"，论文数量并不是科学研究的目的，甚至不是衡量科学发展的主要标志，所以不要高兴得太早。为什么？论文的数量不等于质量，中国的文章数量不少，但是高质量的，确实还是不够。中国整体的科学水平，离世界顶尖还有一定的距离。如果把数量当作质量自我陶醉，那就有可能犯历史性的错误。中国科学的发展，关键在转折转型！

最后说几句我自己的专业——地球科学。

200 年来，地质学研究以资源勘探为主，而现代地球科学面对资源和环境双重任务，需要转型。地球科学的目标从资源勘探拓展到环境预测，方法从定性的形态转到数据，性质从现象描述推进到机理探索。地球系统科学要面向将来，所以必须有巨大的变化，即将地球看作一个完整系统，探索系统内部各部分间的联系。1999 年，德国的舍恩胡伯（Joachim Schellnhuber）在《自然》杂志发文，提出地球系统学科的变革是第二次哥白尼革命。15 世纪第一次哥白尼革命，用望远镜观察太空，视野跳出了太阳系，"看见"太阳在当中，地球围绕太阳转；21 世纪第二次哥白尼革命，用的是显宏镜（Macrocope），从太空回头看地球，看到整个地球就是一个系统。因此，中国地学界需要抓住地球科学转型的机会，实现自身的转型。20 年前我曾在一篇文章的结尾说："中国对于 19—20 世纪的地学革命愧无贡献，那是由于历史的原因；地球系统科学将是新世纪地学革命的突破口，如果中国还无贡献，那就只能是我们主观的原因，地学界同人难辞其咎。"

问答

> **问**：21世纪的全球文明，是否还是以东西方或者海洋陆地来划分？信息社会是否弱化了两者的差距？

答：21世纪还是要分西方海洋文明、东方大陆文明。信息社会的交流增强，的确减弱了两种文明的风格差异，但是文明与商业是两回事。例如，全世界都在喝可口可乐、唱英文歌，但不等于所有文明已经结合起来了。文明是长时期形成的，而且文明的烙印已经在人的思想和行为里，成为不自觉的东西，深入骨髓，人们行为的整体都受其影响。

> **问**：有没有以大陆文明价值观为发展背景的科学？

答：当然有。不是说人类的科学只在欧洲形成，各个古老的文明对科学都有贡献。例如，在亚洲的大陆文明中，阿拉伯数字在印度产生，"0"也是印度人发明的；中国有祖冲之的圆周率、商高定律……中国人在数学上的贡献很大，是不能随便否定的，但是现代科学确实是在欧洲产生的。

> **问**：中国古代手工业十分发达，与西方的科学实验有何异同？为何没能在实践的基础上发展形成科学？

答：中国手工业很发达，技术很发达，为什么没能形成现代科学？这就是典型的"李约瑟难题"。这个问题没有标准答案，仁者见仁，智者见智。爱因斯坦认为，中国很发达，但是唯独缺少两样东西：第一个是形式逻辑推理。欧几里得几乎是孟子同年代的人，战国时候的，他那时建立的逻辑推理的几何学的思路，中国先秦名家、墨家对逻辑的研究，更多落实于社会活动，而不是科学研究。第二个是系统试验。文艺复兴时期伽利略做比萨斜塔测试，他和明朝的徐光启是同时代人，可是伽利略在欧洲的影响很大，徐光启并没有广为人知。问题在哪里？中国传统文化和体制缺少对科学的重视。

问：艺术和宗教现在是否对科学进步还有推动作用？

答：人类文明开始的时候，信仰、艺术、科学三位一体分不开，金字塔体现了宗教、艺术、科学三者的结合。艺术与科学的关系一直很密切，都要求创造性的智力活动，不少科学家都有很深的艺术情结。宗教有所不同，文艺复兴、现代科学形成之后，宗教和科学分家，而后现代科学发展飞快，宗教与科学的关系也在不断调适中。有的科学家认为，他们从宗教中获得了许多启迪，但历史上的许多时候，宗教非但不能对科学产生推动作用，反而往往是科学发展道路上的阻碍。美国有些地方到现在还在争论，中学可不可以教进化论，因为有人说进化论是反宗教的，不可以教。宗教迷信是糟粕，而宗教哲学理论是人类文化的遗产。站在高层看，信仰、艺术、科学都是人类的智力活动，以不同方式解决人类遇到的问题，在深处存在着相通的地方。

问：宗教是客观唯心主义，科学崇尚唯物主义，为何教会要组织科学活动？

答：要避免简单化贴标签。多数人习惯了区分唯心主义与唯物主义，但事情不是那么简单的。唯物主义这个词的含义在中国和在西方是不一样的。20世纪80年代初，我在德国的时候，发现"唯物主义"是骂人的话，是说一个人只知道钱，没有良心，没有上帝。西方是宗教社会，就连人的名字都是宗教里来的。美国总统宣誓就职仪式上，右手举起，左手按的就是《圣经》，表示他忠于上帝。宗教不等于搞迷信活动。

> **问：为什么牛顿、爱因斯坦等科学家在晚年都走向神学研究？您认为宗教有科学依据吗？**

答：这是误传，我并没有看到有科学家老了才去信教。我认识的科学家中，有信教，也有不信教的，信教的不见得去教堂，不信教的也不见得反对宗教。爱因斯坦对宗教的理解我是很赞赏的。他认为，宗教有三个阶段：第一个阶段是恐惧。我多次说过，科学是因为好奇，宗教是因为恐惧，因为人会担心要死了、灾难要来了……所以在宗教中寻找安慰。第二个阶段是道德。用宗教来约束人的行为。第三个阶段是宇宙宗教。爱因斯坦和牛顿信的都是宇宙宗教，上帝创造了世界，规定了那么多的规则，宇宙被设计得很完美，研究宇宙就有一种神圣的投入感。牛顿确实信仰宗教，由于他生来是遗腹子，继父是位神父，他从小就信宗教。牛顿性格比较怪，后半生研究炼金术，还自学希伯来文研究《旧约》。他的科学贡献在前半生，但绝不是后半生老了才信教。

第二章
科学与视野

视觉是人认知环境的主要途径,用不同的视角会产生十分不同的效果。技术发展拓宽了人类的视野,但因为视觉缺乏穿透力,当前科学认知最大的弱点,是对深部过程缺乏了解。大千世界由不同时间尺度的过程相互叠加而成,但是寿命限制了人类在时间尺度上的辨识能力。于是,"人类中心论"成了科学进步的大敌。

第一节
视觉与视角

人靠五官认识世界的能力非常有限,所以一部科学史就是人类不断扩大视野的经历。如果我们的视野窄了,就会在科学上犯错误。

◎ 动物的视觉

人类靠五官和触觉认识世界,其中视觉最为重要。一部科学史,就是人类视野扩大的经历。视野过窄,往往是错误认识和错误行为的根源。有一句俗语"铜钱眼里翻跟斗,螺蛳壳里做道场",是说有的人目光短浅,小家子气。

其实动物的视觉相差极大,比如人和马的视域就不相同。人的双眼长在前方,双目向前看,看不

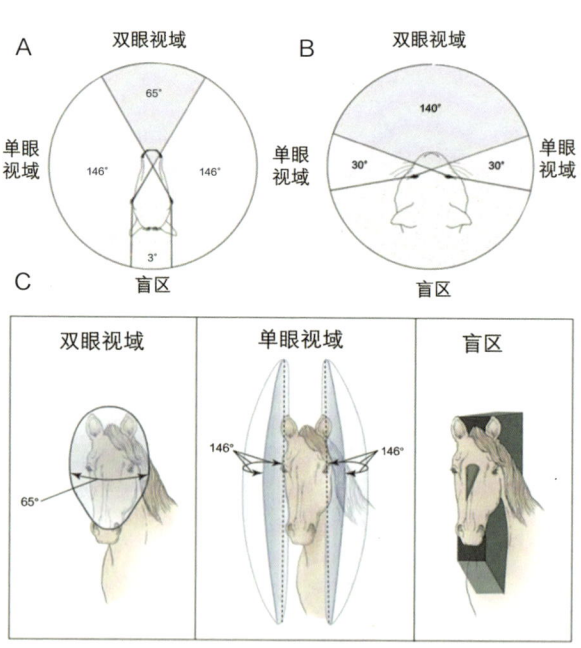

图2.1 动物的视域。A. 马的视域;B. 猫的视域;C. 马的三种不同视域

见自己的耳朵;马的双眼长在头的两侧,可以增大视角。马的视角只留下3°盲区,双眼可以看见两侧很大的范围,却看不见自己的屁股,马的鼻子前面也有个视觉死角,但是很小(图2.1A、C)。马是典型的食草动物,打不过食肉动物,但可以逃,所以它要早早地发现危险。人和所有的食肉类动物一样,眼睛长在前面,老虎、猫的眼睛都在前面(图2.1B),大象的眼睛就在两边。鸟类中,猫头鹰的眼睛在前面,鸽子在两边。双眼长前面有什么好处?两只眼睛的视野一结合就知道距离了,一只眼睛无法测量距离,这对于捕食太重要了。所以哺乳类动物中,通常食肉类动物的眼睛长在脸的正前方,食草类动物的眼睛长在头颅的两侧。

不单是视域,人和动物的视觉也不相同。光属于电磁波,人类能够接收电磁波谱中390～780纳米的波段,辨别七色可见光,所以能欣赏花花世界。假如人眼接受的是X射线的波段,我们上街就只能看到人的骨架(图2.2),世界将显得十分可怕。各种动物眼睛接收的电磁波段各不相同,比如蛇能看到部分红外线,蜘蛛能看到部分紫外线,有些鱼也能看到紫外线。

与家畜相比,人类视锥细胞对蓝、绿、红三种颜色敏感,而马和狗只对蓝色、绿色敏感。如图2.3所示,左侧是人眼看见的图,右侧是马和狗看见的,

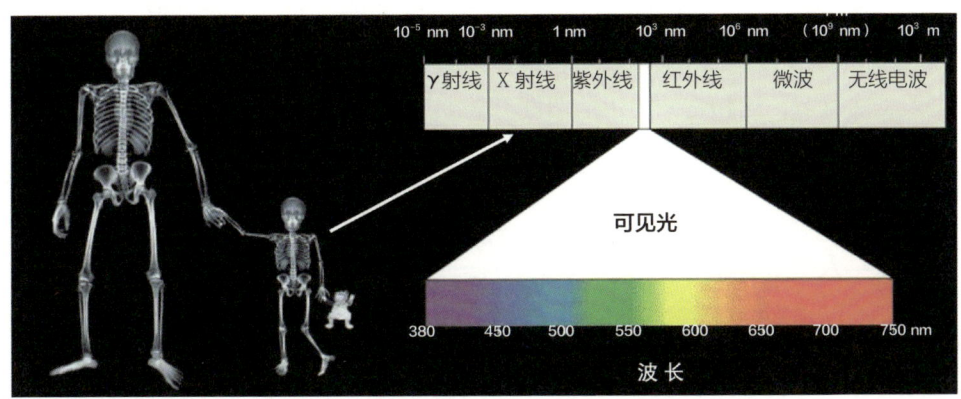

图2.2 人类可见光的波段。左图表示用X射线波段看到的人像

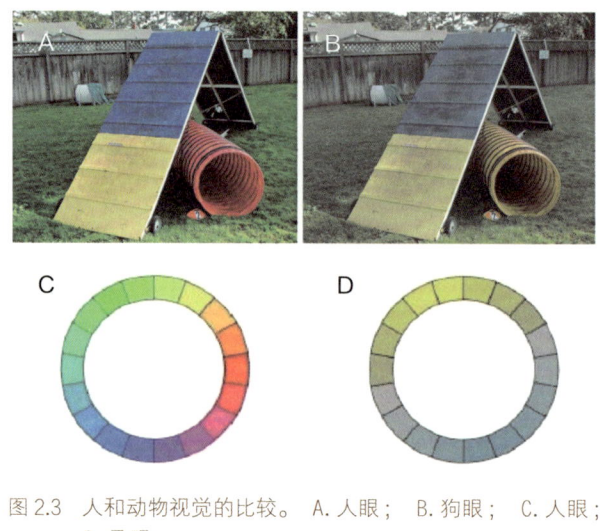

图 2.3 人和动物视觉的比较。 A. 人眼； B. 狗眼； C. 人眼； D. 马眼

马和狗看不见红颜色。简单地说，鸟类辨别颜色能力强，除了部分灵长类动物，绝大多数哺乳类动物都是色盲。

视力的基础在于色素，在生物演化早期就已经有光感器官的产生。低等生物眼虫（*Euglena*）是单细胞生物，也有人说它是藻类，因为它含有叶绿素。眼虫有类胡萝卜素的"眼点"，可以向光运动，能进行光合作用。眼点无法成像，但能看见光。这类情况在低等生物中相当普遍，比如三角涡虫，虽然有眼睛，但只能看见模模糊糊的一片。

说到昆虫，比如苍蝇的眼睛就不一样。苍蝇的复眼由 4000 个小眼组成，这些小眼各自形成的画面嵌合成像。复眼有缺点也有优点：缺点是视力差，只有几毫米的视距，蜻蜓只能看到 1～2 米，苍蝇只能看到 40～70 毫米；优点则是时间分辨率高，人的眼睛每秒钟能分辨 24 幅图画，昆虫可达每秒钟 240 幅，比人类快得多，这和它们的生活习性有关。

◎ 人类的视角

与其他动物一样，人的视觉也有局限性，在一定条件下会产生错觉。在这里，视角很重要。特定的视角下，不合理的现象会被看成合理的。抓住这点，

图2.4 双歧图。A.阿尔钦博托的《四季》； B.达利的《奴隶市场和消失的伏尔泰半身像》局部

500年前的画家就有杰出的创作。16世纪意大利画家阿尔钦博托（Giuseppe Arcimboldo，1527－1593）画的《四季》，用水果、蔬菜、花等各种物体来堆砌成人物的肖像（图2.4A）；西班牙画家达利（Salvador Dalí，1904—1989）1940年的名作《奴隶市场和消失的伏尔泰半身像》，图中一对穿白领黑礼服的贵族夫妇构成了伏尔泰的眼睛和脸庞（图2.4B）。这都是所谓的"双歧图"，观看者可以产生两种截然不同的想象。

进一步说，特定的视角可以产生特定的效果。英国人罗杰·彭罗斯（Roger Penrose，1931—　）2020年获得诺贝尔物理学奖。使他出名的是彭罗斯三角（Penrose triangle），又叫不合理三角形。这个图形最早是由瑞典艺术家奥斯卡·鲁特斯沃德（Oscar Reutersvärd）在1934年制作的，后来彭罗斯和父亲设计推广了这个图案。这个三角形由三根木头连起来，每一个角相交的地方都是直角（图2.5A）。怎么会有三个直角的三角形呢？这是不可能的！但是澳大利亚珀斯市（Perth）真的造了个"不可能三角形"市标。其实这是一种错觉：只有在某个角度，你才能看见一个完整的三角形，换个角度看，三条边根本不是连起来的。

这就叫不可能图形（impossible figure），不光是三角形，还可以有不可能立方体等（图2.5B）。人类的视觉是会上当的，要不然怎么会有魔术表演。这里的诀窍在于对一个二维图形的三维投射形成光学错觉，其实在三维空间的现实中，它不可能存在。

这个原理被一位荷兰的画家借用，画了彭罗斯台阶（Penrose steps，图2.5C）。荷兰人埃舍尔（M.C.Escher，1960—　）的作品《上升与下降》（图2.5E）中，画了永远走不完的台阶。这是宫殿上的台阶，台阶上面有两支部队在巡逻，一支部队往上走，一支部队往下走。往上走的台阶永远往上，根据不可能三角形原理是可以永远往上走的，往下走的台阶也永远走不完。不要以为这只是科

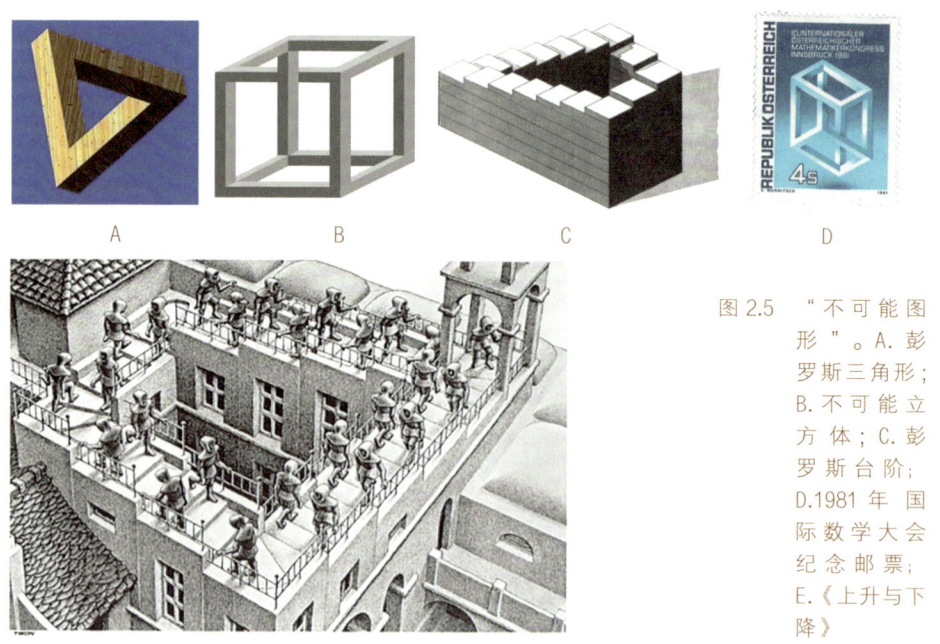

图2.5 "不可能图形"。A.彭罗斯三角形；B.不可能立方体；C.彭罗斯台阶；D.1981年国际数学大会纪念邮票；E.《上升与下降》

学家的游戏,提出"不合理三角形"的罗杰·彭罗斯是和霍金合作研究黑洞的天体物理学家,1981年奥地利国际数学大会在因斯布鲁克举行,纪念邮票的图案(图2.5D)就是不合理图形。

当然,视角问题在中国文学作品里就有很多有趣的例子。比如,苏东坡在《题西林壁》里写"横看成岭侧成峰,远近高低各不同"。如果你到庐山看,真的是这样!五老峰在一条线上,在地质上讲,这整个是一个构造——成排的单斜地层,所以苏东坡从侧面看是一个峰,横看的话是一片岭,错落有致,各不相同。多种视角就是苏东坡诗意的来源。

再如,《红楼梦》里,贾瑞生病快死了,跛足道人送他一面风月宝鉴,告诉他只能看反面,不能看正面。他熬不住就看了正面,结果死了。他在里面看见了什么?你自己去想象。

我们日常生活里也有视角的问题。如果你在雨天乘飞机,飞到云层上面以后,向下看白云朵朵,非常漂亮;从地面往上看,却是乌云压天。从不同角度产生不同看法,这在人际交往、干群关系里时有发生。

植物界也是这样,我们看见的茂密树林,其实是它的侧面,真正的树林正面,你看不到。人太矮了,树林的正面在上面,只有在空中才能看见。所以观赏高

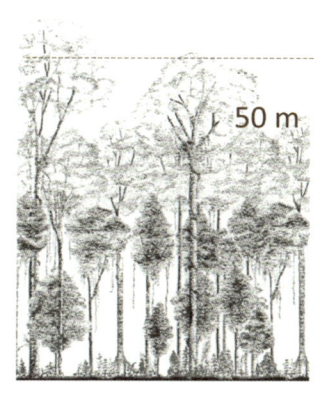

A

B

图 2.6 热带雨林。A.亚马孙热带雨林的旅游路径;B.热带雨林的树木;C.西双版纳的森林塔吊

大的树林,要另辟蹊径。

例如,亚马孙热带雨林里的树一般 50 米高(图 2.6A),人在地面能看见什么?只能看到树干的一部分。所以他们架了梯子,人可以在上面看(图 2.6B)。好像中国南方的竹林("竹海")也有类似的设施。中国科学院在云南西双版纳的热带雨林生态系统研究站,使用的塔吊就有 80 米高(图 2.6C)。所以从上面看,才是森林的正面,只从底下往上看是不够的,不是森林的全貌。

地图也是一样,有视角问题。图 2.7A 是长沙马王堆出土的 2000 年前西汉的地图原件,图 2.7B 是解释图。地图北边一块是南海,河流的方向是往南流。所以当时马王堆出土的图,南在上,北在下。其实谁规定地图北要在上,南要在下?好像南极冰盖就是地球的"屁股",那是没道理的!所以澳大利亚有个人不服气,他把南极放上面,这张图(图 2.7C)还得了专利,在澳大利亚买一张还不便宜,这是人类的视角的问题。

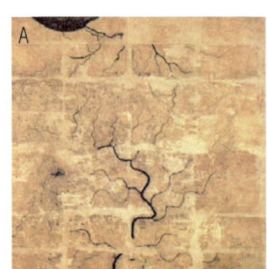 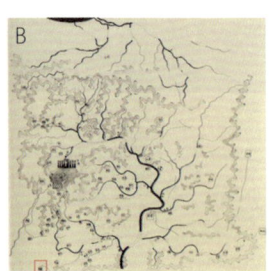 

图 2.7 南上北下的地图。A. 马王堆出土的西汉地图;B. 解释图;C. 南极在上的世界地图

第二节

人类视野的空间拓展

大科学要求大视野。空间拓展的"上天、入地、下海"三大方向,目前人类"入地"的能力最差,向地球深层推进面临的挑战最大。

◎ 大科学要求大视野

科学的发展就是视野的拓宽,不仅在空间域里拓宽视野,而且要在时间域里拓宽。"井蛙不可以语于海",因为视域太小。大科学要求大视野,站得高才看得远,"会当凌绝顶,一览众山小"。

爱因斯坦的广义相对论就是大科学,但是要检验不容易,因为讲的是星体之间的关系。1919年5月29日发生了日全食,月亮把太阳挡住了,在地球上可以看太阳那边的星体。英国天文学家亚瑟·艾丁顿(Arthur Eddington)观测发现,光线在太阳附近真的发生弯曲,证明了重力场是固体附近空间的弯曲(图2.8)。爱因斯坦非常欣慰,因为广义相对论的假设得到了证明。

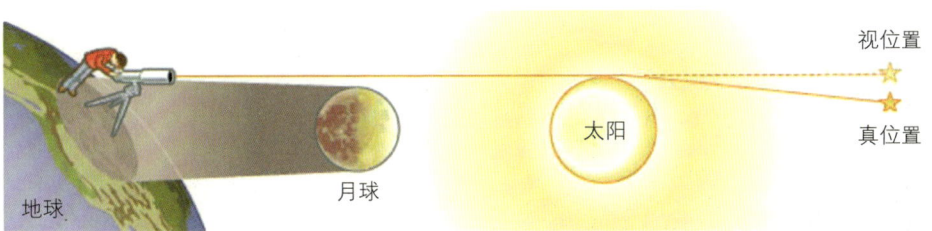

图2.8　利用日全食机会检验相对论

现在，一些科学家在攻坚探测暗物质。暗物质到底是什么，还是个谜。有一种所谓中微子（neutrino）被认为可能是暗物质。宇宙空间有各种各样的粒子，其中中微子可以穿透任何东西，但是我们抓不住它。在地球上观察中微子要用一个过滤层，目的是让别的粒子都通不过，只有它能通过。一种办法是用海水，当来自宇宙的中微子穿越水层时，会产生μ介子(muon)，科学家可以根据其留下的光学效应，追踪中微子在宇宙中的来源。于是科学家在法国南部地中海底下，在水深2000～2300米的地方设了监测器阵列，100多个足球大小的玻璃球利用海水构建成一台中微子望远镜，观测中微子（图2.9A）。另一种办法是用冰层，美国在南极冰盖下2800米深处设置了一个冰立方（Ice-cube）（图2.9B），因为一般的粒子穿过厚冰或者穿过水都没了，唯独中微子能穿过，并产生μ介子。如果冰立方抓住中微子，就等于是抓住了暗物质。

我国四川锦屏，也有地下实验室检测暗物质。从金沙江支流雅砻江的一座水电站边上，打洞进到山里面，建造实验室。因为上面有海拔4000米的山，岩石就是绝佳的天然过滤器。这个设计很棒，利用雅砻江水电站的地势，在锦屏山深2400米处建造，成为世界上最深的地下实验室（图2.9C、D）。再如欧洲的大型强子对撞机LHC，27千米长的加速器建在法国和瑞士边境的地下深50～175米的地方，原先看是个极其伟大的工程，相比之下，现在暗物质实验室的深度要高出1～2个量级。

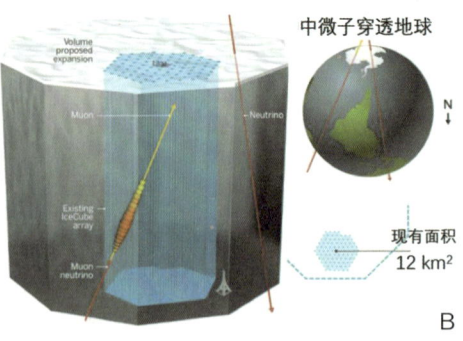

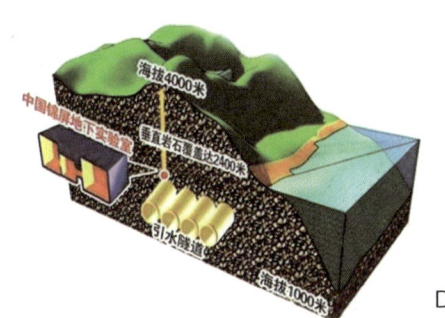

图2.9 检测中微子的巨型装置。A.地中海深海底的中微子望远镜；B.南极冰盖下的冰立方；C、D.四川锦屏山地下实验室

这就是说，大科学要有大视野。还有更大的视野，扩大视野看什么？看黑洞。银河系中央有一个"人马座A*"黑洞，科学家们把天文望远镜放在几个大陆，用分布在美洲、欧洲和南极洲的望远镜组成观测阵列，2019年发表了第一张宇宙中黑洞的照片。这个天文望远镜又叫"事件视界望远镜"（Event Horizon Telescope，EHT）。

这种以大视野看世界的气派，中国古代就有。大鹏"扶摇而上者九万里"，"井蛙不可以语于海"，都是庄子的名句。"山近月远觉月小，便道此山大于月。若有人眼大如天，当见山高月更阔。"明朝王阳明12岁时的诗句，就显示出大视野。问题在于古人这种只动口、动心，而不动手的习气，恐怕遗传到今天，很值得我国学术界引以为训。

◎ 探索微观世界

所谓拓宽视野不仅要看到大的，还要看到细小的。生物体的大小是有极限的，生物体最大能到多大？最小能到多小？这个题目很有趣。如果你生活在白垩纪，那时候最大的恐龙15米高，人最多2米高，比它差远了。估计恐龙最大的问题在于血压，它的心脏要把血泵到那么高的头上去，它的心脏得很厉害吧？高等植物呢，它要把水从土壤送到叶子上去，单是通过维管的毛细作用把水送到几十米高的大树顶上，也是个难题。再说小的，最小的就是病毒，不过病毒算不算生物尚存争论。（图2.10A）

我们再来看小的。海洋生物中90%是微生物，其中有细胞核的真核生物，比无细胞核的原核生物要大一点。图2.10B的中间是大头针的头，左边最大的一个是真核生物阿米巴原虫，然后一个比一个小，更小的是没有细胞核的原核生物，一般1微米左右大小。它们虽然小，但是照样能够进行光合作用，也蛮神奇的。

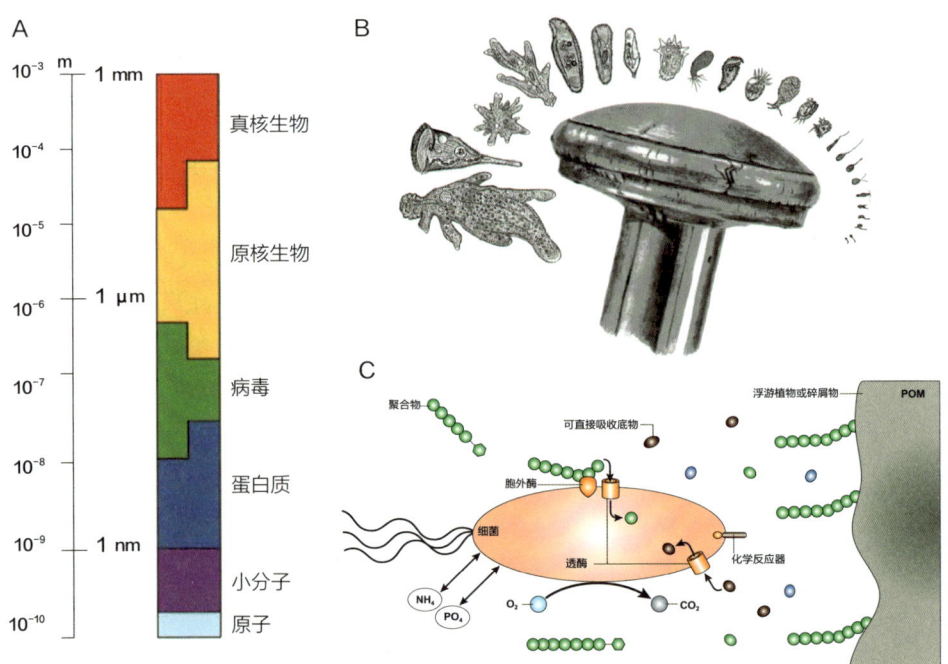

图2.10 微型生物。A.微型生物的大小等级；B.小型真核生物与大头针；C.一个细菌的生态世界

微生物的数量是惊人的。一滴海水，大概50立方毫米，里面的病毒可能有50万个，细菌可能有5万个，5000个原绿球藻（原核生物），500个聚球藻，500个真核藻类，500个原生动物。一滴海水里面的世界就非常大，这个微观世界一般人是看不见的，但是大得超过你的想象。有人估算，全大洋有10^{30}个病毒，连起来长度超过了60个银河系。对于海水里的一个细菌来说，一个单细胞的浮游植物就是个庞然大物。海水里有大量的聚合物，也就是一些有机物质，与细菌发生有机反应。一个海洋细菌就有它自己的生态世界，跟人类习惯的生态世界完全两样（图2.10C）。所以说，世界上有各种各样不同大小的生态系统。

微生物太小，长期进不了科学家的视野，除非像童话《爱丽丝漫游仙境》的奇幻国度里那样，人也可以缩小。18世纪的卡尔·林奈（Carl Linnaeus，1707—1778），是植物分类的祖师爷。2008年有人在《科学》杂志上撰文写道："如果林奈是在爱丽丝的鞋子里，只有10毫米高，在这种空间尺度里研究生物多样性，他是研究植物呢，还是会去研究微生物的生活？"问得很好，可惜林奈不是在爱丽丝的鞋里，也幸亏他不是。

◎ 上天，入地，下海

一部科学史，其实就是人类视野不断扩大的历史。1959年，中国科学院地学部主任尹赞勋（1902—1984）在少儿读物《科学家谈21世纪》上写了一篇文章《上天、入地、下海》。他60多年前就提出这个方向，很有远见，但那时候这在中国是不可思议的，而现在都做到了。尹先生说，地球科学要发展，就要走这个方向。现在这三个方向中，我们"下海"做得不错，"上天"也非常有成绩。

"下海"研究海洋，难点在深海。最初的深海研究与欧洲的航海贸易相关。18世纪时英国的黑奴贸易发生在欧洲、非洲、美洲之间，就是船从英国出去，到非洲抓黑奴，再运到美洲去开矿，然后载了矿产资源再返回英国。有一个故事说，1751年，一位贩卖黑奴的英国船长，在北回归线附近从船上抛下一根绳，上面挂了水桶，从1600米深处取了一桶水上来。结果吓他一跳，当时船上的温度大概29℃，而采上来的水温只有12℃！这很奇怪！不过他不是科学家，只是觉得这可好了，下次船上太热就用这个办法来给饮料降温。

为什么低纬度深海的水温度会那么低呢？后来知道，原来这是高纬度流下来的洋流，实际上是北冰洋的水，或者是南大洋的水。世界大洋中连赤道地区的底层水也是冷的，这是两极表层水结冰、降温及下沉的结果。

"上天、入地、下海"三者相比，我们能力最差的是"入地"。至今人类对地球内部只能间接探测，主要用天然或人工地震等物理方法做研究，或者研究构造运动甩到地球表面的岩石标本。人类亲身下到地球内部的深度不大，最深的是下到四五千米深处采金矿，但这个深度跟地球的半径比，连千分之一都不到。

目前世界上最深的矿井是南非姆波尼格（Mponeng）金矿，

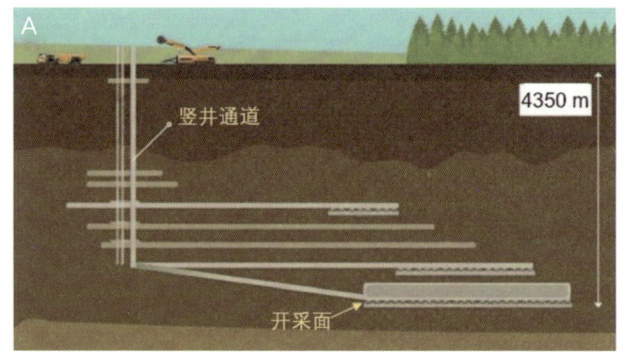

图2.11　世界最深的矿井——姆波尼格金矿。 A.矿井示意图；
　　　　B.4000多米深的开采面

深达 4350 米（图 2.11）。要不是为了金子，干吗挖到地下那么深去！矿井底下可不是好去处，矿坑里的温度就有 60℃，再说要下去也很不容易。矿井的电梯获得了吉尼斯世界纪录，一部电梯分 3 层，一次就能运 120 人，电梯下到 2200 米后再换一部电梯下到 3000 多米，再后面就没法坐电梯，得自己走，加起来下井一趟就要 90 分钟。

"入地"的另一种途径是钻探。好几个国家，包括我国在内，打了"超深钻"探索地球深部，其中苏联的钻井打得最深。苏联的最西北角北冰洋旁边有个科拉半岛，科学家们在半岛上打了一口井，这真的是目前世界上最深的井，打了 12262 米。从 1970 年打起，到 1994 年结束，开钻时是苏联，终孔时已经是俄罗斯。井越深越难打，1983 年已经打到 12000 米，后面的 262 米却打了 10 年。原定目标是 15000 米，为什么不打下去呢？技术、资金都有困难，但也有种种传闻。一种传闻说，打到 12200 多米的时候，听见井里面有很惨的喊叫声，有人说这大概就是地狱的声音。后来突然一声爆炸，"啪"一下以后什么声音都没有了。这类传说当然只能"姑妄听之"，不能认真。实际的原因在于经费和技术困难，面对双重困难，再好的计划也只能放弃。

真正打穿地壳还是要到海里去，因为海洋的地壳薄。陆地上的地壳一般都是 30 多千米，而海底的地壳只有 7～8 千米，但是从深海底下再"入地"，那是难上加难。半个多世纪前，国际大洋钻探开始的时候，就把打穿地壳作为目标，但是技术困难至今没有解决。"入地"在今后肯定是科学研究的方向，但是技术上离实现这个目标还有相当距离。

◎ 人类视力缺乏穿透力

"画虎画皮难画骨，知人知面不知心"，科学研究也是一样。人类可以认识地球,但看得见的只是地球表面,地球里面很难认识。人类的视力是没有穿透能力的,当前人类认知环境最大的弱点,是对于地球深部缺乏了解。

不用说地球深部,南极洲你就看不透。如果把南极的冰盖托起来,底下就能看见南极洲的石头,在2000米厚的冰盖底下,在石头和冰盖之间还有河流,有湖泊(图2.12A),其中有一个著名的湖叫东方湖。苏联在南极冰盖上打了3600多米冰芯的"东方站"深井,就在东方湖的上方。他们不敢再打下去,因

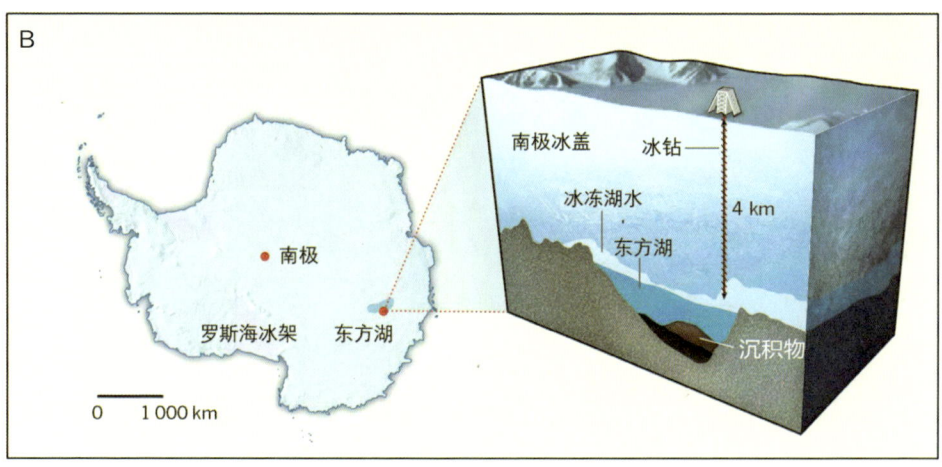

图2.12 南极冰盖下的湖泊。A. 冰盖与下伏基岩(想象图);B. 冰盖下的东方湖和东方站冰钻

为很可能会把现代的微生物弄到湖里，而这个湖是南极冰盖形成之前的"古董"，很可能保留着2000万年前的生命。好在3000多米的冰盖和湖水之间，还有着几百米冰冻的湖水。2012年，俄罗斯科学家把钻井加深到3769米，从这层湖水结的冰里钻取冰芯，就发现了许多前所未闻的微生物。（图2.12B）

东方湖很大，是世界上第七大淡水湖。南极冰盖下至少有200个湖泊，湖和湖之间还有河流连着，是一个很大的水系，占全球淡水量的25%，我们对它的了解是非常少的。其实我们对整个地球内部的水，了解都很少。所以想想人类很滑稽，80多亿人全都挤在地球表面，像很多蚂蚁在一个球上忙来忙去，有时候还打世界大战……巨大的地球内部，人们进不去也看不见，其实地底下非常重要，不光是有矿产资源。我们的生态环境，很大程度上是地球内部过程在地球表面的表现，与其到外星球去寻找资源和能源，不如求助于地球的深海海底和地球内部。

我们只看到地面的水，其实大陆地下、冰盖底下，甚至大洋底下的水是非常多的，估计全球地下水的总量跟南极冰盖冻结的水量差不多。比如南非几千米的深矿里测出来的水，有的年龄已经上亿年了，这"老水"就是恐龙存在时候留下的水。广大平原和大陆架下面，也有冰期时候"漏"下去的水（图2.13）。甚至在海底还有水，大西洋底下也有水，陆地来的水有的是从河流里流进大西洋，有的是从地下流到大西洋去。有人计算流入大西洋的地下水，每年有2万～4万立方千米，数量上与入海的河水相当。所以地下水也可以利用，这对于非洲干旱缺水的地区显得格外重要。

利比亚前领导人穆阿迈尔·卡扎菲（Muammar Gaddafi，1942—2011）在执政期间有个"大人工河工程"（Great Man-Made River Project），他称其为"世界第八大奇迹"。北非撒哈拉沙漠东端的努比亚（Nubian）砂岩区，是世界最大化石地下水区之一，面积250万平方米，含水量15万立方千米，这些地区现在的降雨量几乎为0，化石水测年20万～100万年，是气候变干以前

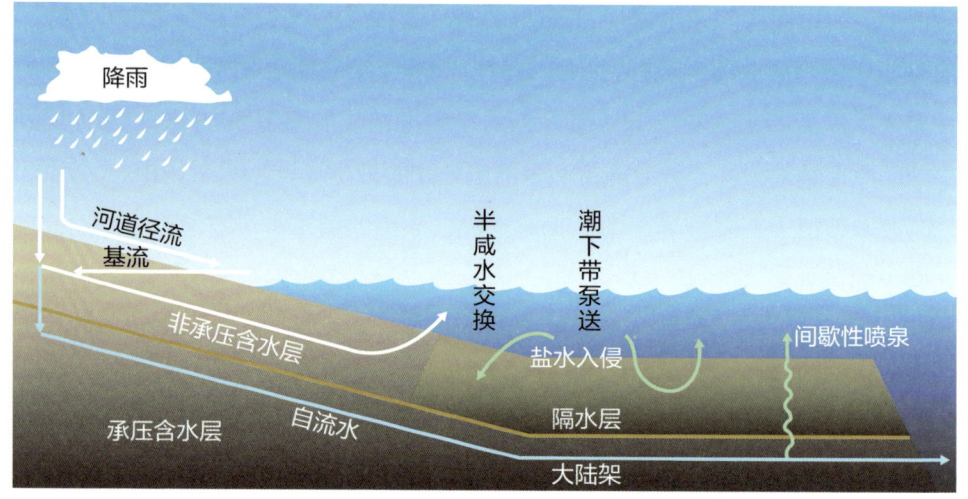

图2.13 大陆架海底的地下水循环

积累的地下水。20世纪90年代，卡扎菲用250多亿美元，打了1300多口井，都是超过500米深的井。下面的水打上来后，通过2820千米长的水管，每天运650万立方米水到首都的黎波里等城市，这在当时是非常轰动的大计划。事实上，大人工河工程确实是一个伟大的输水系统，改变了利比亚全国人民的生活。近些年来利比亚形势动荡，内战不断，计划的实施受到严重威胁。

地球内部不仅有水，还有碳。地球的主体是地幔，占地球体积的5/6。论厚度地壳只占地球半径的1/200，按比例算还不如鸡蛋的蛋壳所占鸡蛋半径的比例，但是从地壳到地核都含有碳。有人说地球质量中大概1.5%是碳，也有人说0.07%是碳，两个说法相差20多倍，但无论怎么说，地球内部的碳比地球表层的碳多得多。各家的说法不一，正说明我们对地球内部的了解十分有限。

但有一点是知道的，地球内部高压下的碳，跟通常人们看见的碳不是一码事。金刚钻就是地球内部的一种碳。有机碳到了地底下，在地幔的高温高压下就会变成金刚石，所以在地幔中有一层金刚石富集带，可惜人进不去，要火山爆发的时候从火山里喷出来，比如在南非古老的火山岩筒里就会有（图2.14）。

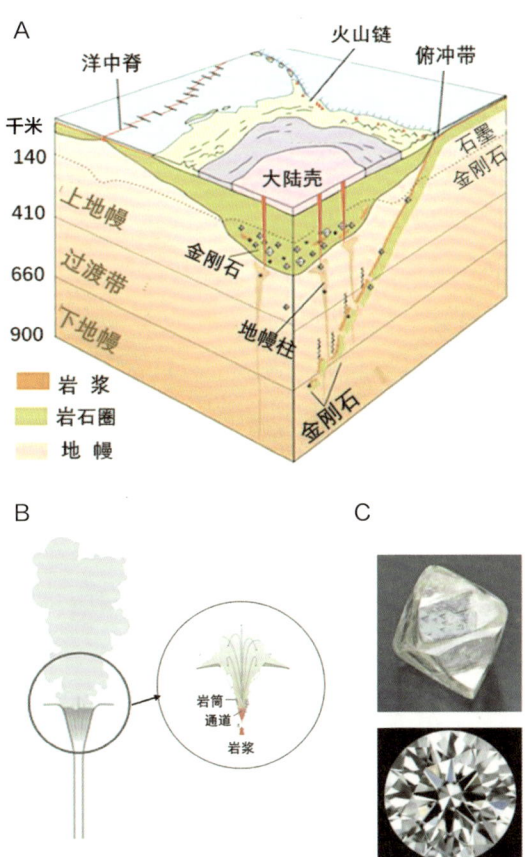

图2.14 金刚石的形成。 A.板块俯冲将有机碳带入地幔深处形成金刚石；B.火山喷发将金刚石送上地面；C.天然的和加工后的金刚石

关键是有机碳要随着大洋板块俯冲到几百千米下的地幔深处，经过高温高压才会形成金刚石，而板块里的有机碳来自很多亿年前海洋的细菌，所以有人说笑话，结婚戒指上的钻石其实是古老的细菌。在地球表面，钻石是罕见的宝石，但是据说在土星、木星星体内部的深处，甲烷（CH_4）的碳会在高压下变成大量的金刚石，在6000千米深处出现"钻石雨"。但是，谁有本事可以到那去接金刚石的雨啊！太阳系外还有一颗行星——巨蟹座55e，据说它1/3的质量都是钻石。

总之，我们对于地球内部了解太少。19世纪法国小说家儒勒·凡尔纳（Jules Gabriel Verne，1828—1905）于1864年出版了《地心游记》（*Voyage au centre de la Terre*），这大概是他的作品中最离谱的一部，影响却特别大，1959年被美国拍摄成电影，获得1960年奥斯卡奖。2008年美国又拍摄了3D影片《地心历险记》，备受欢迎。这场空想闹剧的根子出在17—18世纪之交，当时有科学家提出"空心地球"的假说。如今这项假说在科学上早已烟消云散，在艺术界却照样"热销"，可能这就是科学和艺术的差异。

第三节
人类认知的时间尺度

地球环境由不同时间尺度的过程叠加而成。受寿命和生理的限制,人类的观测活动面临着时间分辨率不足的巨大困难。

◎ 生物的寿命和时间

时间尺度的差异,古代诗人和学者早已意识到。庄周的比喻非常好,"朝菌不知晦朔,蟪蛄不知春秋",生命不同,它们对时间的概念也不同;李白的诗更精彩,"今人不见古时月,今月曾经照古人"。逻辑合理、意境独特,写出了两个不同时间尺度的人和月,把现在的人和"古时候就有过的"月放在一起比较,富有哲理。

说到这里就会想起琉球大学的本川达雄教授,他的一篇文章《汉堡包科学和寿司科学》非常风趣,讲西方科学和东方科学的差别。他还写了一本《大象时间和老鼠时间》的书,说老鼠的寿命只有2年,大象有70年,但是大象和老鼠一生心跳的次数是差不多的,老鼠心脏跳得很快。老鼠吃东西也是这样,4天吃掉的东西就跟它自己的体积差不多,而牛吃掉跟自己体重差不多的食料,要吃一个月,这就是时间尺度上的不同。心跳反映新陈代谢的强度,各种哺乳类动物的心跳频率相差悬殊,这与体型大小相关。最大的动物鲸类的心跳最慢,蓝鲸在海面呼吸时每分钟有25~37次心跳,而下潜到深海时心脏每分钟只跳4~8次,最低时只有2次。(图2.15)

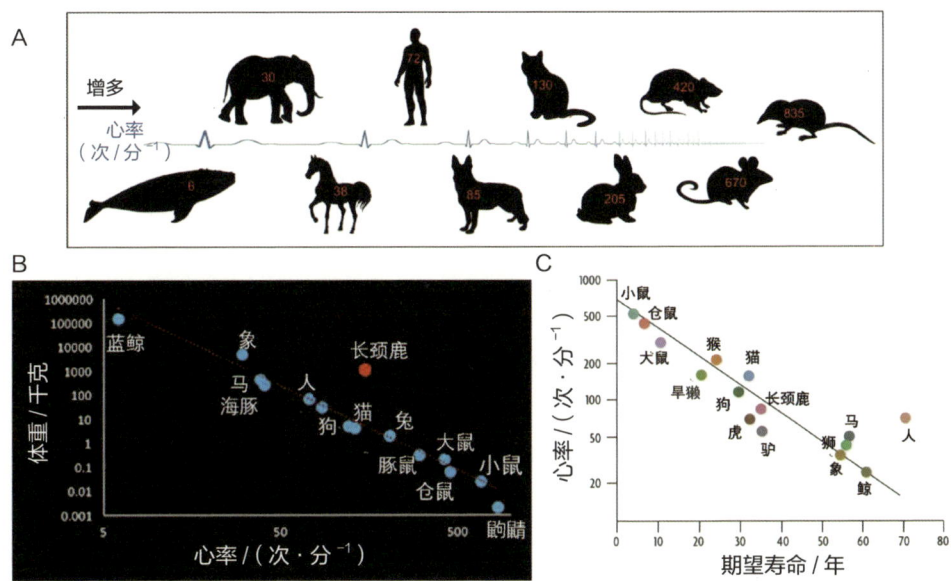

图 2.15 哺乳类动物的心跳速率。A. 心跳数的差异；B. 心跳速率的对数和体重对数大致呈线性关系；C. 心跳速率的对数和期望寿命大致呈线性关系

我们讨论科学与视野，不能忘记视野的时间尺度是受寿命控制的。猿或者早期的智人寿命很短，只有十几年或者不到 30 年。人的寿命在延长，最近 200 年人类的寿命突然增加得非常快（图 2.16）。尤其中国，在最近几十年里人均寿命增长得特别快，新中国成立前是 35 岁，现在是 78 岁，翻了一番还不止。和空间一样，人类认识里的时间尺度，也是随着科学的发展向两端拓展的。

在宗教传说里不是这样。《圣经》里的玛土撒拉活了 969 岁，我国传说中的彭祖活了 800 岁，不过这类传说从来没有任何证据。真正有记录最长寿的人多是女性，最高纪录是法国女士珍妮·路易斯·卡尔曼（Jeanne Louise Calment，1875—1997），活了 122 岁，合计 44724 天。她先后经历了 18 任法国总统和 10 任天主教教皇，并且经历了 1918 年西班牙大流感和最近的新冠病毒大流行。1997 年接她"班"的是日本的田中力子（1903—2022），活了 119 岁。

2022年接棒长寿冠军的又是法国人，118岁的安德烈（1904—2023）。不过这类统计都不见得全面，2023年3月3日南非一位老太太约翰娜·马兹布科（Johanna Mazibuko）去世，她的出生证明是1894年5月11日，这才是世界上最高的长寿纪录：128岁零8个月。

看来120岁左右可能是人类寿命的上限，与一般动物相比，这是很不错的数值。动物的寿命一般都不是很长，比较长的是龟，可以活100多岁，而哺乳类如猫和狗的最长寿命才二三十年。期望寿命的差别又和心跳的速度相关，哺乳类动物心跳速度的对数和期望寿命的对数，大体上呈线性关系，而人类的寿命显然超越了一般规律（图2.15C）。

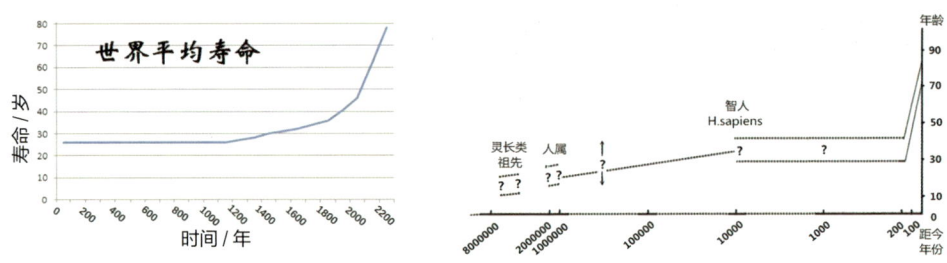

图2.16 人类寿命的历史变化。A. 近2000年历史上的寿命增长；B. 人类演化产生以来的寿命增长

再来说计时。人类历来都是拿天文计时的，年、月、日的划分都是地球和日、月的相对运动，但是划分到秒就复杂了，因为往细里说，天文时间也是有变化的。以前有一个协议，规定以1990年1月1日回归年长度的三千一百多万分之一为1秒。后来发明了原子钟，原子钟利用铯-133（^{133}Cs）原子的共振频率计时，精度已经高达每天只差十亿分之一秒，这个就要科学得多、准确得多。于是，1秒钟的定义从1990年1月1日0时回归年长度的1/31556925.9747，变为铯-133原子在两个能态之间周期性振荡9192631770次的时间。铯-133原子在两个能态之间周期性地振荡90多亿次的时间，就是1秒。

随着激光技术的发展，计时单位已经进入"秒"的-18次方——"阿秒"，从而进入分子、原子的世界：1阿秒等于光速穿过3个氢原子长度的时间。人们还发明了高速摄影技术，人眼只能分辨约0.1秒间隔的影像变化，而光电快门的速度可以达到几万分之一秒以上，拍出如图2.17所示的照片来，所以现在我们已经有时间上的"显微镜"了，可以看到非常短暂的瞬间过程。

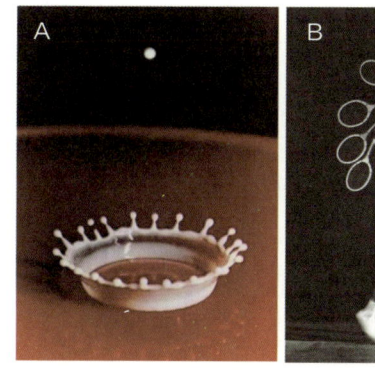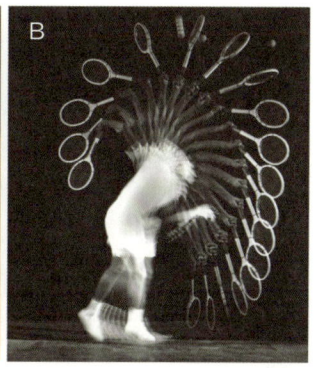

图2.17 采用电子频闪技术的高速摄影艺术作品。A.一滴牛奶溅出的"皇冠"；B.运动员挥舞球拍的瞬间

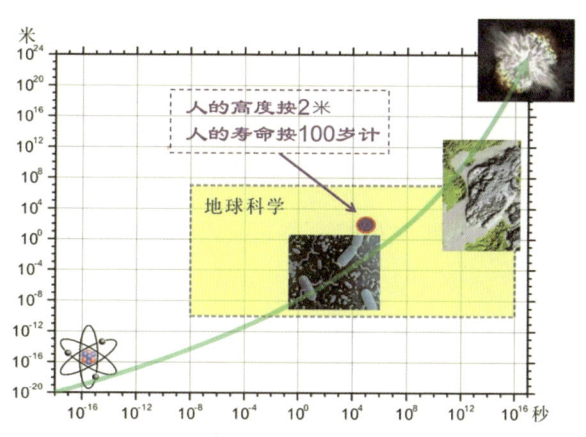

图2.18 自然科学的时空尺度

人类生活的大千世界，由不同时间尺度的过程相互叠加而成。从铯-133原子两个能态间的振荡周期（约1/90亿秒），到"宇宙大爆炸"可能的周期（百亿年等级），相差27个量级。而人从第一次心跳算到死亡，即便活到100岁，跨越的时间尺度不过9个量级，因此我们亲身感受的时间跨度有限，更无法理解无限的时空。如果把时间和空间放在同一个坐标系里比较，可见人类的渺小与能力的有限。图2.18中的纵坐标是空间，横坐标是时间，最左边是基本粒子，最右边是宇宙大爆炸。如果把人的高度计为2米，寿命计为100年，在坐标系里只占一小点，浅

黄色的面积代表地球科学，相比之下，自然科学研究的整个宇宙的范围要大得多。

◎ 地球和地质运动的年龄

人类寿命太短，因此关于地质历史上的很多时间是有争论的。一个最有意思的争论，就是地球到底有多少岁。我们现在知道地球的年龄跟太阳差不多，都是40多亿年，但19世纪时是有激烈争论的。物理学家说，地球里面的能量经过发散是要耗光的，也就是说，地球能存在的时间只能有几千万年，当时的人不知道有放射性元素。而从地质上讲，几千万年就不对了，达尔文（Darwin，1809—1882）在《物种起源》里讲到，英国南部的地质过程要有3亿年才能完成。当时在"进化论"和"均变论"思想影响下的地球科学界，认为地球有10亿年的历史。这场物理学界与地学界的争论，到20世纪初发现放射性元素后方才解决。在这次碰撞中的一位关键人物，就是开尔文。

开尔文（William Thomson Kelvin，1824—1907）10岁进大学，22岁当教授，真是个天才！大家都熟悉的热力学温度单位K，就是以他的名字命名的，但他算地球年龄的时候却算错了。1862年他提出地球年龄是9800万年，此后又逐渐减少，到1897年改为2400万年。什么原因？因为那时人们还不了解地球有放射性元素，也无法理解会有"燃料"几千万年烧不完的星球。到1896年，人们才发现了放射性元素。1904年，卢瑟福（Rutherford，1871—1937）首次从一种铀矿物测得5亿年的放射性年龄，开创了地质学上放射性测年的方法。所以地球年龄这个谜团就解开了。

我们平时讲"移山倒海""海枯石烂"，其实"海枯石烂"不稀奇，冰期时候世界海平面降低，陆架浅海就枯了，但"移山倒海"了不得，山要移动，海要倒翻。其实只要把测量的精度提高、把观察的视野拓宽，所谓"移山倒海""海枯石烂"的变化,也就不再是神话故事,而是真实的地质历史。它们和"日月经天""江河行地"一样,都是发生在眼前的"现代"过程,只怪你我用的时间尺度不够长,来不及看到。

大洋的底部一直在张裂,形成新的大洋地壳。举个例子,2011年3月11日,

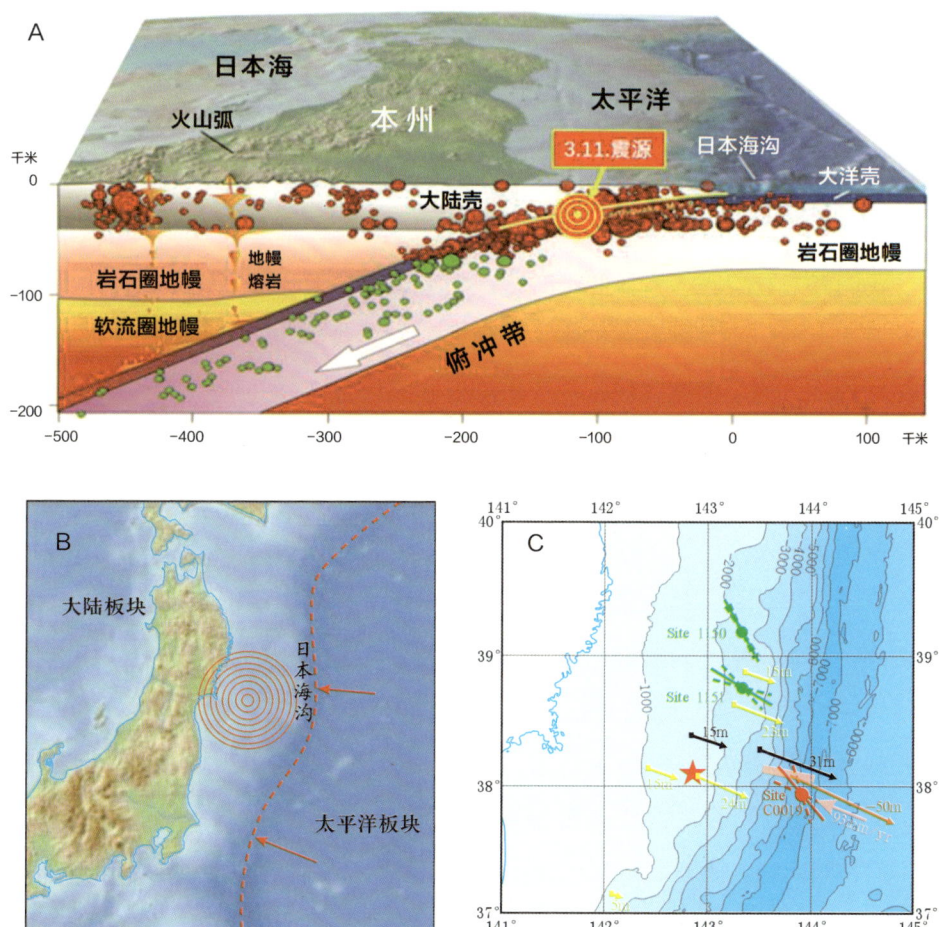

图2.19 日本2011年3月11日9级大地震。A.剖面图,圆点表示震源,位于日本海沟太平洋板块俯冲带;B.平面图,展示震中位于日本海沟与本州之间的位置;C.海底地形的移动幅度

在日本东北地区发生的9级大地震引发海啸，造成约2万人死亡。日本的地震预警工作是了不起的，会提前警告，所以很多人还来得及逃，导致大量人员死亡的是海啸，不是地震。一年以后，科学家抓紧研究日本海底地形的形变，结果发现日本的海底往东南方向移了20米，换句话说，太平洋缩小了20米（图2.19），这就是"移山倒海"的变化。为什么会地震？是太平洋板块往大陆板块下面俯冲，卡住动不了，能量积累太多就要突变，这就是地震。板块一动就好了，但这在地球表面就是一场灾难，如果板块慢慢动就没事了。这次海啸不光改变了太平洋的大小，还影响了地球地轴的位置，使地轴移动了16.5厘米，导致地球自转加快，但是加快的速度很小，一天的长度只缩小了1/1800000。这是现代地质灾变的定量数据，应该佩服现在测量的精度真是了不起！

我们再来看海底。大洋的中脊是世界上最大的山脉，全世界大洋中脊连起来6万千米长。海底一直在扩张，扩张就是大洋中脊的岩浆顶上来，把两个板块往两边推，这个速度多快？几个大洋板块的扩张速度并不一样。大西洋大概一年拓宽2～4厘米，有人比喻这个速度大概跟人指甲生长的速度差不多，人也没有觉得指甲在长，所以也不会觉得海底在动。印度洋板块扩张速度比较慢，每年不到2厘米，太平洋速度快，每年可以有20厘米。

不仅海底在变，整个地球的分带，甚至太阳系的位置也都在变，而且有变化周期。日本人侵占台湾岛后，1908年在嘉义县建了一个北回归线的标志塔，但是现在塔已经不在北回归线上了。为什么？因为地球自转轴的斜率在减小，回归线就跟着移动。1996年再去量，标志塔已经位于北回归线以北1.27千米远处，等到9300年的时候要到90千米之外了！

所谓回归线，就是太阳直射地球离赤道最远的地方，然后太阳光就往回走，"回归"了，所以回归线就是夏至、冬至时太阳直射的纬度。所谓斜率是赤道和黄道的夹角，可是地轴斜率是在变的，变动的范围是22.1°～24.5°，斜率变化有4万年的周期，现在斜率是23.5°，所以北回归线就在北纬23.5°（图

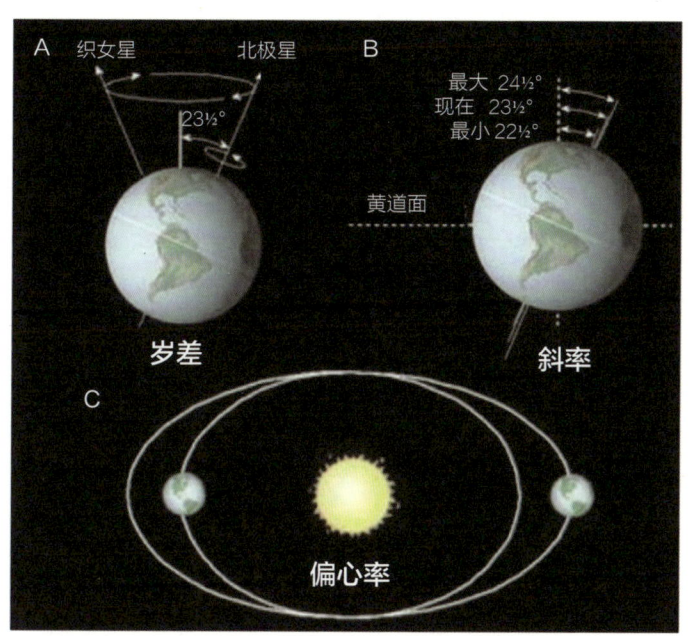

图 2.20 地球运行轨道的周期性变化。 A.2 万年的岁差周期；B.4 万年的斜率周期；C. 10 万年和 40 万年的偏心率

2.20B）。但地轴的斜率每年减少半秒，南北回归线就每年向赤道推进 14.7 米。因此，现在地球的热带年年变小、温带年年变大，热带一年减小的面积是 1100 平方千米，相当于一个崇明岛（1200 平方千米）的大小。

地球时间的概念跟空间的概念一样，既有"显微"的角度，也有"显宏"的角度。从"显微"的角度看，有天文钟、机械钟、石英钟、原子钟，计时越来越准；从"显宏"的角度看，需要动用更长的天文周期。人类计算较长的时间，基本用的都是天文周期，一天就是太阳升起落下的周期，一个月就是月亮圆缺变化的周期，但是年再向上，有没有天文周期？有。由于受太阳系里星球的相互影响，地球运行轨道的几何形态会发生缓慢的变化，现在地质学上用来计时的就有地球的岁差周期。这就是说，地球的自转轴像个陀螺一样在晃，晃的周期是 2 万年，现在地轴的北端指向北极星，1 万年前指向织女星。（图 2.20 A）此外，轨道变化还有斜率的 4 万年周期，决定着回归线的位置。（图 2.20B）更长的有 10 万年和 40 万年的偏心率周期，决定着黄道是圆的还是椭圆的（图 2.20C）。所有这些周期都会影响地球上的

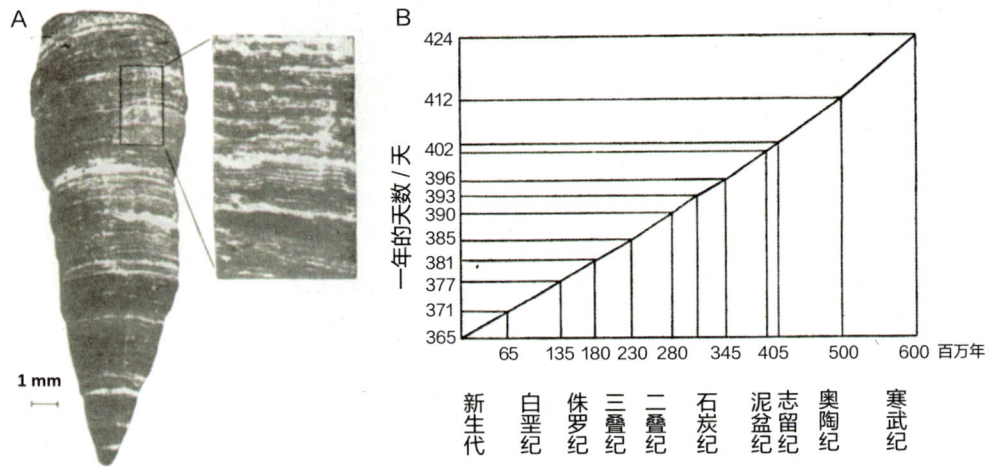

图 2.21 "生物钟"。 A. 单体珊瑚及其表壁上的年轮；B. 每年总天数的地质演变

气候，也可以为地质历史提供时间标尺。如果放眼太空，就会看到太阳在银河系的位置也在变，这就是周期 2 亿多年的"银河年"。

有史以来，人类用地球运转的周期计时，十分成功。但假如历史太长，也会出问题。现在一年是 365 天多一点儿，其实这天数也在变，那是从化石身上发现的。

古生物学家找到了 4 亿年前的化石，就是图 2.21A 中泥盆纪的单体珊瑚，外形像个冰激凌筒那样。珊瑚是一轮一轮长上去的，表面上有年轮，有时候年轮里面还可以数出表示"每天"的细纹，结果发现 4 亿年前一年有 400 天。这是什么意思？就是 4 亿年前地球的转速比现在快，为什么会慢了？那就要怪月亮。

地球形成 3000 万年以后，被一颗星体撞击，撞出个月亮来。地球和月亮难解难分，相互影响。地球上的潮汐主要是月亮造成的，潮汐有摩擦力，摩擦力使得地球的转速在减小，月亮离地球也就越来越远。所以 4 亿年到今天，大约每 1000 万年减慢一天。当然，人在有生之年不会感受到这种变化，但是化石能够提供见证。根据这种"古生物钟"的记录看来，每年的天数是在逐渐减少的。（图2.21B）近年来我国地质学家发现，距今12亿年前，一年居然有460天之多。

所以说地球的运动是在变化的，至于别的星球，那就更怪了。金星是很可爱的，但是它的轨道很"离谱"。太阳系除金星之外的行星都是由西往东自转，金星却是反着转的。如果到金星上去，那就真的是太阳从西边出来了。不仅如此，金星的转速也特殊，它公转一周大概是224天，自转一周要243天，也就是说，它转得非常慢，金星上的一天比一年还要长，你简直没法想象，怎么会这样！科学家推测以上种种情况都是撞出来的，太阳系形成的早期很不稳定，星球相互撞击，金星就可以说是被"撞翻"了。

◎ 人类认知的时间尺度

放眼看时间尺度，从人的心跳，到昼夜的潮汐，到地球的运转……都有周期，甚至有人认为宇宙的大爆炸都是周期性的。地球环境变化有不同时间尺度的周期，昼夜、潮汐周期是10^{-3}年，季节、厄尔尼诺-南方涛动（ENSO）周期是10^0年，太阳活动周期是$10^1 \sim 10^2$年，"千年尺度"的所谓"亚轨道"周期是10^3年，地球运行轨道周期是$10^4 \sim 10^6$年，地球内部全地幔环流的周期大概是10^8年，宇宙大爆炸的周期可能是10^{10}年。最小和最大周期之间跨越十多个量级。

我们看见的世界是不同周期现象的叠加。地球环境是不同时间尺度的循环过程叠加、组合形成的复杂系统。我们研究的地球系统里，既有宇宙大爆炸留下的136亿年前的微波背景辐射，又有每10分钟繁殖一次的海洋细菌，是一个极为复杂的系统。而人类穿越空间的能力显著大于穿越时间的能力，对于空间关系的研究也远远超过时间尺度上的进展。

宇宙大爆炸是怎么被知道的呢？20世纪60年代，为改进卫星通信，需要找出可能会干扰通信的波。为此，美国人彭齐亚斯（Arno Penzies）和威尔逊（Robert Wilson）在新泽西建立了灵敏度很高的定向接收天线系统

图2.22　QWERTY键盘布局

（Holmdel天线）。1965年，他们发现有一种噪声无法解释，也无法消除。其实，这就是宇宙大爆炸的残留波，他们因此获得了诺贝尔物理学奖。残留波到现在为止是最古老的"化石"级别的波，是130多亿年前的。所以我们现在的世界，有很多古老的和新的东西混在一起。如果以时间为尺度，有些快速变化也是人类无法想象的。海洋里的假单胞菌（*Pseudomonas*），它在最佳条件下不到10分钟分裂一次，单位时间内产生的能量是很高的，所以它的新陈代谢的速率是人的100万倍。与100个人的质量等量的这种细菌，产出能量的功率是1千兆瓦（10^9瓦），相当于一座核电站！

人类社会里，也不乏这种残留现象。比如，计算机键盘，从左上角向右排过来，一定是QWERTY这6个字母，为什么是这样的顺序？这是当年机械打字机的设计结果。因为机械打字机打字时，按一个键跳起一根杆，把字母打到纸上。为了避免两个杆碰到一起，就要把英文单词中拼写不到一起的字母放在一起，如Q跟W拼不到一道去，就可以排列在一起。现在的计算机打字原理虽然跟机械打字机的杠杆原理毫无关系，但还是沿用了从前的键盘（图2.22）。又如，生物进行光合作用的酶"核酮糖-1，5-双磷酸羧化酶"（Rubisco），这是一种最古老的酶，它在太古代，也就是几十亿年前地球上二氧化碳非常多、氧气少的时候演化产生，直到现在还是生物光合作用的基础，但是现在大气二氧化碳少、氧气多了，这种古老的酶在生物学上造出很多麻烦。再如，人的眼球里

面的视网膜也是"装反"了的,血管装在视细胞前面了,如果能够来得及改一改,视力要好很多,可惜咱们都没办法,这是演化产生的。

不论是宇宙中,还是人的演化中,这种残留现象很多,所以地球系统是一个不同尺度过程重叠、交叉的复杂系统,同一个过程可以跨越多个时间尺度,同一种现象可以反映多个尺度的过程,而地球不同圈层中各种现象过程运行的速率更不相同。由于不同速率的现象同时并存,我们看到空间里的差别,往往是时间差别的投影,其实可以把它说成是地球科学里的"相对论"。

仰望天空,我们看到的星空,其实是不同时间的星体在你看见的"天幕"上的空间投影。天空中每一颗星和地球的距离都不同,可能相差许多光年,你看到的星可能现在已经没有了,因为那颗星的光传到人的眼睛里所需要的时间要以年计算。我们看到的星夜图景,其实是不同时代的星。

这种现象不但天上有,地面也有,因为地面的岩石形成的年代不同。同样是座山,泰山上的岩石的年龄有20多亿年,华山的花岗岩的年龄却只有1亿多年。所谓地质图,就是用不同颜色将不同年龄的岩石画在同一平面上,所以也是时间在空间的投影。

海水也是这样。世界大洋的水从表面向下越深,溶解碳的年龄就越老。通过放射性碳同位素测量,可以得出深层水离开表层之后的"年龄",如在3000米深处测到将近2000年的"老水"。科学家测了全大洋3000米深水里面的碳同位素 ^{14}C,知道了这些水离开海面下沉到深海的时间。结果是北大西洋的水最新,才200多年,太平洋的水1000~2000年,说明大洋的水就像"传送带"一样,形成全球性的环流(图2.23)。

连语言都是这样,我国不同地方的方言形成于不同年代。中国从晋朝开始衣冠南渡,因为北方游牧民族攻入中原,汉人往南逃,跟当地的土著民族结合,形成了新的方言。唐朝时候汉人来到福建,形成了闽南话,宋朝时候汉人到了浙江,杭州成了首都临安,所以当时的杭州话就是官话。中国南方的各种方言

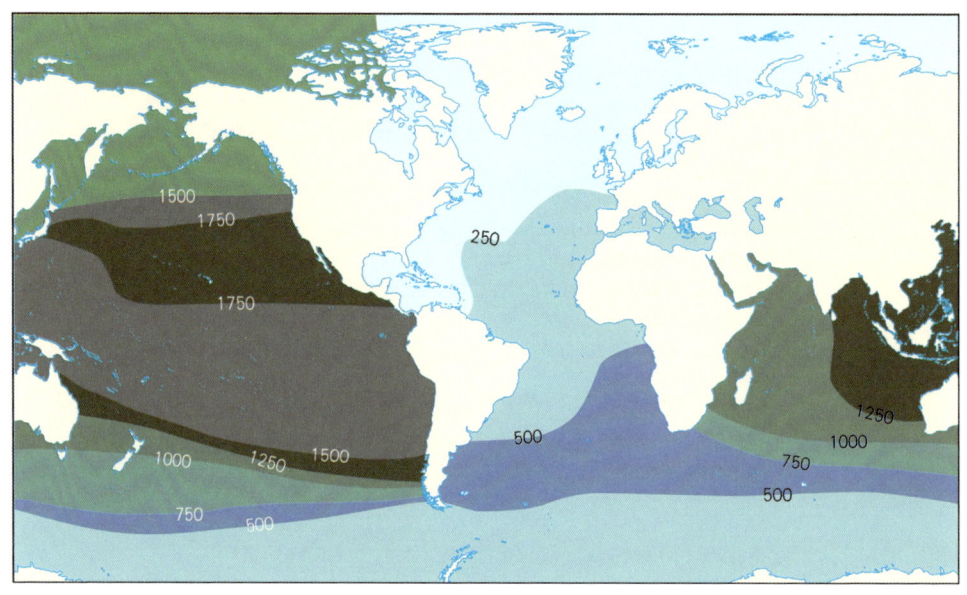

图 2.23　世界大洋 3000 米深的水的碳同位素（^{14}C）年龄（单位：年）

就是这么演化出来的。以闽南话为例，闽南话来源于三次移民潮：4 世纪北方游牧民族内迁，衣冠八族避难到泉州晋江等流域，他们带来当时的中原语言，融合产生了泉州话；7 世纪唐初陈政、陈元光父子屯垦漳州，带来中古汉语；9 世纪黄巢起义，光州固始县人王氏三兄弟南下镇压，后王潮被封为福建威武军节度使，带来中原汉语。今天的上海话，是五口通商以后苏南和浙北人混合的产物，属于我国最晚形成的方言。可以说，中国的方言分布也是中国历史的投影，所以我们看见的世界其实是一种投影。

人类受生理上的限制、认知能力的限制、寿命的限制，往往只考虑当前的事情、家庭的事情，而忽略周围事物不同的时间尺度，不能完全考虑长远。这一点在人类对能源的利用上表现得最为明显，如对待自然资源，尤其是矿物资源、非可再生能源，我们已经演变成了地球的"啃老族"。现在人类用的能源，最大的来源是煤和石油。煤是什么？主要是 3 亿年前的树、高等植物埋到地里，转变成了有机矿产。石油是什么？主要是1亿年前海洋里的浮游植物埋到地里，通过高压和加热后形成的。这些化石燃料，其实是几亿年来生物将太阳辐射能转化为化学能，通过光学作用"储蓄"起来的有机碳。现在人类把几亿年来生物通过化学作用固定下来的能量，又都放回到大气里去了，就像《水浒传》中当年"洪太尉误走妖魔"，放出去就收不回来了。人类真的要想想，用什么办法才能实现可持续发展，不能只做"啃老族"。

第四节

"人类中心观"

自以为处在万物中心的错觉,历来就是导致人类错误认识的痼疾;而现代科学界的"欧洲中心论",又造成了对错误认识进一步的歪曲。

◎ "万物之灵"的局限性

人类观察世界,总是从自己的感官出发。人类认识世界的历史,也是不断拓宽视野的过程。要知道人类的时间与空间的尺度,并不在地球生态系统的中心,所以人类把自己认为的尺度强加在自然身上,就注定要出问题。

人类不是"万物之灵"。地球上生态系统中最基础、最根本的是那些微生物,我把它们比作"劳动人民",生态系统顶层的大动物相当于"帝王将相"。人有智力,但别忘记了,人只是地球生态系统当中的一员,忘记了就会出大问题。

世界上最高的人,有记录的是美国人罗伯特(Robert Wadlow),身高2.72米,重220千克,可惜他不长寿,22岁就死了。世界上平均身高最高的是荷兰人,男子平均1.85米,东南亚人身高比较低,各国的平均身高在1.65～1.68米范围内。但是人的身高在变化,近百年来,欧洲人的身高都在增长,荷兰人增长最快,亚洲人也在变。以中国19岁男孩子的身高为例,1985年到现在,19岁的男性平均身高从1.68米增长到1.75米了,比亚洲其他各国的增长都快。

人类自身的体力是有限的,凭着自身的高度和生理特征,人最快的奔跑速度也就是20米/秒;人眼睛的可见光波长380～780纳米,人的听觉范围的声音频率为 20 ~ 20000 赫兹，都有局限性。18 世纪蒸汽机的发明，20 世纪火箭的发明，先后使人类的运动速度克服了生理和地心引力的限制，从而扩大了空间的视野和活动范围。但是视野即便再扩大，也还是有限的。

"哥白尼革命"纠正了"人类中心论"。按照人的直觉，太阳东升西落，那不是太阳绕着"我"转吗？所以，亚里士多德就得出了"地心说"。等到发明了望远镜，通过观察行星的运动，人们发现"人类中心论"不对，于是科学家提出了"日心说"，出现"哥白尼革命"，这是第一次哥白尼革命。到 20 世纪 70 年代，卫星遥感技术使人类能够从地球之外看地球，人克服了自身的局限，把地球作为一个整体来看，这又是一个新的视角。德国科学家舍恩胡伯说，这相当于第二次"哥白尼革命"。这两次革命都是在克服了人类视野的片面性之后发生的。

◎ 穿越空间和时间

直到今天，人类穿越空间的能力明显大于穿越时间的能力，对于空间关系的研究也远远超过时间尺度上的进展。凡是实际做不到的，人就会在幻想里去"实现"，于是产生种种"时光穿越"的作品——幻想小说。

我把"时光穿越"的幻想小说分成两类，一类是加快时间的，就像中国古代的"黄粱梦"。记得我在学德文的时候看过一篇课文，讲一个男孩等女朋友，怎么等她都不来，心里焦急得要命。来了位仙人，送他一个机器，说机器一转时间就快了。这个男孩高兴极了，机器一转，女朋友来了，再转，两人结婚了，再转，孩子都大了……再转，不好了，他卧病在床起不来了。于是他对仙人说，不要转了，还是等女朋友来吧。另一类 "时光穿越"是在时间里可以来回，即回到过去，或去向未来。代表作品是 1984 年英国小说家赫伯特·乔治·威尔斯

（H.G.Wells）写的科幻小说《时间机器》（*The Time Machine*），2002 年美国人将其拍成电影。

其实中国古代也有超越时空的思想，最明显的就是庄子。庄子的《逍遥游》中写大鹏展翅九万里、青苍辽阔的太空……有极致的想象力，他的"蝴蝶梦"最有意思。庄周做梦变成了蝴蝶，他就分不清，不知是庄周做梦变成了蝴蝶呢，还是蝴蝶做梦变成了庄周。苏东坡在《定风波·莫听穿林打叶声》中写到"也无风雨也无晴"，下了一场雨，雨停了，他回头一看，风雨也没有了，晴也没有了。

我们讲的"人类中心观"不仅涉及空间，而且有时间尺度的问题，可持续发展实质上就是要处理好不同时间尺度过程（消费与生产）的关系问题。当前人类面临的另一个问题是，高新技术发展下，重复性劳动由机器人承担，"无用的大众"和精英阶层的矛盾问题。

人类自封为"万物之灵"，但是在地球演化历史的长河里，人类只能是一位"过客"。地球上一般物种大概存在 100 万~200 万年，人类作为一个物种，才存在 20 多万年，已经发展出惊天动地的智能，人类确实具有特殊性。但是没有一个物种会永远存在，人类演化的前景，是个一时不会有答案的问题。

科学要扩大视野，科学研究要"大处着眼，小处着手"，人既要低头拉车，又要抬头看路，起步点就在脚下，切忌"眼高手低"。爱因斯坦说："Everything should be made as simple as possible, but not simpler."（任何事都是越简单越好，但不能过头。）这是非常有哲理的一句话，什么事情都是越简单越好，真理都是简单的。

◎ 警惕"欧洲中心论"

"人类中心论"的一个变异，是"欧洲中心论"。因为现代科学从欧洲产生，现代世界的全球化是欧洲主导的，所以人们习惯什么事都以欧洲"马首是瞻"。人类文明源头里，中国的源头跟欧洲的是不一样的，欧洲人的观念里世界以地中海为中心，中国的华夏文明的源头是在黄河流域，或者说是在长江黄河两河流域发源的，我们处处都会遇到这两者的差异。

现在习惯的地理用语，其实是站在欧洲看世界。"近东、中东、远东"的名称是怎么来的？站在欧洲看，近的叫近东，远一点儿的叫中东，中国这边就是远东了。"发现新大陆"这句话也是有问题的，"新大陆"上早就有人了，根本不"新"，但对欧洲人来说是新的，因为欧洲人以地中海作为世界的中心。虽然这已经成了当代世界的主流观点，那我们也一定就要跟从吗？

比如，国际标准度量衡单位在历史上很长一段时间都采取英制，直到现在美国还在用英制。英制是什么？就是1码=3英尺，1英尺=12英寸。什么叫1码？据说1码是当时英国国王的鼻尖到指尖的距离。什么叫1英尺？1英尺就是他脚尖到脚跟的距离。也有人说，是随机找了从教堂里出来的12个男子，量一量他们的脚，得出的结果就是英尺，所以英尺"foot"和脚是同一个词。

甚至现在西方文字里12个月份的名称，也来自罗马的历史。原先以春分为一年的开始，March（3月）应该是一年中的第一个月，但是从7世纪起，罗马国王加了两个月。January（1月）来自古罗马传说中的门神雅努斯（Janus）的名字，古罗马人在一年的初始祭祀雅努斯，所以用他的名字命名第一个月。古罗马人在每年2月13—15日要杀牲饮酒欢庆牧神节，并进行净化仪式，这个节日又叫Februalia（净化节），英语单词February（2月）由此演变而来。当时凡是单月都是31天，双月30天。2月不是30天，因为执行死刑都是在2月，这个月不好，所以改成28天。4月April，是拉丁文Aperire"开"的意思，表示一年开始了。5月（May）来自罗马神话中专门司管春天和生命的女神玛雅（Maia）的名字。6月（June）来自主管婚姻的女神朱诺（Juno）的名字。7月（July）是为了纪念恺撒大帝（Julius Caesar），因为他是7月出生的。8

月（August）是为了纪念恺撒的接班人屋大维（Augustus Caesar），屋大维是 8 月出生的。按照单双月规律，7 月 31 天，8 月应该是 30 天，但同为帝王，8 月不能是小月，也得是 31 天，所以现在 7 月、8 月都是 31 天。那 9 月就吃亏了，只能 30 天。实际上拉丁文 Septum 是 7，Octo 是 8，Novem 是 9，因为前面加了两个月，所以后面的月份名字只能顺延，如 9 月叫 September，不叫第九个月。现在人们以为天经地义的东西，都是几个皇帝定出来的，欧洲的规矩成了世界的规矩。

◎ 地球科学的区域烙印

自然科学的几大基础学科里，唯独地球科学和部分宏观生物学是有区域性的。谁来研究地球，都需要从某个部分着手，这就是区域性。我们学术上的不少错误，就是误把区域性当作了全球性。

回顾历史，不仅各个地质年代的标准主要在欧洲建立，20 世纪地球科学两大突破的基础理论，也都来自欧洲和北大西洋。一个是岩石圈运动构造学说——板块理论，另一个是气候变化的轨道驱动——米兰科维奇周期理论。地球科学的认识从欧洲开始无可非议，但是将对区域的认识推而广之为对全球的认识，就会导致差错。板块理论是以大西洋为基础建立的，米兰科维奇周期理论是以欧洲高纬度环境为基础建立的，到了西太平洋、到了东亚，就会遇到新的情况，原来的传统理论并不完全适用。

我们来看大西洋和太平洋。大西洋两边的大陆边缘几乎平行，东岸的欧非两洲与西岸的美洲轮廓对应，大洋中脊的位置居中，大洋地壳从洋中脊产生，向两边扩张，这也就是板块学说建立的依据。但是西太平洋的地质情况非常复杂，尤其是西太平洋边缘海系统，这是大洋板块俯冲隐没的海域（图 2.24），简单

图 2.24 大西洋和西太平洋海底地形的比较

套用大西洋板块的理论回答不了西太平洋的复杂问题。

我们曾经上过当。依照"主流观点",南海形成的机制和北大西洋的伊比利亚大陆边缘一样,属于非火山型裂谷盆地,在洋陆过渡带下面应当是长期风化的蛇纹岩化地幔岩,所以南海该是个"小大西洋"。2017 年,我们把国际大洋钻探船争取到中国南海来打钻,想去验证大西洋的形成模型,但是打钻出来的结果不符合预期的模型。所以我们在《国家科学评论》(*National Science Review*)上发文章,题目是《南海不是小大西洋》,提出了"板缘张裂"的新模式。南海地处西太平洋俯冲带,其张裂机制与大西洋有根本区别,这是两种机制、两种岩石圈、两种历史。所以不能乱"套",把欧洲的理论简单地"套"用过来,就会犯错!

再说气候方面的问题。米兰科维奇 (Milutin Milanković, 1879—1958) 是塞尔维亚气候学家,提出了地球轨道变化改变了太阳辐射量的分布,引起冰期旋回的理论。然而他计算的辐射量变化是以北纬 65° 为标准,后人接着又发展了"大洋传送带"假说,认为北大西洋的深层水流到各大洋,改变了全世界气候。总之,气候变化的根源在北半球的高纬度地区,北极、北大西洋决定着全球的气候演变。可是近年来的长期观测结果对"大洋传送带"的假说提出了挑战,因为海水并不是这样流的。另外发现,靠海水密度差驱动深部洋流的假说,在物理学上也解释不通。

在南海,我们对深海沉积进行实验分析,发现南海和其他低纬度地区的气候有着自己的规律,并不简单地跟着北大西洋演变。地球表面气候过程的能量不是来自高纬度,太阳主要照射在低纬度,然后能量再从低纬度输送到高纬度去。为什么能量多的低纬度要听高纬度"指挥"?因为高纬度的理论是先研究出来的,所以世界以它的规矩为准。我们提出低纬度过程驱动全球气候变化的新假说,强调高、低纬度的相互作用,挑战了北极和北大西洋决定全球气候变化的传统概念。不过,这样的观点在国际上发文章就不那么容易,因为不符合"主流观点"的理论。我们认为高、低纬度都有作用,高纬度的北大西洋环流是个"开关",但是"引擎"在低纬度海域。所以应该全面地来看地球,不能盲目追随"欧洲中心论"。

形成以"欧洲中心论"为主的观念有着历史的原因,因为现代科学主要是通过留学生引进中国的。从清朝晚期到民国初年,再到 20 世纪 50 年代,都是留学生从欧洲、日本或者美洲把科学引过来。留学生引进科学是有局限性的,往往把老师的东西引进来,不见得经过认真反思,包括他们对我们祖先的东西,哪些东西是对的,哪些是不对的,可能反思也不够。民族复兴过程中一个很重要的任务,就是要梳理过去的事情。更重要的是在百年积累的基础上,发挥中华文化的特色,随着条件成熟,争取建立起中国的学派。

不仅是我们,甚至权威科学家也有这个问题,因为人不可能不犯错。李四光(1889—1971)是我们大家都非常尊重的地质学家,他曾在英国留学,在欧洲讲学。欧洲的阿尔卑斯山,两万年前有很大的冰盖,冰化了以后,形成 U 形谷等冰川地貌。李四光回国后，1931年到庐山，上去一看发现也有U形谷，也有类似阿尔卑斯山的冰川地貌，所以他认为庐山也有过冰盖。当时这是个大新闻，因为庐山的纬度很低，庐山本身也不高，如果这个地方有过冰盖的话，很多地质历史就要更改。他1947年发了一篇文章叫《冰期之庐山》，引起很多人纷纷议论。李四光去世之后，施雅风院士（1919—2011）1981年发表文章《庐山真的有第四纪冰川吗？》，引用"吾爱吾师，吾更爱真理"的名言，提出庐山峡谷的形成不是因为冰川，而是因为泥石流，泥石流在低纬度地区很常见，而且他拿出很多证据。在施雅风提出此事之前，已经有很多人做过类似工作，但是至今庐山世界地质公园的介绍中仍旧沿用李四光的判断。

以上这些例子都是想说明，现代科学是欧洲建立的，确实非常伟大，也有很多好的真理，但是欧洲的东西并不都是全世界的东西，特别像我们这些做地球科学研究的人，千万要当心不能简单照搬，因为那是有危险的。尽量避免受"人类中心论""欧洲中心论"的影响，是我们今天学习科学、研究科学，想要取得进步需要注意的一个重要的方面。

◎ 参考文献

[1] 王一，雷册渊. 科学要有大视野——对话中科院院士、海洋地质学家汪品先 [N]. 解放日报，2016-11-18(9).

[2] 汪品先. 科坛趣话：科学、科学家与科学家精神 [M]. 上海：上海科技教育出版社，2022.

问答

> 问：视野没法到达的领域，科学是不是能够发展？

答：当然能够发展。科学里的"视野"是广义的，不局限于眼睛看到的。比如心理学、数学……有好多抽象的东西，不是我们眼睛能看到的。科学视野的含义比"眼见为实，耳闻为虚"的概念要广泛得多。

> 问：科学广阔的视野，对于不致力于科学工作的人来说，有帮助吗？

答：当然是有帮助的。视野的问题，不仅仅是科学家的问题，也是关于如何做人的问题、怎样做事业的问题。随便什么事情，小到下棋，大到打仗，都取决于你的视野多大。因为有眼光的人比别人看得宽，大概率他能赢。或者人在山重水复疑无路的时候，如果退后一步，往往就是海阔天空。所以很多时候越憋越难受，你放开，一下就都解决了。我们面对任何事都是这样，都有眼光，甚至于胸怀、度量的问题。

> 问：人类还没有了解自身就去探索宇宙，合适吗？人类的认知是不是应该由近及远，由小到大，从了解自身开始呢？

答：这是个传统问题，中国古人就是这么做的，从了解自身开始，中国古人跟古希腊人的差别就在这里。中国古人更关心人自身的发展，最典型的就是儒家所说的"格物，致知，诚意，正心，修身，齐家，治国，平天下"，意思是从自己开始，你把自己弄好了，再去弄别的，结果我们古代没有大力发展科学。王阳明"格竹"的例子就是这样，这种思维在中国古时候是很盛行的，儒、释、道三家，都有这种主张。

唐朝有一个禅宗的第六代祖师慧能法师，是了不起的大和尚。据说他到了一个地方，遇到人们在争论，眼睛看到旗子在动，实际是谁在动？是风在动，还是旗在动？有一派认为是旗在动，另外一派认为是风在动。慧能说，两个都错，风也没有动，旗也没有动，是你的心在动。他的观点就是心外无物，什么东西都是空的。王阳明说，你未看此花时，此花与汝同归于寂；你来看此花时，则此花颜色一时明白起来。一朵花，你不去看它，它就不存在，没有颜色，你看了它，就有了颜色，这就是典型的主观唯心论。历史证明，这不是一条科学研究的途径。

问：人类认知的极限是什么？认知的极限取决于什么因素？

答：这是个相当普遍的问题，但这个问题是有毛病的。今天的科学，很多问题还回答不了。我们说"暗物质""暗能量"，包括海洋绝大部分也都是"暗"的，所谓"暗"就是不了解它，这当然就是我们今天的极限。但是作为科学整体来讲，不该有极限，虽然不知道什么时候能够认识，但早晚是可以认识的。然而也不要以为认知有终点，这个极限达到了，又有下一个极限。

问：目前的科学体系建立在人的视觉之上，用生物的不同视觉建立体系会不会对科学有帮助？

答：有。其实我小时候有很多胡思乱想：我看到的红颜色，可能就是你看到的绿颜色，你看到的绿颜色，可能就是我看到的……谁知道呢？后来科学家分析出其中的道理，用基因移植法可以改变人眼对颜色的感知，因此不同的人、动物视觉是不一样的。

　　动物各有自己的能力优势。猫的瞳孔有时很小有时很大，所以夜里它看得很清楚，逮老鼠没问题，人去逮就困难了。比如说蝙蝠用超声波在夜间导航，人就用不了。海豚用超声波交流、捕食，人就不会。大象通过跺脚用最低的频率跟远处的大象沟通，它用的声波频率比我们知道的都要低，大象使用频率的广度是人类没办法有的。所以"仿生学"就是这个道理，发明新技术去模仿动物的各种技能。但是，人千万不要把自己的感觉强加在动物身上。比如给狗选美，如果让狗自己选，它选出来的结果一定跟人选出来的不一样。

　　问：大科学需要大视野，那么想在一个领域里取得成就，需要把精力放在一处，还是去了解更多各个方面的知识？

　　答：这个问题问得好。这两个问题并不矛盾，都是小处着手，大处着眼。不仅要学会低头拉车，还要学会抬头看路，这两样东西不是矛盾的。从我自己来讲，历史是我的爱好，历史对我思考问题、讲课都有帮助。但是千万要当心，不要掉到极端的坑里去。有人只埋头眼前的事，把写论文变成"打工"，是很糟糕的；或者有的人吹牛什么都懂，其实什么都做不出来，那也许更危险。这两种极端都是不好的。

　　问：科学在时间和空间上的拓展都受到限制，在时间尺度上我们怎么办呢？未来人类真的有可能跨越时间吗？

　　答：人类跨越时间是不可能的。你跨到爸爸妈妈婚礼上，去做介绍人，那是不可能的。我们说的时间、空间上的拓展，不是像电影里那样，更重要的是理解过去、预见将来。其实科学研究是为了预见将来，不是吗？天气预报是预测将来，现在人类担心二氧化碳太多了，要讨论将来的地球环境和发展的问题。科学的办法，就是以史为鉴，知道事情过去是怎么发展的，了解为什么这样发展，再去推测未来，这就是我们的办法。

现在接触到一些大的问题，比如气候的预测、生态演变的预测、人类地球系统的预测，这些都远远超过原来牛顿定律、欧氏几何公理的范围，也就是说现代科学虽然建立起来了，但解决不了那么多问题，就要求有新一代的科学，这是我们的未来。

> 问：世界科学的发展一直在西方缔造的体系当中进行，假如有一天开始有别的国家尝试建设自己的体系，会不会导致世界科学不统一，变得混乱了？

答：这是一个误会。中国要争气，建立自己的科学，不是说会有美国力学和中国力学。科学的真理只有一个，但是通向真理的道路有很多条。我们所说的学派就是这个意思，有的着重模拟，有的着重实验。另外一种类型就是可以有不同的观点，你认为这样，我认为那样，这就是学派。这就是为什么科学能够发展的道理。

> 问：中国的近代科学体系是留学生带回来的，如何甄别不恰当的引进？中国在已有的科学基础上，如何建立起自己的学派？

答：这就是我一直在呼吁的。我们应该反思，从西方引进的科学与文化中哪些是好的，哪些是坏的，中国文化中哪些是优秀的，不能"把洗澡盆里的脏水和小孩一起倒掉"，这是本书很重要的内容。

> 问：提到科学期刊，往往想到《自然》（*Nature*）和《科学》（*Science*），我们是否应该培养一个中文的国际期刊？

答：中文的国际期刊很多。现在中国学界很争气，有几本好的杂志相当棒，最出色的是中国科学院主管的《国家科学评论》（*National Science Review*），在通用的科学杂志里面，它的影响因子仅次于《自然》《科学》，排在第三位。同济大学原校长裴钢主编的《细胞研究》（*Cell Research*）在世界上生命科学期刊里排第七，确实都很了不起，这些都是英文的。中文期刊要成为"国际"期刊当前并不现实，毕竟懂中文的外国科学家还是凤毛麟角。

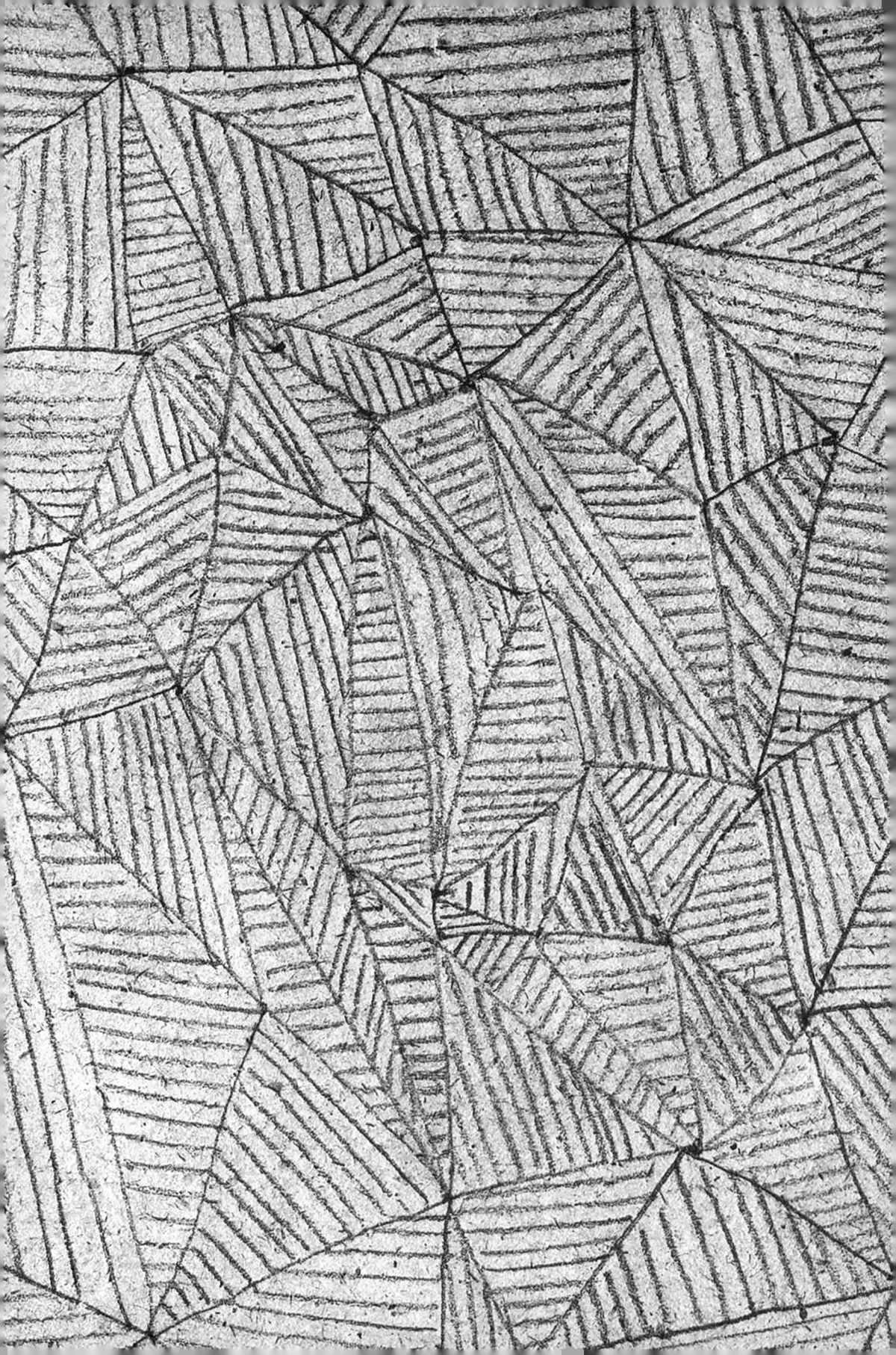

第三章 ▶

人类与海洋

　　一部社会史,也可以从人与海洋的关系来解读。16世纪,人类在平面上进入海洋,来源于爱琴海的海洋文明逐步征服了世界,19世纪时击败了源自大陆的东亚文明。21世纪,人类正在从垂向上进入海洋,我预测"民族复兴"的结果必将是对大陆文明的改造,中国将以海陆结合的新面貌屹立于世界之林。

第一节

初识海洋真面目

古人都以为自己处在世界的中心，随着技术的发展才明白：海洋远大于陆地，水深大于山高。

◎ 古人与海洋

认识海洋的真面目是不容易的，因为人是陆生生物，习惯上把对海洋的想象都交给神话。古人都以为自己就在世界的中心。中国人以为黄河流域就是世界的中心，周围都是海洋，所以动不动讲"四海之内"；走出中原地区，外面世界都是稀奇古怪的人，《山海经》里讲的"长臂国""羽民国"就在海外（图3.1A）。北宋时，年逾六旬的苏轼被贬谪到海南，感叹"余生欲老海南村，帝

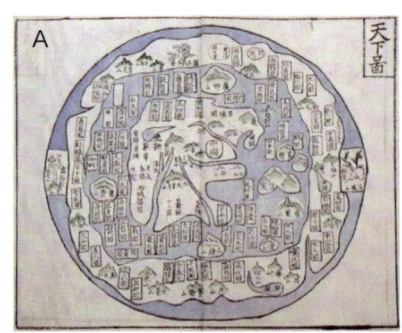 

图3.1 古人心目中的世界。A. 中国《山海经》概念里的"天下"； B. 古希腊希罗多德概念里的世界

遣巫阳招我魂"。他望着天海相接的地平线,叹此生将老死在这天涯海角。欧洲人以为地中海是世界中心,北边是欧洲,南边是非洲。古希腊伟大的学者希罗多德(Herodotus,前484—前425)认为,世界的尽头就是直布罗陀海峡(图3.1B)。直布罗陀海峡口有陡峭的山,被称为"赫拉克勒斯石柱",上面刻着拉丁文"Nec Plus Ultra"(不得再前),警告行者到此止步。

最早的世界地图是公元2世纪的托勒密地图,埃及亚历山大城的希腊学者托勒密(Claudius Ptolemaeus,90—168)编制了第一张有经纬线的世界地图。与中国不同,古希腊人已经知道地球是圆的。在这幅扇形的地图上,世界有三个洲——非洲、欧洲、亚洲,中间有一个海——地中海,南边是印度洋,西边是大西洋,没有太平洋和美洲。这张地图曾经遗失,现在看到的是14世纪恢复的版本(图3.2)。

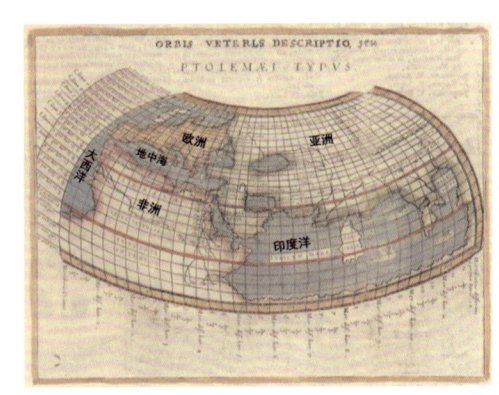

图3.2 托勒密的扇形世界地图

我们现在知道世界大洋面积有3.6亿平方千米,地球面积的71%是海洋,而陆地是小部分。但在托勒密地图上,欧、亚、非三个大陆的面积占地球总面积的6/7,海洋只占1/7,整个地球经度为360°,陆路从西非向东到亚洲是280°,海路向西到亚洲只有80°。正是这张地图成就了哥伦布(Columbus,约1451—1506)。15世纪中期东罗马帝国灭亡,土耳其人和阿拉伯人占领欧亚之间的要道,切断了通向亚洲的商路。哥伦布奉西班牙国王之命开拓新航路,去东方寻找香料和丝绸。根据地图,他相信只要向西走80°就能到达亚洲。事实上,他发现的新大陆不是亚洲,而是现在的西印度群岛,其实他的船是不可能跨越太平洋的。15—17世纪,哥伦布、达·伽马(Vasco da Gama,1460—

1524)、麦哲伦（Magellan，1480—1521）等航海家开拓了航路，人们对世界各大洋的认识基本形成。

◎ 人类进入海洋

人类史可以从人跟海洋的关系来解读。16世纪，人类在平面上进入海洋，也就是坐船到大洋去寻找新大陆。21世纪，在垂向上进入海洋，从海面走到海底。这两次都是非常大的挑战，带来非常大的变化。

哥伦布航海发现美洲，麦哲伦绕地球一周，他们只了解海洋的大，不知道海洋的深。因为当时认为深海是没有底的。英文单词abyss（深渊）源自希腊文 άβυσσος，是"无底"的意思。麦哲伦曾经在航行过程中测量海的深度，他让人把绳子系上炮弹壳丢到海里去，结果731米的绳子够不着海底，得出海洋是没有底的结论。

海洋没有底，就该有妖怪。一张16世纪非常有名的《海图》（Carta Marina），是瑞典教士奥拉斯·马格努斯（Olaus Magnus）描绘的，图上有不少巨型海怪，反映了当时人们对海洋的普遍认识（图3.3）。

真正的深海测量要到19世纪，英国军舰"挑战者号"（HMS Challenger）环球航行的时候，海洋学家用麻绳系上炮弹壳丢下去，量出马里亚纳海沟深度为

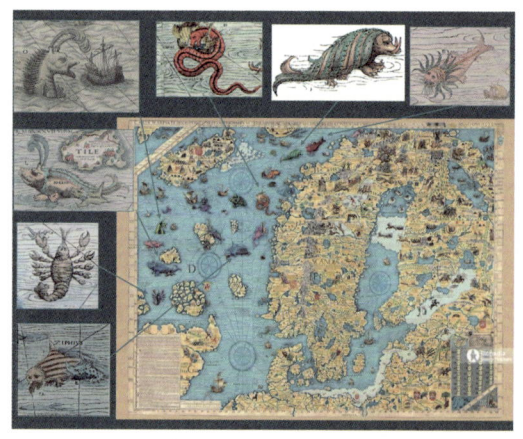

图3.3　16世纪的东北大西洋海图和图面上画的海怪

8230米。几乎同时,美国军舰为了铺设越洋通信电缆,在日本海沟测到更大的深度8513米,他们是用钢琴的琴弦(钢丝)代替绳子测量。20世纪,德国人发现用回声声呐测量距离更准确。海水中声速为1500米/秒,回声声呐测1万米深度只要十几秒钟,从根本上改变了测量技术,是现代测海深的基本办法。现在,我们知道世界海水平均3700米深。3700米什么概念?相当于3个半原来上海南京路步行街的长度。

古人以为海底是平的,到20世纪六七十年代科学家发现各大洋都有隆起2000米左右的"大洋中脊"。大洋中脊互相连接,构成世界上最大的山脉,全长6万千米。陆地上没有形成这样大的山脉。

现在知道,海洋占地球表面的71%,其中深海(深度超过2000米)占60%。图3.4中黑色的部分是深海。就像宇宙里的"暗物质""暗能量",深海就是地球上的"暗世界"。

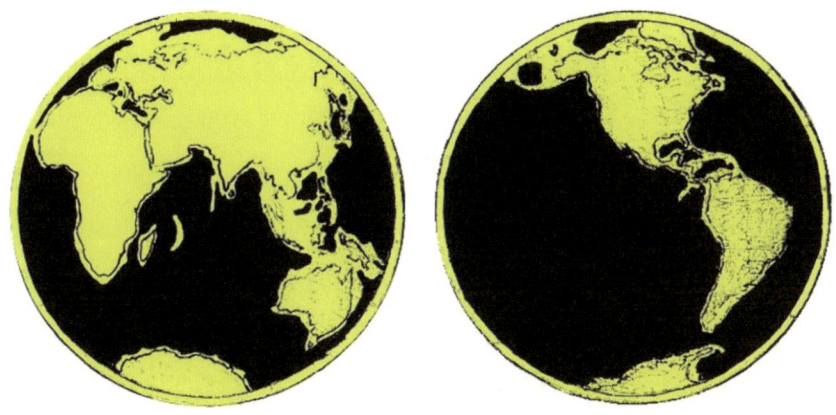

图3.4 深海是地球上的暗世界:黑色部分为水深超过2000米的深海

第二节
在平面上进入海洋

海洋文明是在地中海形成的。16世纪人类在平面上大举进入大洋，海洋文明逐步征服世界，改变了历史发展的轨迹。

◎ 航海与海洋文明的开始

平面上进入海洋，不是指乘船旅行，或者捕鱼，指的是跨海越洋到达另一片大陆。人类航海远洋是件了不起的事，非常伟大，其结果是创立了海洋文明。但是远洋航海的开始又是很肮脏、极其残酷的，是一部血腥的历史。我们不要盲目崇拜，但决不能小看海洋文明，因为海洋文明曾一度征服了世界，中国在19世纪被海洋文明打败过。

人类文明产生在大陆，海洋文明是在大陆文明的基础上，在地中海产生的。产生文明的条件包括人类定居、出现城市等，航海本身产生不了文明。南太平洋的岛民，用独木船漂洋过海，三四千年前就留下了陶器、石器，如新喀里多尼亚岛西海岸的拉皮塔（Lapita）文化，但是只有新石器时代的水平。海洋文明产生在地中海，一方面因为地中海小，航行跨海比在大洋里容易得多，另一方面附近的尼罗河流域和地中海东岸到两河流域的"新月沃地"，正是地球上最早出现大陆文明的地方（图3.5B、C）。

地中海的腓尼基人（Phoenician）大概是最早的航海人，他们来自今天的黎巴嫩地区，是个航海民族，早在公元前10世纪就在北非一带建立殖民地。他们沿着地中海殖民一直到非洲的西边,建立的迦太基(Carthage)国家,一度垄断了地中海西部的航海贸易。但是海洋文明的发祥地是在东地中海的爱琴海(图3.5A),比迦太基更早的时候,克里特岛青铜时代的米诺斯文化(Minos)已经发展了航海贸易。

欧洲的第一个城市不是出现在陆地上,而是在岛上——克里特岛(Crete)。公元前3000多年,也就是离现在5000多年的时候,岛上就有很漂亮的宫殿和壁画了,岛上精美的王宫建筑、壁画、陶器、工艺品等都属于米诺斯文明。米诺斯文明是克里特岛的中晚期文化,存在于公元前3600—前1450年,是欧洲最早的古代文明,也是希腊古典文明的前驱。为什么那个时代会有这样的文化?就在于世界古文明的影响。爱琴海位于两河流域和

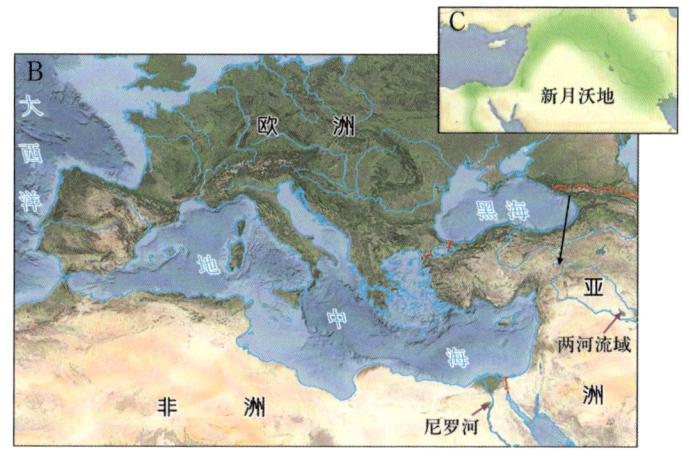

图3.5 地中海:海洋文明的发祥地。A.古希腊与爱琴海;B.地中海及其附近的尼罗河和两河流域;C.地中海东岸的新月沃地(绿色区)示意图

尼罗河之间，这两个流域的古文明发展以后，商业发展起来，爱琴海一带的渔船就可以在这两个地区之间做买卖，古希腊就最早发展起来了。

地中海的海洋文明，是多种文明累积交流的产物。克里特岛上的米诺斯文明在公元前16世纪衰落，而后希腊半岛本土上的迈锡尼文明崛起。古希腊人将迈锡尼时期视为英雄时代，《荷马史诗》里讲的《特洛伊木马》的故事，就是在迈锡尼时期发生在古希腊和现在土耳其海岸特洛伊城之间的战争。

古希腊不是一个国家，有很多城邦，其中最出名的是雅典。从公元前480年雅典通过萨拉米海战打败伊朗大军，到公元前322年被马其顿军队打败，其间雅典经历了158年的黄金时期。公元前5世纪时，波斯帝国是非常大的，雅典是一个很小的城邦，小国能把大国打败，很大程度在于它的技术革新。雅典的水军很强大，他们使用一种3层桨的战船（图3.6），船身长40米，有3层，170人分在每层一起划船，因此船速特别快，大概达到18千米/时，与现在的轮船差不多，所以伊朗就没有打过他们。《荷马史诗》里面奥德赛的故事，讲的就是当时的萨拉米海战。我们描写同时期故事的文学作品《封神榜》，写的都是发生在陆地上的故事，这从一个侧面反映出大陆文明与海洋文明之间在文学上的差异。

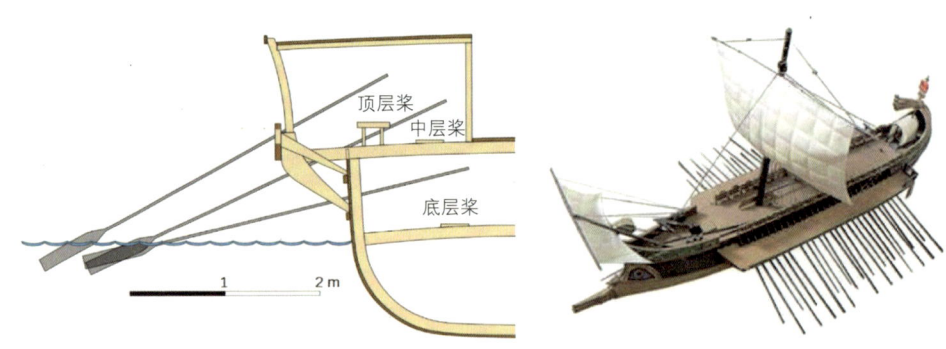

图3.6　3层桨的雅典战船

◎ 人类进入海洋的转折——地理大发现

15—17世纪的地理大发现极为重要，是人类进入海洋的转折。一批西欧国家相继进入世界大洋，首次开辟了三大洋的远洋航线。依靠非洲、美洲、亚洲殖民地的奴隶和资源，欧洲殖民帝国相继崛起，从而形成了全球市场，改变了世界历史的发展轨迹。

现在地图上很多海湾海峡的名字，都以欧洲这些发现者的名字命名。事实上，这些发现者有的就是海盗，如果打赢了，他可能就成了国王或者将军。当时海洋探险的条件极差，危险极大，除了真正有抱负的勇士之外，往往是一些"亡命徒"才敢去海上冒险。

当时的人为什么要坐船出海？他们无非三个目的：第一个是捕鱼，水产业求"渔盐之利"，捕捞在近海就可以。第二个是运输，商业求"舟楫之便"，大城市港口之间的运输兴起，贸易交流活跃，爱琴海文明随之发展起来。第三个就是探险，航海英雄们去探索从前没有的航路只有两种原因，一种是宗教的冲动，另一种是极大财富的诱惑。中世纪时，欧洲一直有关于东方也就是亚洲的传说，有一位约翰长老（Prester John），是一个教会里的领导者，也是国王。欧洲人不知道他在哪里，但想办法去跟他沟通，希望动员约翰长老攻打穆斯林。约翰长老从东边打，欧洲人从西边打，这样就可以把穆斯林打败。所以当时很多传教士到中国来，打听哪里有基督教的人，因为他们总相信有个基督教的王国，当然，王国是并不存在的。这是探险的宗教原因。财富的诱惑是他们听了几个说大话的人说，东方有极大的财富，其中说大话最厉害的是马可·波罗。1298年，他在《马可·波罗游记》里面讲，中国向东1500海里就到了日本，日本的宫殿都是用金子铺地！他说欧洲是用铁皮盖屋顶，日本是用金子盖屋顶的，天花板也是金子的，但是国王不许金子出口，只要想办法到那里去，就有金子了。所以宗教的冲动和财富的引诱，使得远洋航行兴起。

古代航海是很苦的。五六百年前的船长20米左右，在船舱里头都抬不起来，出海一走就几个月，甚至几年，小船在大海航行是非常艰苦和危险的。长期航行吃什么？带去的粮食都发霉了，甚至生虫子，船员们只好闭上眼睛吃下去，不然怎么办！这种日子长了人就会生病。此外，船员间的内斗也很严重，所以因为生病、内斗而死的人很多。

哥伦布出海找船员很困难，因此有一部分海员是死囚，反正罪犯是要死的，与其等死不如去航海，还可能活下去呢。葡萄牙的达·伽马航海时，170个人出去，回来不到一半的人。麦哲伦出航的时候265个人，回来18个人，麦哲伦也在麦克坦岛被岛民砍死了。所以说，大洋航海是极其残酷的。

先说哥伦布发现新大陆。哥伦布的船航行71天后快到美洲时，船员看见前面有很多植物，高兴极了，结果那不是陆地，是海藻，是马尾藻海。一些人泄气了起来抗议，说再有三天不到就往回走！哥伦布也答应了。他们还真幸运，第三天发现了陆地，上面有树木、花草，真的到陆地了！哥伦布以为到了印度，就把美洲西海岸叫印度群岛（现在叫西印度群岛），把那里的人叫印第安人，其实他们跟印度人一点儿关系没有。10年以后的1502年，意大利人亚美利哥·韦斯普奇（Amerigo Vespucci）再次横渡大西洋，这才弄明白，那里是美洲，不是亚洲，美洲（America）就是以他的名字命名的。假如哥伦布当时搞清楚了，现在美国就不叫"美国"，应该叫"哥国"了。

哥伦布航海是谁支持的？西班牙。16世纪，葡萄牙是重要的海上强国，哥伦布花了6年工夫，想说服葡萄牙国王支持他的航海，但是国王不同意，因为当时无法证明地球是圆的，航海耗资巨大，能否到达目的地获得财富也不确定。后来他去找西班牙女王伊莎贝拉一世（Isabella I，1451—1504），伊莎贝拉一世好不容易得到王位，很有雄心，她决定支持哥伦布去航海。他们花3年时间谈判，定下条约：新发现的土地归国王，哥伦布航海回来将得到"海军大将"和"总督"称号，分得财富的1/10，并且免税。此后10年，伊莎贝拉一世共资助哥伦布进行了 4 次寻找新大陆之旅，开辟航线，占领殖民地。哥伦布到了美洲以后，留下 40 人开采金矿，1493 年 1 月 4 日带着从岛上弄到的各种特产、大量黄金，以及 6 个印第安人（作为这次发现的证物），返回西班牙。

◎ 环球航线的开拓

发现新大陆固然重要，但发现新航线也许更重要。西班牙也支持麦哲伦（Ferdinand Magellan，1480—1521）航海。麦哲伦是葡萄牙人，葡萄牙不支持他航海，他就去找西班牙。1519 年 8 月，西班牙派了 5 条船、265 人环球一周，证明地球是圆的。

麦哲伦的路线是从葡萄牙出发，绕过南美洲，再穿过太平洋，1521 年 3 月到达菲律宾。他高兴得要命。为什么？穿过太平洋才花了 100 天，风平浪静，所以他取名太平洋。虽然太平洋比较太平，但他自己并不太平。因为在菲律宾，麦哲伦被岛民所杀。

麦哲伦同伴返回的路线是从菲律宾出发绕过非洲的好望角，沿着非洲西海岸到西班牙。出发时的船队，返回时只有一条船，而且是最小的。1522 年 9 月"维多利亚号"和 18 名船员抵达西班牙港口，带回来的丁香等香料就足够抵消这次航行的成本，所以这次航行还是划算的。带船回来的船长还说了很多麦哲伦的坏话，过了十几年才弄清楚真相。

葡萄牙的航海早于西班牙，推动葡萄牙航海事业的第一个人是亨利（恩里克）王子（Infante D.Henrique，1394—1460），又被称为"航海家亨利"。他没有出航多少次，但用一生支持航海事业。亨利虽然是王子，但远离宫廷，在海边建起航海学校，也造了天文台，一生不结婚，专心搞航海事业。亨利胆子很大，组织的主要航线都是往南走，沿着非洲向南航行好多次，花了很多钱，没什么结果,遇到重大阻力。怎么办?

有一次航海抓了11名奴隶回来,亨利王子觉得这是个好办法,就出海去抓奴隶。为显示成绩,1444年他组织航海掠夺奴隶,一次带回235名奴隶,并在拉古什郊外出售。这开启了欧洲400年的奴隶贸易,上千万黑人被贩卖,是历史上非常罪恶的事。

在亨利王子之后,葡萄牙出现了另一个航海家达·伽马(Vasco da Gama,1460—1524)。1497年,达·伽马率领4条小船,170多名水手,从里斯本启航,绕过非洲,到了印度卡利卡特城(现在的果阿附近),这里是"香料之城"。1499年返回时,他带了香料回来,但船员只剩一半,他弟弟也死了。1502年,他第二次去印度,带了32艘战船,炮轰卡利卡特城,1503年返回时掠夺的财物超过成本的60倍。

达·伽马开拓了从葡萄牙绕过好望角到印度的航线,使得从大西洋到印度洋

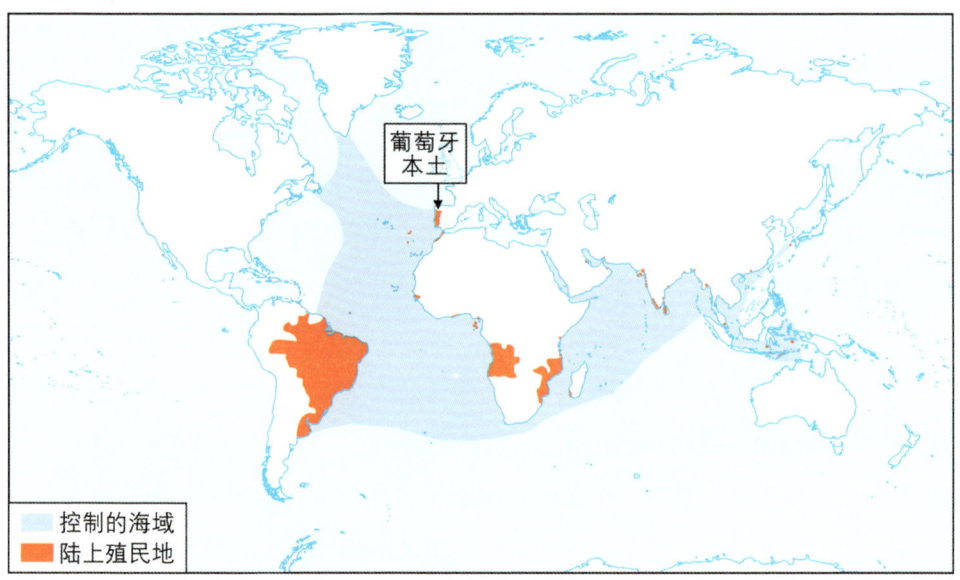

图3.7　16世纪的世界大帝国——葡萄牙

的海域都控制在葡萄牙手里。葡萄牙12世纪才建国，现在才近1000万人，国土面积约9万平方千米，还没有浙江省面积大。但是当时这么小的国家，向西把南美洲最大的国家巴西变为殖民地，向东把整个南亚，包括印度的果阿等都变为殖民地，中国的澳门也被占领。葡萄牙是世界上第一个海上大帝国（图3.7）。

◎ 血腥的"大国崛起"

海洋文明在地中海形成之后，就开始改变世界。欧洲人冲出地中海进入世界大洋，登上各大洲夺取财富、抓捕奴隶，使得一系列原来的西欧小国突然暴富发家，开始称霸世界。2006年中央电视台播出的纪录片《大国崛起》讲了9个国家，前三个是葡萄牙、西班牙、荷兰，这三国虽然国土面积小，但在当时的综合国力都位居世界前列。葡萄牙控制16世纪东西方之间的航线，垄断香料交易，成为海上第一贸易大国。稍晚一些，西班牙控制"新大陆"长达一个半世纪（1502—1660），从美洲掠夺了18600吨白银、200吨黄金，到16世纪末，西班牙占有世界白银产量的83%。西班牙的崛起，是以美洲付出沉重的代价换来的：南美洲文明中心遭到毁灭，到1570年，墨西哥人口数从2500万降到265万，减少了近90%；秘鲁人口数从900万降到130万，印第安人的人口减少了近90%。这些人一部分是被杀的，一部分是感染欧洲人带去的疾病而死的，这段历史非常残酷。荷兰起步晚，16世纪晚期才独立，但是依靠先进的造船和航海贸易异军突起，到17世纪，荷兰在世界海洋贸易中扮演主要角色，被称为"海上马车夫"。

西班牙和葡萄牙要分割全球殖民地，分赃不均，怎么办？打仗、订条约、海盗式抢劫……都不能解决问题，于是，教皇两次出面给他们画了"教皇子午线"，也就是1494年的《托尔德西拉条约》（Treaty of Tordesillas）和1529年的《萨拉戈萨条约》（Treaty of Saragossa）。美洲的西边归西班牙，东边归葡萄牙，葡萄牙实际上垄断了欧亚非的海上交通，而西班牙得到了新大陆，两个国家都发展起来，但是崛起的过程都很残酷。

举个例子，1502年2月，达·伽马率领23艘战船第二次到印度去的时候，目的就不是财富了，而是要在海上建立葡萄牙的权威。他炮轰印度的卡利卡特城，在海上等着阿拉伯的商船。果然等来一条船，是到麦加朝圣后行驶来的"米里号"（Miri）。商船非常豪华，船上富人带了很多财富，达·伽马就把船抢了，不仅如此，他还要杀掉船上的人。穆斯林一看要决一死战，就冲上达·伽马的船拼命，有的人被箭射中，拔出箭来扔过去继续打，这些故事都是达·伽马的文书记录的。穆斯林最后被打败，他们则把所有的财富都放在酒桶里，沉到海底去。达·伽马将船上的300名乘客，包括妇女儿童全部烧死。这就是"米里号"事件。达·伽马一点儿财富没捞着，但是他把这场战斗当作"最后的十字军东征"，要给穆斯林一个打击，让穆斯林看见葡萄牙的船就害怕。所以达·伽马既是个英雄，也是个杀人的魔鬼。

虽然葡萄牙的亨利王子开启了欧洲400年的奴隶贸易，但抢掠奴隶在中世纪已经盛行。阿拉伯人在中世纪也在海上抢劫、绑人为奴并进行奴隶贸易。

回顾15世纪中到19世纪末，从欧洲出发的船带着工业品到非洲去，然后抓了奴隶，再运到美洲去开矿，再从美洲把原料运回欧洲，形成了欧洲人殖民致富的"三角航路"（图3.8）。从葡萄牙开始，欧洲人在4个半世纪里将上千万名奴隶贩运到拉丁美洲开矿种地。

在这些船上，黑奴被放到船底下，像鱼那样一条一条排起来，船体上是有镣铐的，把黑奴铐在里面。穿过大西洋时，死的人就被扔到海里，活的人就被卖掉去做苦力。贩卖黑奴的经历，是一部几百年的血腥历史。

随着"三角航路"的发展，海盗应声而起。17—18世纪之交的30年，是加勒比海区海盗的"黄金时代"。满载着商品、黑奴和金银财宝的欧洲船只驶

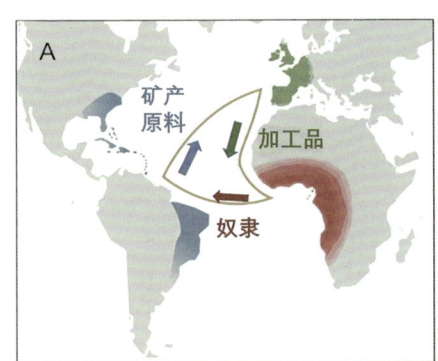

图3.8 贩卖黑奴。A. 大西洋运输黑奴的"三角航路";B. 抓捕西非的黑奴上船

经加勒比海,他们就是海盗们眼中的"肥肉"。当时英、法、荷的政府鼓励海盗抢劫西班牙船只,但是不准侵犯本国的商船。在这种背景下,海盗、探险家,甚至国王沆瀣一气。"日不落帝国"英国,当初靠着海盗起家,后来于19世纪建成了最大的海上帝国:大英帝国。

第三节
在垂向上进入海洋

整体上说,深海至今还是个未知的黑暗世界。人类开发海洋必须了解海洋,因此面临着从未有过的挑战。

平面上进入海洋是为了跨海越洋到达彼岸,去开发一片大陆;真正要开发海洋本身,还需要在垂向上进入海洋。人类不在海里生活,但是自古以来一直在想办法深入海洋。1637年,明朝的《天工开物》里就记载有"没水采珠",就是憋着一口气潜到海里采珍珠回来。在日本和韩国有"海女"下海,是一种旅游表演。真正在海里生活的是马来西亚、菲律宾一带的巴瑶人(Badjao),他们是"海上游牧民族",又叫"海上吉卜赛人"。巴瑶人的孩子从小长在船上,传说是先会游泳,后会走路。但是这些都是说的近岸浅海,现在开发海洋的前沿已经到深海。人类先是在船上、岸上,从外面探索海洋,直到近几十年才有能力进入海洋内部,研究和开发海洋本身。

人是陆生动物,只能用肺呼吸,人下到深海去,不仅是"淹死"的问题,海底还有压力,会把人压扁的。海水每深10米增加一个大气压,深海海底有巨大的压力。我在海洋深潜的时候,带了个泡沫塑料杯子下去,放在深潜器外面,下潜到一两千米深处再回来,泡沫塑料都压结实了,这就是海水的压力!(图3.9)

历史上早就有人寻找更好的办法下水,第一个人大概就是达·芬奇。他设计了动物皮做的深潜区潜水服,当然不知道有没有用过,但是达·芬奇是很让人佩服的。后来用金属做的潜水衣,可以潜到很深的地方。美国海洋植物学家西尔

图 3.9 塑料杯（左）暴露在 2000 米深水后的形变（右）

维亚·厄尔（Sylvia Earle，1935— ）有"深海女王"的称号，她是海洋深潜纪录创造者，潜水累计 7000 小时。1979 年她曾穿压力服在 380 米海底行走观察海洋生物 2.5 小时。但是人只靠潜水服下海总是不行的，要有潜水容器。

世界上的第一个潜水容器是个铁球——潜水球（Bathysphere）。1930 年，美国海洋生物学家毕比（William Beebe）和年轻的工程师巴顿（Otis Barton）合作潜到了 183 米，1934 年的时候又潜到 923 米，创造了深潜纪录。这件事轰动美国，还发行了邮票，好莱坞据此拍摄了探险片，年轻的工程师巴顿还被邀请当主角。

深潜技术的快速发展是在 20 世纪后半叶。1953 年，瑞士教授奥古斯特·皮卡德（August Piccard）设计了深海潜艇。1960 年，他的儿子——工程师雅克·皮卡德（Jacques Piccard）和美国人沃尔什（Don Walsh），乘坐"特里雅斯特号"（Trieste）深潜器下到马里亚纳海沟的 10916 米深处。世界上第一台真正用于工作的深潜器，是"阿尔文号"（Alvin）。1964 年 6 月，美国的载人深潜器"阿尔文号"投入使用。1966 年 3 月，在西班牙岸外 910 米深处，它为美国空军找到了"失踪"的 145 万吨级的核弹。2011—2013 年，"阿尔文号"大修升级，至今已经完成了 5100 次下潜，为深海探索做出了全方位的贡献。

潜入深海就像攀登高峰一样，也被当作挑战极限的运动。2012 年，加拿大导演詹姆斯·卡梅隆（James Cameron）出资打造了一个 7 米长的深潜器，一个人下到马里亚纳海沟的 10898 米深处，后来他把深潜器捐给海洋研究所。美国富翁维克多·韦斯科沃（Victor Vescovo）打造的深潜器探访世界五大洋最深的海沟，2019 年，他下潜到马里亚纳海沟的 10928 米。

近年来，我国的深潜技术快速发展。继"蛟龙号""深海勇士号"载人深潜器之后，2020年又建成"奋斗者号"全海深载人深潜器，并且在马里亚纳海沟成功下潜10909米。

不过，载人深潜器并非进入深海的唯一选择，更加大量使用的是非载人的潜器，也称"水下机器人"，如我国"海斗号"的下潜深度超过1万米。随着遥控技术和人工智能的发展，不载人的遥控潜器能以低得多的代价在深海执行长时间的观测任务。无论是通过缆线（"脐带"）连接的无人遥控潜水器（ROV），还是连缆线都不用的水下自主航行器（AUV），都可以代替科学家在海底进行为时更长、效率更高、能量更大的探索动作，这是深潜技术发展的方向。

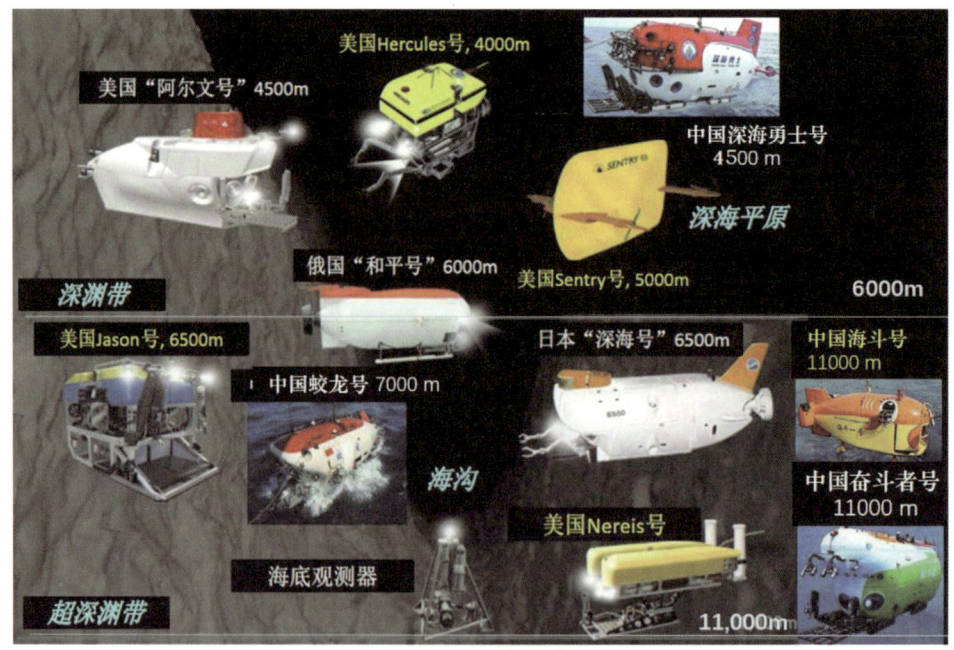

图3.10　当今世界上超过3000米潜深能力的部分主要深潜器（白色文字表示载人，黄色表示不载人潜器）

◎ 深海奇观

潜入深海,最大的感受是那片永恒的黑暗。通过潜器的舷窗向外看,开始看见的都是泡沫,后来逐渐变暗,接近200米时周围一片漆黑。因为阳光只能透过一二百米,所以世界上的大洋95%以上都是在永久的黑暗中。

地球上山高不如水深。最深的马里亚纳海沟,是板块俯冲的地方,有11032米深。陆地上最高的珠穆朗玛峰高8848.86米,放到最深的海沟还差2000多米。马里亚纳海沟的深度超过大气对流层顶,也就是客机飞行的高度。(图3.11)

到深海最先发现的奇观,当然是生物。深海生物的两大特点极为突出:一是个体大,二是会发光。欧洲古代传说中的深海水怪,原型就是巨型动物。13世纪传说中的水怪"克拉肯"(Kraken),大到能够把整条船抓起来,原型就是巨型头足类动物,已知最大的乌贼可达14米长,章鱼可以有7米长,不过离"克拉肯"的传说还差得很远。还有一类"海怪"是指巨型的"海蛇",在北欧的古代传说里,"海蛇"大得居然被错认为是一串群岛。其实被误认为"海蛇"的通常是皇带鱼(Rega-

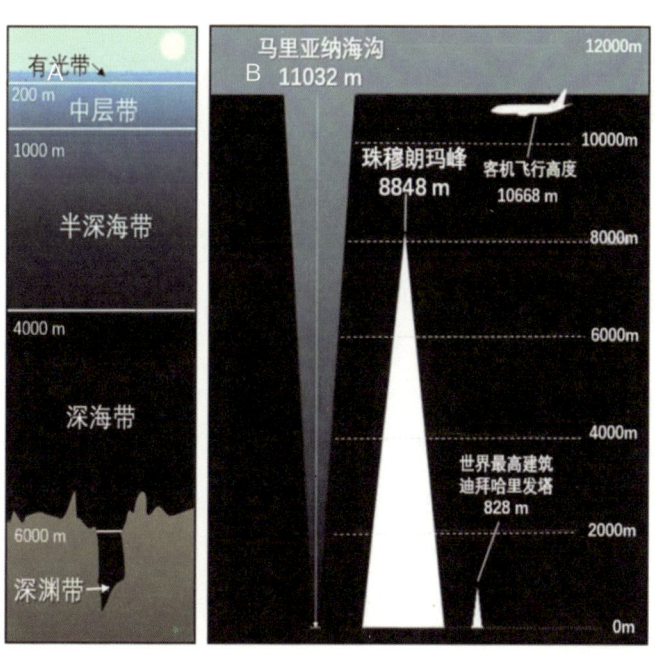

图3.11 山高不如水深。A.海水深度分带示意图;B.海沟深度示意图

图 3.12 常被误认为"海蛇"的皇带鱼。A. 海上捕获;B. 室内陈列;C. 与通常食用带鱼比较

lecus glesne),一种深水硬骨鱼,生活在温暖海区上千米的深处,最高纪录有 17 米长(图 3.12A、B),比起我们食用的带鱼不知道要大多少倍(图 3.12C)。

从细菌到鱼类,海洋生物几乎所有的门类都有会发光的物种,主要发出蓝色和绿色的冷光,而陆地生物能发光的很少。不难想象,在通盘漆黑的深海里,微弱的荧光就可以起很大的作用,既可以用来种群内通信,在交配季节依靠发光的途径寻找"对象",也可以用来诱捕猎物,或者摆脱敌人的侵犯。比如,有些鱿鱼的腕足末端可以发光,在逃不掉的时候可以"壮士断腕"误导来敌,放弃发光的腕足以保全生命。

深海里有很多怪东西,其中包括洋中脊上的热液。20 世纪 70 年代末,东太平洋发现深海热液喷口的"黑烟囱"。黑色热液温度高达 350℃,以每秒 1.5 米的高速喷出。"黑烟囱"喷出的不是烟,是水——热液,热液区里面富含金属硫化物,是岩浆里的金属元素跟硫结合变成的硫化铁、硫化铜、硫化银、硫化锌等,这些黑颗粒混在水里往上冒,像一股黑烟。热液区能形成金属矿。"烟囱"是热液中的 Ca 与海水中的 S 形成的硬石膏 $CaSO_4$,在硬石膏形成的筒内,金属硫化物(CuS、Fe_2S_3、ZnS 等)在内壁沉淀,形成"黑烟囱"(图 3.13)。

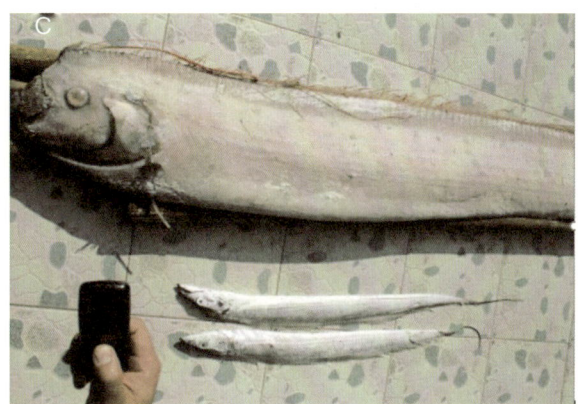

"黑烟囱"生长迅速,一天可以长高 30 厘米之多。

深海"黑烟囱"分布在大洋中脊附近,渗入的海水在海底深处与岩浆接触后,将地球内部的能量和物质带上地球表面。更令人惊奇的是"黑烟囱"附近的热液生物群,这些生物依靠来自地球内部的能量为生,它们都不能见阳光。陆地生物靠氧,它们靠硫,陆地生物靠叶绿素,它们靠硫细菌,完全是另外一种生物。

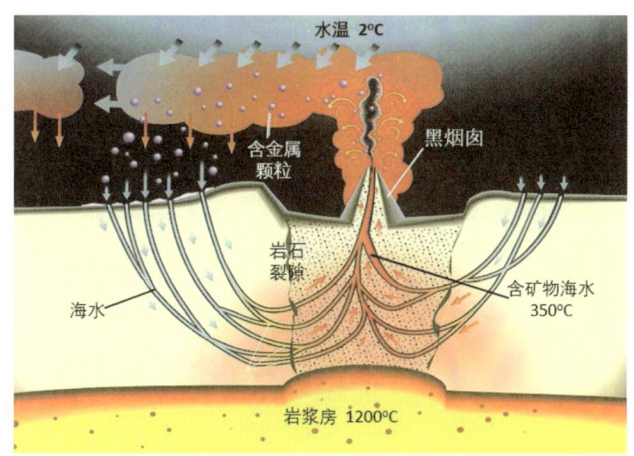

图 3.13 "黑烟囱"及其形成机制

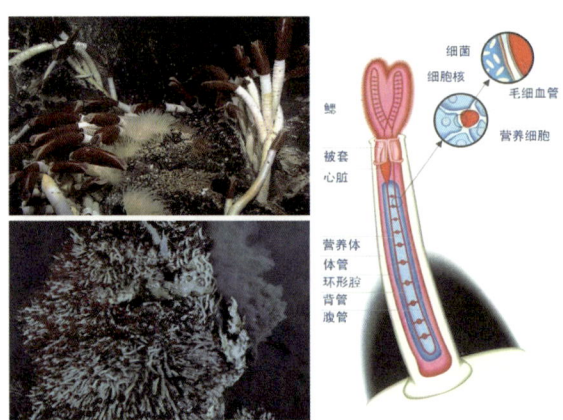

图 3.14 热液口的管状蠕虫簇及其内部结构

因为热液口有巨大的物质和能量流,支持着不靠光合作用的"黑暗食物链"以硫细菌为基础的热液动物群,其中最为突出的是没有消化道的管状蠕虫。管状蠕虫外面是有机物质的壳,里面的虫没有嘴巴,没有肠子,没有胃,没有肛门。怎么活?靠细菌,一肚子的硫细菌。海水从红色的鳃流进去,水里的硫细菌给它制造营养。(图3.14)

热液口寿命不长,"黑烟囱"也容易倒塌。热液动物群种类繁多,还有双壳类、螺类、虾、蟹等,密集程度惊人,但都是"暴发户",随着热液熄灭而死亡。比如图 3.15 中的白螃蟹,密密麻麻的。因为大洋里像沙漠

图 3.15 热液口的白螃蟹堆积如山

一样食物稀少,所有的生物都会聚集到有营养的地方。但是这种螃蟹人一个都不能吃,吃了准死,因为它体内是硫,是毒药,反过来,它也不能吃陆地上的东西。

可见地球上的能量不仅有自上而下的太阳能,还有自下而上的地球内部能

量，所以地球上相应有两个生物圈：一个是太阳能生物圈，有光食物链，也就是陆地上的"万物生长靠太阳"；另一个是"暗能量"生物圈，深海中的黑暗食物链不能见太阳，生物靠化学合成作用，靠的是地热和硫细菌，比如管状蠕虫、白螃蟹。（图3.16）

地球的能量中，太阳能相当于氢弹，地球的内热相当于原子弹。氢弹实际上是核聚变，而原子弹是核裂变，核聚变比核裂变厉害得多，但是太阳离我们太远，所以接收到的能量没有那么强。

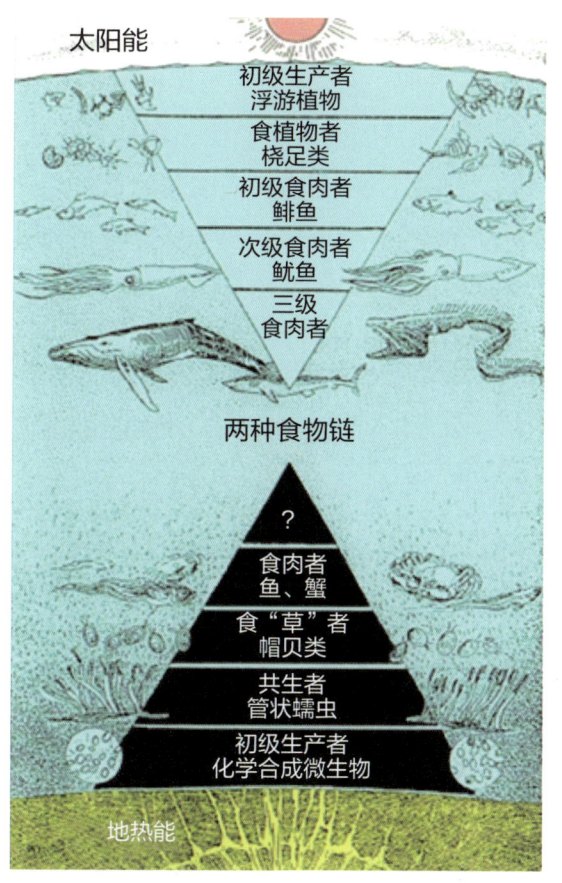

图 3.16 地球上两大生物圈产生的有光食物链和黑暗食物链

深海除了热液还有冷泉，也就是海底可燃冰释出甲烷气的出口。可燃冰不光海里有，陆地上也有。地球上的可燃冰有四大储库：陆地冻土带、极地陆架、上陆坡和深海底，最大的储量在海底。海底的可燃冰主要分布在大陆坡的上部，温度一高，锁在冰里的甲烷气就会释出，这就为海底生物提供了养料，所以冷泉口也有黑暗生物群，和热液生物群相似，也是贝类、螃蟹、管状蠕虫之类。（图3.17）南海大陆坡的海底已经发现了大量可燃冰，也有好多冷泉生物群被发现。

不但海底有生物,海底底下还有生物,这又是 20 世纪一个重要发现。海底底下不是石头吗?对,玄武岩里面也有细菌。它们依靠"风化"玄武岩产生的能量生活,细菌的丰度居然比上覆海水里还高出 3～4 个量级。细菌在玄武岩里"打洞",实际上是细菌"风化"了玄武岩,这些细菌就"吃"玄武岩。(图3.18A、B)我们人类想不通,玄武岩有什么好吃的!细菌就这么生活。图中几微米的细管道,里面还有有机质,是微生物"打洞"的证据。

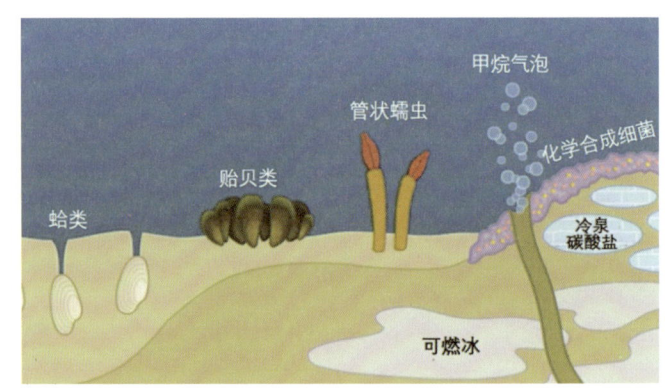

图3.17　冷泉口及其生物群

细菌的生活质量当然不算高了。英国的《自然》杂志登过一篇文章《底层生涯》(*Low Life*),有的细菌在打扑克,有的在喝啤酒……(图3.18C)其实哪有那么好的生活!海底下是水深火热的,细菌生活在岩石洞里,哪里还能动。但是它的寿命长,繁

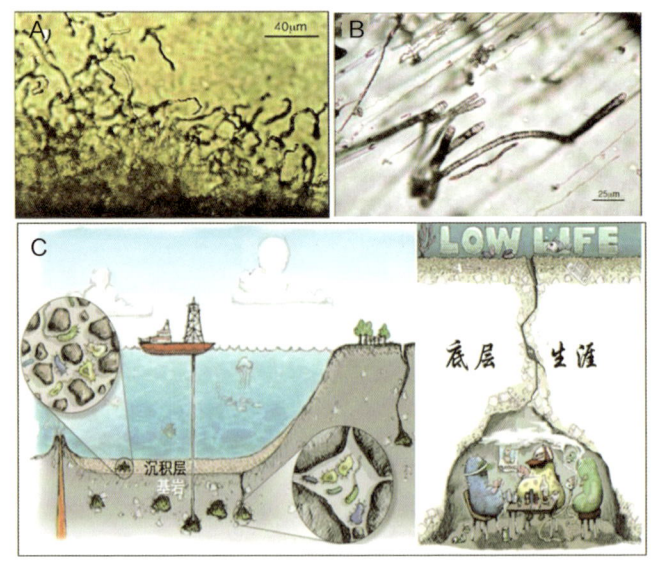

图3.18　深海底下的微生物。A.B.玄武岩里微生物的"风化"作用;
　　　　C.海底下微生物世界的漫画

殖一次起码活几千年，寿命甚至上亿年。当然，海底沉积物的孔隙里也有微生物，日本岸外水深1200米的海底下，埋深2500米的煤层里就生活有微生物，

图 3.19　深海园林：深海底里的冷水珊瑚群

而这煤层是2000万年前形成的。如果你想要长寿的话，真的是最好去当细菌。

不过，深水海底的生物并不是都靠地球内部的能量和营养，海底的沉船或者鲸鱼尸体（"鲸落"）也都可以供养深海生物生存，更为有趣的是冷水珊瑚形成的"深海园林"（图3.19）。我们熟悉的造礁珊瑚生活在热带浅海，依靠体内共生的虫黄藻制造营养,而深水底下的冷水珊瑚呈枝状生长。珊瑚虫靠吃"海雪"生活，也就是吃海洋表层掉下来的浮游生物排泄物或者尸体，形成由动物组成的"园林"，成为深海暗世界里一道出人意料的美景。

◎ 海底资源开发

海洋是一个双向世界。人类历来是在海洋之外看海洋，总是从上向下看，只知道"泥牛入海无消息"，以为海洋是一切过程的终点。一旦潜入深海，立足海底向上看，才明白海洋是个双向系统：海洋不但有自上而下，还有自下而上的能流和物流。正因为有上下的交换，海洋才有想象不到的价值。

21世纪，人类从垂向上进入海洋，海洋经济重心下移。海洋开发从表面发

展到内部,从海面过渡到海底的资源,海洋经济已经从"鱼盐之利,舟楫之便"发展到海底资源的开发。现在海洋经济以海底油气占第一位,海底的石油天然气的开发技术已经越来越先进了。海洋内部的经济价值,超越了海洋表面和海洋边缘。

深海海底的资源,最早指的是金属矿产。现在知道:世界深海金属矿有多金属结核、富钴结壳、金属硫化物等三类。而铺在太平洋底的多金属结核俗称铁锰结核,早在19世纪就已经发现,但是由于经济、技术和环保的原因至今难以开发。铁锰结核确实分布很广,近来我们在南海海山上已经发现。在大洋的海山上还有富钴结壳,贴在山的石头上。热液口的金属硫化物,相对容易开发。三大类深海金属矿的开采技术各不相同,但都面临深海生态环境保护的问题。(图3.20)

开采金属硫化物技术上比较现实,只要有足够的经济价值就可以实施。几乎就要成功,但是最后功亏一篑的,是新几内亚岸外金属硫化物的开采。那

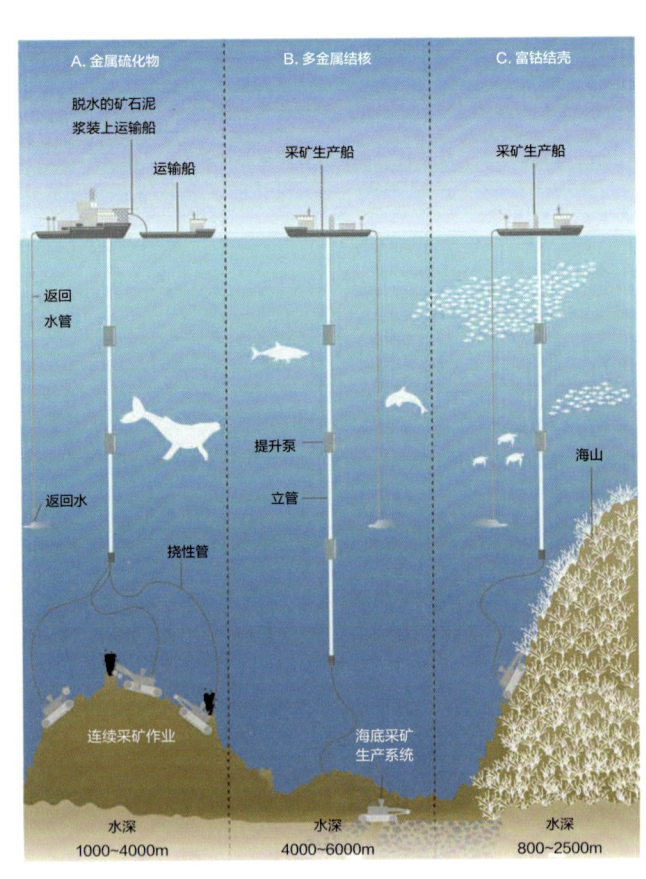

图3.20 三大类深海金属矿:开采途径及其环境影响

里的矿石每吨含金 7.2 克，高的可达 20 克；铜的含量有 7.5%，而陆地铜矿含铜量平均只有 0.6%，因此具有充分的经济价值，加拿大鹦鹉螺矿业公司准备在 2019 年着手开采。但是因为环保问题，当地反对开采，加上资金链问题，开采计划最终流产。

世界大洋有大片深水的"国际海底"向世界各国开放，联合国设有国际海底管理局，鼓励各国进行大洋矿产资源的调查研究，并且根据调查成果授予一定的优先勘探权。我国多年来积极投入大洋矿产资源的调查勘探，在国际海底获得多项海底矿区勘探权，包括 2011 年在西南印度洋的金属硫化物专属勘探矿区 1 万平方千米，2014 年在西北太平洋富钴结壳矿区 3000 平方千米，2015 年在东北太平洋多金属结核矿区 7.3 万平方千米，2019 年在西太平洋的多金属结核矿区 7.4 万平方千米。虽然至今都没有开发，但是展现了我国对深海科技的热情。

当前真正具有经济价值的海底资源，还是石油天然气。世界海洋经济四大支柱是：海洋油气、海洋渔业、海上运输、滨海旅游。其中海洋油气的产值已占据海洋经济的占比最大的部分。海底油田已经占到世界石油产量的 30%，其中深水油田又占整个海上产量的 30%。近年来，全球重大油气发现中 70% 来自水深超过 1000 米的水域，并且呈逐年升高的趋势（图 3.21）。

海洋油气大概占全球油气的 1/3，但是中国现在的开采比例还非常低。随着技术进步，世界海底采油深度越来越大。2010 年最大采油水深已达 3000 米，2024 年我国海上第一深井达 9508 米。21 世纪以来，全球海上油气的重大发现一半位于深海区，陆地和浅海已经退居次要地位。

整体讲来，海洋经济的前景并不清楚，因为我们了解得太少。比如稀土矿，现在中国产量世界第一，但是日本在太平洋底下发现的稀土矿含量据说是陆地的上千倍，虽然离开采还远。稀土是钕等 17 种元素的统称，从彩电到 LED（发光二极管）照明都需要，是当代高技术的关键原料。我国白云鄂博等地的稀土

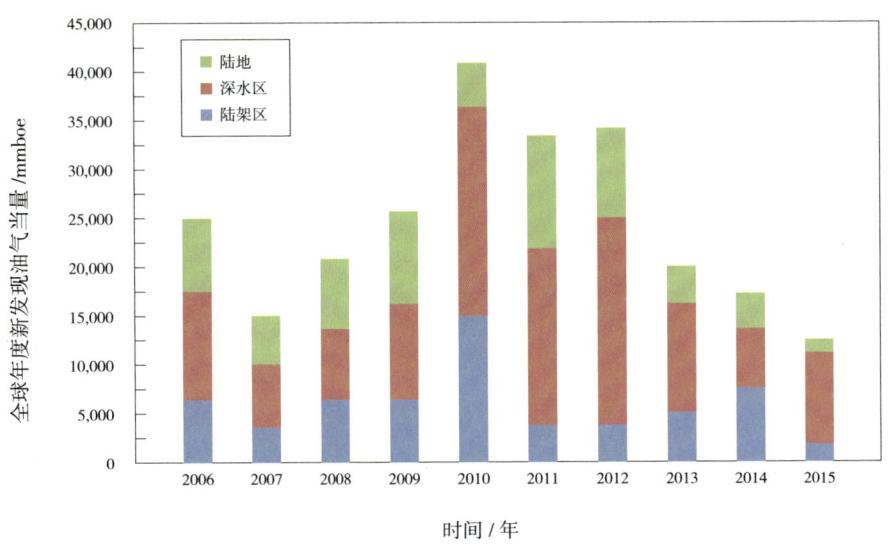

图 3.21 2006—2015 十年内全球油气新发现储量分布图（据 Wood Mackenzie, 2016）

矿占世界产量 90% 以上，因此面临的国际挑战是很严峻的。

应当承认，人类对深海资源的认识还处于起步阶段，最大的特点是不确定性。不但是经济方面，理论认识也是一样。上一章我们说到世界大洋的深层水有全球性的环流，然而盛传几十年的"大洋传送带"假说，现在也遇到实测和理论上的挑战。有一位美国的海洋学权威学者说："我们对深水海洋的知识相当于 200 年前的地质学：几乎一无所知。"比如地形，联合国"海洋科学促进可持续发展十年"（2021—2030）的首要任务就是要测量海底地形。现在海底地形的分辨率只有 2~5 千米，分辨率极低。从整体上说，深海至今还是个未知的黑暗世界。

第四节

成也海洋，败也海洋

海洋既是财富也是灾祸的来源。人类对深海的开发利用，只相当于陆地上的新石器时代，认识深海任重而道远。

◎ 海洋的灾害

上一节讲资源，讲海洋有什么，其实海洋"不是好惹的"。人类对海洋抱着很大的希望，但是技术上的失误会闯大祸，可以说成也海洋，败也海洋。因为海洋与陆地不同，深海过程比陆地缓慢得多，对海洋资源性质的误判容易造成战略错误。同时，海洋有其本身特有的自然灾害，人类对其缺乏了解会引起意外的灾难事故。另外，人类误以为海洋容积巨大无比，把海洋当作"垃圾桶"，这会造成重大污染，害自己、害子孙。

深海技术事故引发的灾害，以墨西哥湾漏油事件最为突出。英国石油公司在墨西哥湾开采石油，名为"深水地平线"的半潜式平台在2010年4月创造了深海超深井的纪录：打了一口优质油井，水深1259米，进尺近1万米，从海面算，井深总共10680米，发现了一个大油田。在最后完井的阶段，因为防喷器没关住而发生井喷，油井爆炸，平台起火（图3.22），100多名工作人员中11人遇难，17人受伤，但是更大的灾难还在后面。钻井平台于4月22日早晨沉没，两天后受损的深水油井开始漏油，估计每天有接近800立方米的油从海底涌出，到9月才止住，总共50万立方米原油漏入墨西哥湾，污染了海洋，造成很多生

图 3.22　2010 年墨西哥湾漏油事件——"深水地平线"钻井平台爆炸起火

物死亡，后续污染问题长期未能解决，成为至今历史上最大的漏油事件。

海洋里的天然灾害主要是地震与火山爆发。全球 85% 的火山在海底，世界各大洋中高度超过 1000 米的海山大概有 10 万座，不过绝大部分不是活火山。海底火山一般远离人类社会，通常不会有直接伤害；但如果正好撞上，海洋的火山爆发也会造成灾难。例如，日本以南的海山上有个明神礁就是个火山口，1952 年 9 月 24 日爆发时，正赶上日本调查船"第五海洋丸"在附近航行，船受灾沉没，全船 31 人殉职。

更大的灾害是海底的滑坡，这种灾难的规模超出人的想象。世界上最大的滑坡是在海底。8000 年前的挪威岸外发生了斯托累加大滑坡（Storegga Slide），近 300 千米长的海底沿着陆架外缘滑到 2000 多米的深海海底，滑坡面积接近浙江省的面积，滑坡体如果平铺在浙江省，厚度可达 30 米。大滑坡引发大面积海啸，北欧沿海堆积了海啸砂层，成为当时高达 20 米的大浪的见证，幸好 8000 年前人类社会还处于新石器时代，否则后果不堪设想。

海上的地震灾害规模极大，但是地震的灾害后果还不如海啸大。最近这些年最大的两次海啸，一次是 2004 年 12 月 26 日印度尼西亚苏门答腊的 9.2 级地震后 20 分钟引发的海啸，海啸穿过印度洋，到了非洲的索马里时还有 10 米高的大浪，相当于几层楼高。这次地震造成 1000 多人死亡，但海啸导致将近 23 万人丧生。另一次是日本的大地震引起的大海啸。2011 年 3 月 11 日，日本东北部海域发生9.2级地震并引起大海啸，发生在大洋板块俯冲带的深海沟底下。相比之下，日本的灾害预警比较好，日本人的防灾意识也比较强，但是地震引发的海啸非常厉害，海啸浪高6米，有的地方高达40米，更严重的是地震和海啸导致福岛第一核电站核泄漏，1号机组爆炸后释放大量核辐射造成重大二次灾害，到今天没有完全解决。

◎ 海洋开发与保护

当前需要大声疾呼的是保护海洋，保护海洋的前提是要正确开发海洋，决不能把陆地上的"淘金热"搬到海里来。前文提到海底矿产锰结核分布很广，但是要开采就不是想象的那样简单。如果用管子把锰结核从5000米的海底吸上来，旁边的泥就全都扬起来了，会把海底所有的生物活埋。经济上划不来，环境上通不过，所以直到现在还没有开采。但是60年前出现过开采锰结核的热潮，关键是一些科学家的误导。

美国科学家约翰·梅罗（J.L.Mero）1965年出版《海洋的矿产资源》（*The Mineral Resource of the Sea*）一书，唤起了海底采矿的高潮。他在书里描绘了一幅聚宝盆式的图景：太平洋底有上万亿吨的锰结核可以开采，而且增长的速度比采矿还快，因此海底里的锰、钴、镍、铜是用不尽的。于是学术界掀起"淘金热"，20世纪六七十年代组织了成百个航次前往太平洋，其中美国30~40次，德国28次，法国42次，还有苏联也派出了上百个航次做全球探索。结果谁都没成功，很大程度上是梅罗这本书在战略上的误导。

同样的道理，深海的生物长得很慢，经不起掠夺式的捕捞。打个比方，现在的海洋渔业，只相当于陆地上中石器时代的发展水平。为什么？中石器时代人类还不会农耕，只会靠打猎或者采摘。20世纪50年代后，有了拖网捕鱼，海里的泥和鱼统统装在网里捞上来,这是非常可怕的,对底栖生物的损害极大。另外,底栖拖网扬起海底沉积,污染海底环境,但全球40%的拖网捕捞在深水区。(图3.23)所以深海生物资源的开发需要改换思路,大方向可能不是从海洋要蛋白质,而是要开发基因资源。

垃圾是海洋环境的敌人。因为海洋太大了,人类就把海洋当垃圾桶,别的垃圾还好,最可怕的是核垃圾。第二次世界大战以后,从1946年开始,欧美国家,主要是美国,把核武器、核工业的废料往海里丢。核废料一般装在金属桶里,但几十年以后桶就烂了,核污染物就跑到海里。甚至有的连桶都不装,这非常可怕!到了20世纪70年代,各国已经忍无可忍,国际上签订了《防止倾倒废物及其他物质污染海洋公约》。1983年起,核废料的公开投放已经制止,但是过去投放的核废料桶遭受生物化学的腐蚀,有的已经发生渗漏,何况有的国家还在偷偷丢。

海洋垃圾问题的一个新题目是塑料。塑料最大的用处在于包装,除被回收外,最终的归宿最大的可能就是海洋,所以现在塑料已占海洋垃圾的85%。我国科学家深潜时在南海深处发现塑料垃圾,甚至1万米深的马里亚纳海沟底下也有塑料垃圾。所以说塑料的发明既是人类的一大幸运,也是一大灾难。

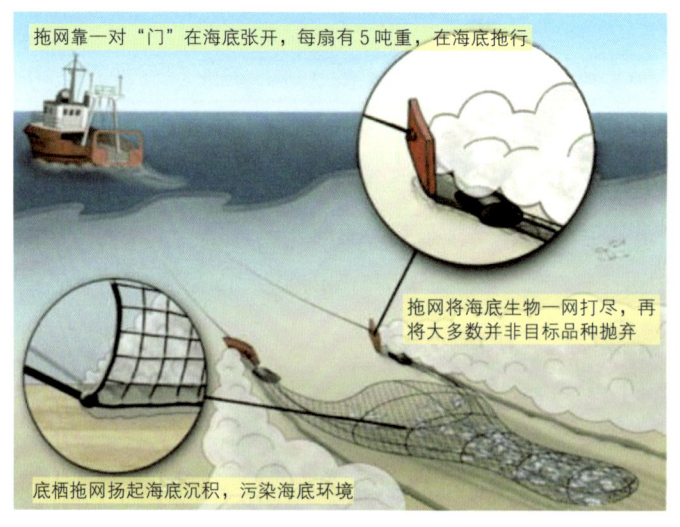

图3.23 底栖拖网技术及其环境影响

太平洋东北的大洋中间有一个亚热带环流，这里塑料垃圾的比例比周围都高，面积相当于新疆维吾尔自治区的面积，被称为"太平洋大垃圾带"。大量塑料垃圾在太平洋上漂泊，不予处理的后果是非常可怕的。

　　总之，海洋既是人类发展的新天地，又是重大灾害的源头。人类对深海的开发，不外乎采集和渔猎，相当于陆地上中石器时代人类利用资源的水平。与陆地不同，深海过程往往比陆地慢几个量级：锰结核百万年才长1厘米，深部生物圈的繁殖周期以千年计。在陆地上，人类经过了几千年时间还没有做到可持续发展，开发深海尤其不能靠"大跃进"、发起"淘金热"，人们应当避免以"万物之灵"的身份鲁莽行事。

第五节

民族复兴的海洋关

近代中国曾沦为半殖民地半封建社会，痛失发展的历史机遇。现在必须抓住21世纪的新机遇，过好民族复兴的海洋关。

◎ 历史的教训

民族复兴的征途并不平坦，我们前面要过许多关：科技关、生态关、人才关……还有一个就是海洋关。有位美国作者说，20世纪初在加勒比海的成功，奠定了美国在西半球立足的基础。他认为21世纪的中国在海上立足，也面临着类似的问题。

基辛格《论中国》一书的尾声题目是"历史会重复吗"。他举20世纪英国和德国对抗的例子，比喻21世纪美国和中国的对抗。他认为，英国是海洋国家，德国是大陆国家，英德之争是海洋文化和大陆文化的斗争。今天美国是海洋国家，中国是大陆国家，是否也会有战争？谁会赢？基辛格的观点是要避免战争。我对这个说法总有个疑问：中国就注定是大陆国家吗？为什么不能既是大陆国家，也是海洋国家呢？

回顾历史，15—16世纪中国明朝时，欧洲崛起，到了19世纪，欧洲的坚船利炮打到我们门口来了，中国变成了半殖民地半封建社会。中国失败在哪里？海洋，是不是华夏文明的软肋？1840年鸦片战争，1894年甲午海战……中国的战败就是从海上开始的。1900年，八国联军也是从海上打进来的。甚至于

1937年的淞沪战役,日本打进来,我们的十九路军抵住了日本军队,打得很漂亮。但是日本海军从杭州湾的金山卫登陆,一路打到南京,制造了南京大屠杀惨案,所以连淞沪战役也是败在海上。中国近代史告诉我们,中国近代的失败都是从海上开始的,现在中华民族要屹立于世界民族之林,必须在海上站住!

一部社会史,也可以从人类与海洋的关系来解读。人类进入海洋有两个关键阶段,15—17世纪为第一阶段,20—21世纪为第二阶段,前者在平面上进入海洋,主要开发大洋彼岸的陆地,后者在垂向上进入海洋,开发的是海洋本身。(表3.1)第一阶段我们输了。现在人类垂向进入海洋又是一场比赛,而且是几百年的比赛,赢得比赛,将会是中华民族伟大复兴征程中的任务之一。

表3.1　人类进入海洋的两大阶段

事项	第一阶段	第二阶段
时间	15—17世纪	20—21世纪
事件	地理大发现	进入深海
拓展方式	平面进入海洋	立体进入海洋
开发对象	海外大陆	海洋本身
手段	炮舰	高科技
主体	西欧	?

600年前郑和下西洋的时候,中国船队比欧洲的船队要厉害得多。有位英国的退休船长写了本书——《1421:中国发现世界》,说是郑和发现了美洲,而不是哥伦布,因为中国当时海上实力更强,只有郑和的船队才能到达美洲。这话当然不足为信,但是南宋有过世界上最繁盛的海上贸易和船队,郑和生活的年代,中国有全球最强的水师,是不争的事实。哥伦布和郑和的船队相比,简直是小巫见大巫。(图3.24)但是郑和下西洋并没有改变中国,哥伦布发现新大陆却扭转了历史的轨迹。郑和之后,中国自毁水师,长期海禁,我们失去了历史性的发展机会。回顾起来,其实这是两大文明的历史比赛:海洋文明闯进世界,大陆文明退回起点。

项目	郑和下西洋	哥伦布航行
年份	1405—1433	1492—1505
最大船 /t	1500	200
船数 / 艘	200	3～17
人数 / 人	27000	90～1500
航程 /n mile	13000	3910

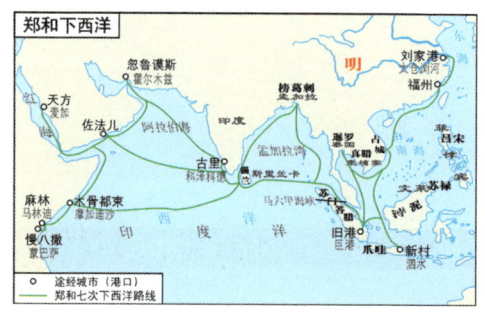

图 3.24　15 世纪两大航海壮举的比较

◎ 建设海洋强国

我国曾经痛失过历史的机遇，现在 21 世纪进入信息时代，海、陆文明的界限正在逐渐消失，我国能不能抓住机遇，铸造海陆融合的新文明，过好民族复兴的海洋关？

120 多年前，梁启超在流亡日本时，写下《少年中国说》的豪言壮语："欧洲列邦在今日为壮年国，而我中国在今日为少年国。""美哉我少年中国，与天不老；壮哉我中国少年，与国无疆！" 1946 年，冯友兰在西南联大的纪念碑上写到"盖并世列强，虽新而不古；希腊罗马，有古而无今。惟我国家，亘古亘今，亦新亦旧，斯所谓'周虽旧邦，其命维新'者也！" 前人的话启发我们深思：花有重开日，人无再少年，古老而弥新的华夏文明，孕育着巨大的创新潜能，有待吾志士仁人去发掘弘扬。

展望历史，华夏文明的规模和内涵，应当和整个欧洲相比较，将华夏文明和欧洲某一个国家的文化相比，是历史的误会。现在中华文明正在发挥新的生命力，我们能不能在历史的大浪淘沙中抓住21世纪的机遇，让民族复兴过好海洋关？我们的回答只能是：深耕蓝色国土，建设海洋强国！

◎ 参考文献

[1] 汪品先. 人类与海洋——汪品先院士在上海图书馆的演讲[N]. 解放日报，2013-03-16(9).

[2] 汪品先. 深海浅说[M]. 上海：上海科技教育出版社，2020.

[3] 汪品先. 深海探测——探索海洋深处的奥秘[N]. 人民日报，2020-08-25(20).

 问答

问：海洋里有无尽的奥秘，我们是否有必要面面俱到，研究貌似与我们生活无关的低级动物的生活？

答：在整个世界的生态系统里面，深海海底的微生物和陆地上土壤里的微生物，它们才是地球生态系统的基础，我比喻它们是"劳动人民"，人类等大生物相当于"帝王将相"，"帝王将相"不考虑"劳动人民"，这个系统就不稳定。20世纪80年代末，全球变化的研究发现，我们烧的煤、油产生温室气体二氧化碳，二氧化碳跑到大气里，结果一检测大气里没有那么多二氧化碳，怪了！谁把二氧化碳"贪污"去了呢？后来到处查，从海底到土壤，查出两个"贼"，一个是海水，另一个是土壤，它们把二氧化碳吸收去了。原来地球是一个系统！所以说，深海里的低级生物可是很重要的一个环节，因为它们正是海洋调控二氧化碳的主角。认为海洋的"低级动物""与我们生活无关"，是不正确的。

问：海洋开发的技术仍然十分落后，而且容易对环境造成破坏，我们宣传海洋的方式是不是出现了问题？以开发为主的宣传是不是正确？

答：海洋有开发前景，但是要正确地开发。要在了解海洋的基础上开发海洋，而不是等开发了海洋，我们再来了解。宣传方式是不是出了问题？没有问题。问题出在有的人为了个人的利益、公司的利益、本国的利益，像淘金一样去抢夺海洋的资源，这就出问题了。

问：中国的海洋文化是否有过一段辉煌时期？中国在成为海洋强国的同时，是否还要保持或者还能保持陆地强国的地位呢？

答：中国的航海有过辉煌历史，这句话是对的。但是说中国的海洋文化有过辉煌时期，我还真不敢说。航海中国自古就相当强，比如三国时东吴的孙权，他派了上万人的舰队，由卫温带队去攻打南边；宋朝时期，特别是南宋，福建的泉州是全世界的大港，广东的"南海一号"沉船就是宋朝的船，当时在世界上是第一位；一直到郑和下西洋，郑和的船是海军，而哥伦布的船更像是海盗。所以中国航海的历史非常辉煌，但这不等于海洋文化辉煌。明成祖朱棣死了以后，郑和下西洋就停止了，郑和所有的资料全部烧光，只剩下石碑了。明朝和清朝海禁，不许出海。现在中国要做海洋强国，当然还要保持大陆文明，所以我们要大陆文明和海洋文明结合。信息时代，海洋和大陆文明已经有很好的融合机会，中国应该创造一个新时代的新文明，任务就落在你们年轻人的肩膀上。

问：为什么当下相对于海洋开发，人类更加注重航天？而对于海洋更多的是资源的掠夺？

答：航天和海洋开发的背景不同。航天的国际竞争，是从冷战时期1957年苏联卫星上天开始的；人类自古就已经进入海洋，只是20世纪六七十年代后开发才向深海推进。航天通常和核威胁、"太空战"连在一起，主要由军事推动，而海洋有资源开发的目标。因此美国海洋科学家经常抱怨：航天的政府经费预算，是海洋的10倍。

问：洋壳比陆壳要薄得多，如果从海洋中开采过多的矿产是否有可能引起不受控制的海底火山爆发呢？

答：大陆地壳平均厚35千米，最深的南非金矿只有4～5千米深；大洋地壳平均厚7千米，海底可能开采的固体矿产，都只是在靠近海底的表面。因此这都是不同数量级的差异，不会造成地质灾害。

问：内陆国家能否利用海洋？

答：《联合国海洋法公约》规定，海岸外200海里之外的大洋是"国际海底"，其资源属于全人类，不管是沿海国家还是内陆国家都可以开发。事实上，有些欧洲的内陆国家，如瑞士、奥地利，在海洋科学上都有重要成就。

第四章 科学与好奇

最初宗教的产生可能来自恐惧感,科学源于好奇心。真的源头创新从来不多,但一定要有文化基础和内心驱动。创新的内动力指科学家的好奇心、成就感,外动力指社会的需求。过分强调科学的名利效益,容易导致学术腐败。与艺术一样,科学吸引着业余爱好者,也有人自学成才,要做科学"票友"却很难。

第一节
科学源自好奇心

科学的土壤是文化，科学家的好奇心，是源头创新的文化基础。创新是智慧的产物，智慧有余时就会表现为科学中的幽默。

科学具有两重性。一方面，科学的果实是生产力，而且是第一生产力；另一方面，科学的土壤是文化，而且是先进文化。作为生产力，科学是有用的；作为文化，科学是有趣的。两者互为条件，一旦失衡就会产生偏差。

科学最重要的是源头创新。源头创新对文化的要求很高，而科学家的好奇心，正是源头创新的文化基础。源头创新，灵感从哪里来？靠什么？不是靠冥思苦想，也不是靠着急发火。我们先来看历史。

唐宋八大家之一，宋朝文学家欧阳修（1007—1072）说过，他的文章构思是在"三上"——马上、枕上、厕上，并不是在书桌上。我有过类似的体会，有时候我在骑自行车，忽然一个想法来了，这种一闪念的灵感非常可贵。

关于灵感，最出名的就是阿基米德（Archimedes，前287—前212）在澡盆里发现浮力原理的故事。阿基米德是公元前3世纪的人，是古希腊城邦的官员，也是科学家。当时国王打造了一顶金冠，疑心匠人掺假，王冠的金子不纯，但金冠确实和当初交给金匠的纯金一样重。国王让阿基米德想办法检验，但是金冠的形状复杂，不规则，没法量。阿基米德正苦恼的时候去洗澡，发现澡盆的水溢出去了，忽然他悟到了！（图4.1）据说当时他喊着Eureka（找到了），连衣服都没穿就跑出来。这个发现非同小可，不光是解决了金冠检验的问题，为什么？他知道了身体的体积就是溢出的水的体积，因此把金冠放在水里，漫出来的水就是金冠的体积！同样体积的纯金比王冠重，而银子等金属的比重都不如黄金，可见王冠的金子掺了

图 4.1　阿基米德在浴盆里发现浮力原理（以色列科技博物馆塑像）

假。在物理学上，他提出了浮力原理 $F_{浮}=G_{浮}=\rho_水V_排g$，就是一个物体在液体中受到的浮力，等于排出的液体所受的重力。一个非常重要的发现产生在澡盆里，所以智慧的灵感就像闪光一样，来的时候很快，但是要当心，不要把它丢了。据说美国通用电气公司从前有个老规矩，楼梯口都有纸和笔，方便员工随时记录突然产生的新想法。

有一个美丽的传说，俄罗斯门捷列夫（Дмитрий Иванович Менделеев，1834—1907）的化学元素周期表的雏形，是在梦里出现的。门捷列夫发现一组一组的元素相互之间有某些规律，就做了一些纸片排列起来，成天魂牵梦绕地思考这个问题。有一天，他梦中出现一张表，醒过来忽然意识到，这不就是要找的东西吗！把这些纸片放在表里，不就是一个元素表吗！门捷列夫立即把梦境中所见凭记忆写在一张纸上，然后斟酌思考，制成最初的化学元素周期表。1969 年是元素周期表发现一百周年，苏联发行的邮票纪念张的背景，就是门捷列夫元素表最初的手稿。（图 4.2）

可不是随便谁都能做出这个梦来的，正因为"日有所思"，才会"夜有所梦"。当时已经发现 63 种元素，门捷列夫朝思暮想这个问题，然后一下子开窍了。阿

基米德也是这样,他担心在国王面前交不了差,所以一直都在思考,突然就产生灵感了。

更加复杂的是达尔文进化论的产生过程。达尔文有个机会参加英国"贝格尔号"军舰的环球航行,1831—1836年这5年的航行中到过好多地方,因为军舰里条件艰苦,他住在陆上的时间很多。到了东太平洋的加拉帕戈斯(Galapagos)群岛,他发现那些生物又相似又有区别,于是悟出一个道理:各个岛上不同的食物,塑造了不同的物种。返回后他写道:"曙光终于出现了,

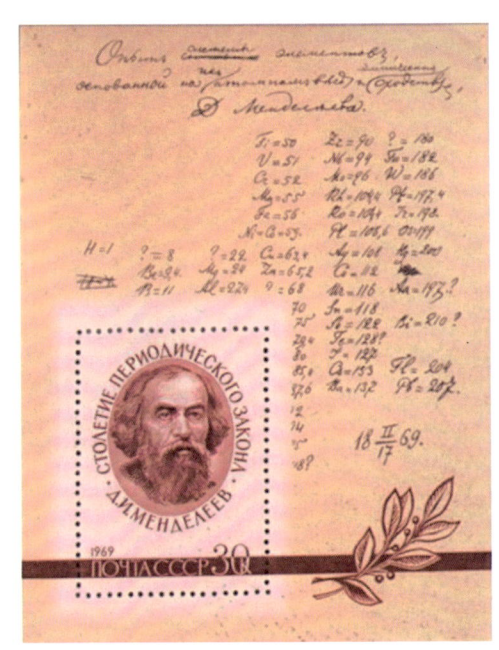

图4.2　门捷列夫元素表发现一百周年邮票纪念张

我几乎已经确信:物种并非固定不变的。"这在当时是极大的思想挑战,没有人敢说物种还会演化,这就是达尔文的突破。但是发现不等于发表,达尔文深知这新发现的分量,只是继续着他的思考。19世纪还没有形成科学家这份职业。达尔文是怎样工作的?恐怕我们模仿不了,他一辈子没有"上班"。达尔文家境殷实,住在伦敦郊区的塘屋(Down House),院子的树林里有一条沙径,他就在那里来来回回走,思考问题。他的家现在是开放的教育基地,有机会可以去看一看。达尔文对于20年的研究成果,并不急于发表,直到后来年轻的同行华莱士写出跟他类似思想的文章,这才在朋友建议下赶紧完稿、发表。1859年底,生物进化学说的经典之作《物种起源》出版,1000多册书一天就一售而空。

现在流行一则故事,说牛顿定律的发现是因为一个苹果掉在牛顿头上。这棵著名的"牛顿苹果树"原本生长在牛顿的故乡伍尔斯索普庄园(Woolsthorpe

Manor)。剑桥大学三一学院（Trinity College）把"牛顿树"移植过来，受到特别崇敬。好在苹果树可以移植，现在世界许多大学都有"牛顿树"，可能是希望多出几个牛顿吧。上海科学技术协会前些年到牛顿的故乡剪枝，已嫁接成功苹果树，现在在辰山植物园。

上面讲的都是基本理论的启发，受事物的启发也非常重要。仿生学就是个典型，受到来自生物的启发。防毒面具怎么来的，受野猪嘴的启发；雷达呢，模仿蝙蝠使用超声波；冷光灯，学习萤火虫发光；高科技游泳衣就是模仿鲨鱼皮……这些都是受生物启发制造出的产品。钱锺书在诗中写过，"那得心如荷叶，水珠转念无踪"。水滴到荷叶上一下就没了，什么道理？因为荷叶表面有纳米级的超微细的结构，所以现现在有了超疏水性仿生材料，纳米领带就是采用这样的材料。（图4.3）再如尼龙搭扣，瑞士工程师乔治·德·梅斯特拉尔（George de Mestral，1907—1990）打猎回来，裤子上挂了很多牛蒡草果，牛蒡草果的刺顶端有一个回勾，勾在裤子上不容易下来。他受到启发而发明了尼龙搭扣，现在我们鞋子、衣服上用这种搭扣很方便。另外，军人的迷彩服就是受蝴蝶的启发，枯叶蛱蝶和枯树叶十分相像，仔细看都不大容易分出来哪个是蝴蝶，哪个是树叶。这就是仿生学的精彩之处。

现在世界上开始建造海底观测网，对远处的深海大洋进行实时监测。这种

图 4.3　荷叶表面的超疏水性

创新的想法，产生在20世纪90年代的一次聚餐。一个科学家与一个工程师讨论，如果把传感器放到海底，用光纤电缆连接，岂不是可以在海底建造实验室、"气象站"，到海洋内部去观测海洋？他们说得兴奋，就拿一张餐巾纸在上面画，这就成了海底观测网设计的第一个版本，开启了海洋科学改朝换代的发展新阶段。这类"餐巾纸设计"，在西方世界常有发生。

当然，灵感的出现是要有文化基础的，而各民族的文化基础并不相同。犹太人和吉卜赛人，两者都是从一两千年前起，过着流离失所的生活。吉卜赛人原住印度西北部，10世纪前后开始外移，遍布世界各洲，至今流浪天涯。而犹太人不一样，他们始终坚守着犹太教和希伯来文，在外界压力下形成了对知识和教育的重视，只有一千多万的人口，却赢得了世界四分之一的诺贝尔奖。文化背景的力量是强大的，差异也是显著的。

好奇心的培养，需要从小开始。美国院士保罗·法尔科夫斯基（Paul Falkowski，1951— ）前几年来上海讲学，说起自己9岁时的故事。小时候他喜欢养鱼，妈妈告诉他鱼缸里的水不能喝，他用水龙头里含氯的水给鱼缸换水，结果鱼都死了。他就觉得非常奇怪，为什么鱼能喝的水我不能喝，我能喝的水鱼不能喝？这就是好奇心。对科学的好奇，使他的研究从生物学转到化学，再转到地质科学，跨距大，成绩更大。反过来，创新文化的不足，是阻碍深层次创新的瓶颈所在。中国科学界不但要吸收创造了现代科学的西方文化，还应该珍惜自己的中华文化。

数学家丘成桐说："我研究这种几何结构垂三十年，时而迷惘，时而兴奋，自觉同《诗经》《楚辞》的作者，或晋朝的陶渊明一样，与大自然浑为一体，自得其趣。"他用了5年工夫，终于找到了超对称的引力场结构。所以他说，科学研究本身就是一个文化追求。

我把这些感受归纳为：宗教源自恐惧，科学出于好奇。因为面对的世界有太多未知，人们容易产生恐惧感，需要获得安慰，所以宗教应运而生。而科学不同，科学的产生是因为好奇，"为什么这样？""为什么那样？"，这样才能推动科学研究和发展。

◎ 科学与幽默

科学表达中穿插一些智慧的闪光点，反映了科学家的幽默感，这是科学思想中的光彩。可惜我国的科学交流中，往往活跃气氛不足，拘谨呆板有余，严重缺乏幽默感。

"幽默"一词是1924年林语堂的音译，英文humor的源头拉丁文拼法没有"h"。对林语堂的翻译，鲁迅并不赞成，因为屈原的《九章》里"煦兮杳杳，孔静幽默"的意思是安静、幽静。在林语堂之前，1906年王国维把humor译为"欧穆亚"。应该说，林语堂对幽默的解释，比他的翻译还要精彩。他说，幽默是智慧有余，"对付各种问题之外，还有余力，从容出之，遂有幽默"。这句话说得非常好，有幽默感的人，一句话没说出之前脑子先闪出一个比喻来，一个典故或者一个笑话引发哄堂大笑，这就叫智慧有余。科学表达中的幽默，有助于思想的表达、传播的效果和争论中的主动处境。

图画是表达幽默最直观的办法。上一章里说过，2009年《自然》杂志用一幅漫画《底层生涯》（*Low Life*）介绍深海海底的新发现——岩石里生活着长寿的微生物，细菌在岩石的孔隙里过着抽烟、喝可口可乐、打牌的"底层生活"。（图3.18）也有论文讲"上层生活"（*High Life*）指4万米高空发现有可培育的细菌；这些细菌能在大气层里传播，促进云核的冰晶形成，影响降雨和雪。这两种细菌都是科学的新发现，用了两个生活上的比喻来介绍，生动有趣，更容易让人理解。

有时候在严肃的图画里加上幽默的附笔，可以收到意外的效果。一幅广为流传的画《人类的演化》就是这样,把"从猿到人"延伸到电脑,讽刺了"周而复始",现代社会里直立人重新趴下的窘态。(图 4.4)

图 4.4 "从猿到人"新解

美国地球物理学家、海洋学家蒙克 (Walter Munk,1917—2019) 是海洋学界的祖师爷,102 岁去世,100 岁时还在演讲。这位科学家同时又是幽默大师。2000 年世纪之交,他回顾海洋科学的历史,举出圣经里的《出埃及记》的故事。摩西带领希伯来人逃离埃及,跨越红海时海水分开让他们过去。他说这就是海啸,只有海啸才能使分开的海水很快合拢,淹死了法老的追兵。

20 世纪末有场争论:深海洋流的推动力到底是什么,为什么 5000 米深海的水还会流动? 有两种意见:一种意见认为是风吹海面的力量传到海底,还有一种意见认为是深海的潮汐力量。风的力量来自太阳,潮汐的力量主要来自月亮的引力,因此争论就归结到究竟是太阳重要,还是月亮重要。蒙克倾向于后者。1997 年,他发表文章时借用了一则俄罗斯文学里的笑话:一次有人问沙皇军官"聪明人"普鲁特科夫,到底是太阳重要,还是月亮重要? 他说:"当然月亮重要!太阳白天才有,可白天本来就是亮的!"幽默诙谐的比喻,为严肃的文章平添生趣。(图 4.5)

科学家的幽默,不光是在科学写作中妙笔生花、增加文采,也可以激发科技创造活力。我还拿海洋学做例子,在发现了涡流之后,蒙克在学报上以漫画的形式倡导新一代的海洋观测方法。1998 年开始使用的全球海洋观测网 (ARGO),

是最大的上层海水观测计划,把几千个卫星跟踪浮标投入海洋,来回测量深度在2000米内的海洋状况。这个想法从哪里来的?源自1989年美国物理海洋学家的一篇科幻小说,一个科学新思想从幻想变成了现实。

科学界有不少类似的佳话。美籍俄裔科学家乔治·伽莫夫(George Gamow,1904—1968)是发现宇宙起源论的几个主要人物之一,他发现宇宙中的元素75%是氢,23%是氦,都是在大爆炸后3分钟里形成的,其他元素只占2%,是在恒星演化过程中产生的。为什么这样?这就是他学生的博士论文,也就是宇宙大爆炸的假说,宇宙大爆炸形成的质子只有这样的结构是最合理的。这篇论文发表的时候,伽莫夫出了个主意,他的学生姓阿尔法(Ralph Alpher,以 α 开头),他自己姓伽莫夫(γ),希腊字母头三个就缺个 β,于是就去请支持他们观点的天文学权威贝塔(Hans Bette,姓以 β 开头),说咱们三个人联合署名怎么样?贝塔非常高兴,因为这是项重大的创造。于是1948年发表了《化学元素起源》的论文,也就是著名的"α β γ 论文"。

图4.5 "太阳重要还是月亮重要?" "当然月亮重要!"

◎ 科学与神话

科学的观点、结论,可以用鲜明醒目的漫画之类的形式表达,严肃的科学论述中,也不妨穿插一点儿出人意料的比喻或者笑话,这在长篇演讲,或者多人演讲的场合尤其见效。此外,科学家在为新发现、新概念命名时,也常常从古典文化、神话中引用已有的名称，便于推广。应该说，具有突破性的科学思考和文艺思考之间在创造性上并没有区别。这种思考要求联想、类比（"比""兴"），而决不以本学科为限。

英国化学家詹姆斯·洛夫洛克（James Lovelock，1919—2022）提出，地球系统好比一个有机体，具有自我协调的能力。他把地球系统比作希腊神话里的大地女神盖娅（Gaia），把自己的假说叫作"盖娅"学说，我们在最后一章里还会讲到。

100年前，奥地利的地质学家爱德华·休斯（Eduard Suess，1931—1914）发现2亿年前世界的大陆都连在一起，其中夹了一个大洋，他要为这个大洋起个名字。大洋（ocean）的名字来自希腊神话里的大洋神俄刻阿诺斯（Oceanus），他的妻子叫特底斯（Tethys），于是他就把消失的大洋叫作特底斯大洋。（图4.6）这类例子不少，比如现在知道地球形成的早期，从46亿到40亿年前，地球表面是一片火海，别说生物，连岩石都形成不了，而地质学也要为这段炼狱般的时期取个名字。于是想到了希腊神话里的地狱之神冥王哈迪斯（Hades），这段时间就叫冥古宙（Hadian）。所以你只要仔细推敲，往往会发现一些常用术语的源头，都与西方神话或者文学故事有关。

物理学里的"麦克斯韦妖"就是一例。爱因斯坦曾说"热力学第二定律"是宇宙中唯一一个"永不被推翻"的物理理论。19世纪，英国物理学家

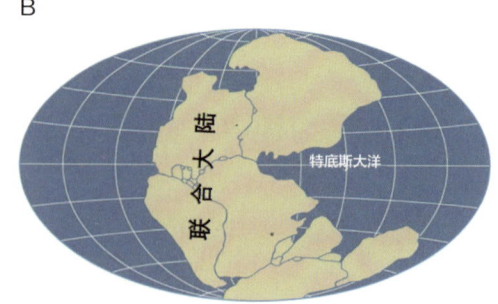

图4.6　特底斯大洋。A. 希腊神话里的夫妻——俄刻阿诺斯和特底斯；B.2亿年前的古地理图

詹姆斯·麦克斯韦（James Maxwell，1831—1879）提出麦克斯韦妖的悖论，试图打破"热力学第二定律"，抗拒熵增加的控制机制。麦克斯韦妖是个控

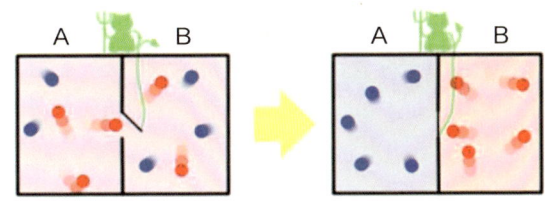

图 4.7　麦克斯韦妖的阀门，上方绿色为"妖"

制阀门的"妖"，一个绝热容器被分成相等的两格，中间是由"妖"控制的光滑无摩擦的一扇小"门"，容器中的空气分子做无规则运动向门上撞击，"妖"操纵"门"将热分子（速度较快）放入 B 格，而冷分子（速度较慢）放入 A 格，这样 B 格就会比 A 格温度高，可以利用此温差，驱动热机做功。（图 4.7）

诺贝尔物理学奖获得者、美国物理学家默里·盖尔曼（Murray Gell-Mann，1929—2019）发现了基本粒子"夸克"。他采用了小说《芬尼根守灵夜》（*Finnegans Wake*）里的一句话，"Three quarks for Muster Mark!（向麦克老大三呼夸克！）"，用其中的 Quark 命名基本粒子，因为三个基本粒子（上夸克、下夸克、奇夸克）组成一个夸克。

光合作用的生物化学基础是一种酶，名字特别长，叫作"核酮糖 -1, 5-双磷酸羧化酶 / 加氧酶"，简称 Rubisco。这种酶很"保守"，从产生到现在多少亿年来还是原来这样，所以给我们找了很多麻烦。但这个简称名字怎么来的？说来可笑，是从饼干来的。Rubisco 是怀特曼（Sam Wildman）和博纳（James Bonner）1947 年从菠菜叶中发现的。1979 年，在怀特曼的退休仪式上，哈佛大学教授艾森伯格（David Eisenberg）开玩笑，把他的发现叫成 RuBisCo。这几个字母都是从这种酶的全称里抽出来的，而因为 Rubisco 酶具有"两面性"，就像奥利奥饼干，生产奥利奥的是 NaBisCo（美国饼干厂），把开头字母 N 换成 R，就是 Rubisco。可见科学发现可以用很生动的办法来比喻，所以说艺术和科学都是文化的产物。

第二节

科学创新和艺术

科学和艺术都是文化的产物,同属创造性劳动,都要求点燃智慧的火花。因此不少科学家都有艺术爱好,甚至有一定的艺术造诣。

◎ 科学与美术

科学和艺术都是文化的产物,早期两者并不分家。周朝讲究的"六艺",其中就包括了音乐和数学;到了近代,科学和艺术才逐渐分开,并产生多种职业。即便如此,绘画、音乐等也很容易成为科学家的业余爱好。一般说来,物理学家和数学家更倾向于音乐,而生物学家和地学家往往偏向于美术。有时候很难判断一件作品,究竟是科学成果,还是艺术作品。

突出的例子是德国的博物学家恩斯特·海克尔(Ernst Haeckel,1834—1919),他在1904年出版了《自然界的艺术形态》(*Kunstformen der Natur*)画册,刊载了精选的100幅代表作。书中海克尔手绘的水母、放射虫等海洋生物都精美绝伦,这本书至今还是不断再版的经典作品。(图4.8)

最能够理解自然界中生物之美的,还是一线的科学家。荷兰生物学家温克尔(Dos Winkle)就是一例。他从40年前就开始拍摄热带海洋生物,尤其是在珊瑚礁区进行水下摄影,有时候采用高度放大的特技,捕获了一般人见不到的奇景。温克尔出版了多种画册和光盘,还在欧洲多国循环展出。

然而生物微观世界的美,人用肉眼看不到,要靠科学家慧眼独具,在显微

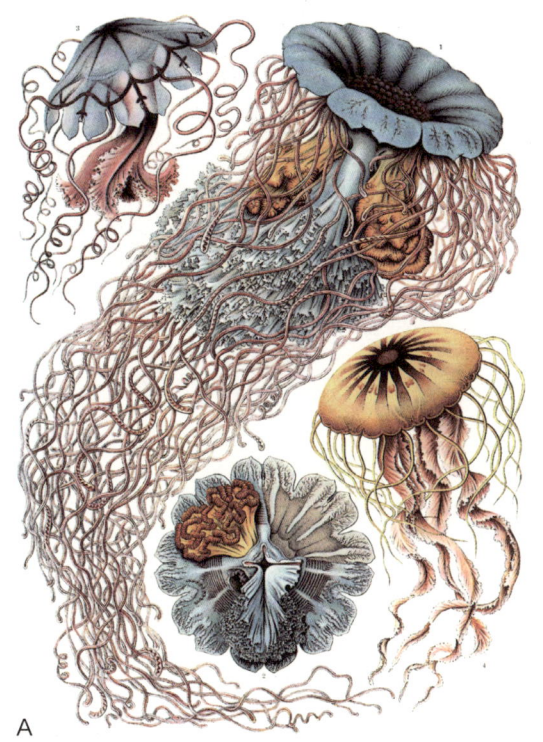

图 4.8 《自然界的艺术形态》的图幅实例。A. 水母；B. 放射虫

镜底下发现。海克尔的《自然界的艺术形态》里，就有许多放射虫的图画（图 4.8B）。放射虫是海里的一种单细胞浮游动物，骨骼是蛋白石（$SiO_2 \cdot nH_2O$）质的骨针，常常结成网格状，形状类似于象牙雕刻，有的像多层的象牙球。一个单细胞动物，竟能创作出如此精致的"工艺品"，简直不可思议。放射虫的骨骼给了艺术家启发，出现了许多从灯具到户外雕塑等装饰品，或者制成贵金属的挂件、戒指等首饰。（图 4.9）

不只是骨骼，活的微生物也可以更加有趣。荷兰人列文虎克 (Leeuwenhoek, 1632—1723) 发明了显微镜，发现了细菌，也发现了微生物的"舞蹈"（图 4.10）。1676 年，他在文章里写道："……就像一桶细小的鳗鱼在成群游动……一滴水里居然有成千个小动物在翻滚游动，应当承认，我的眼睛从未见过这样

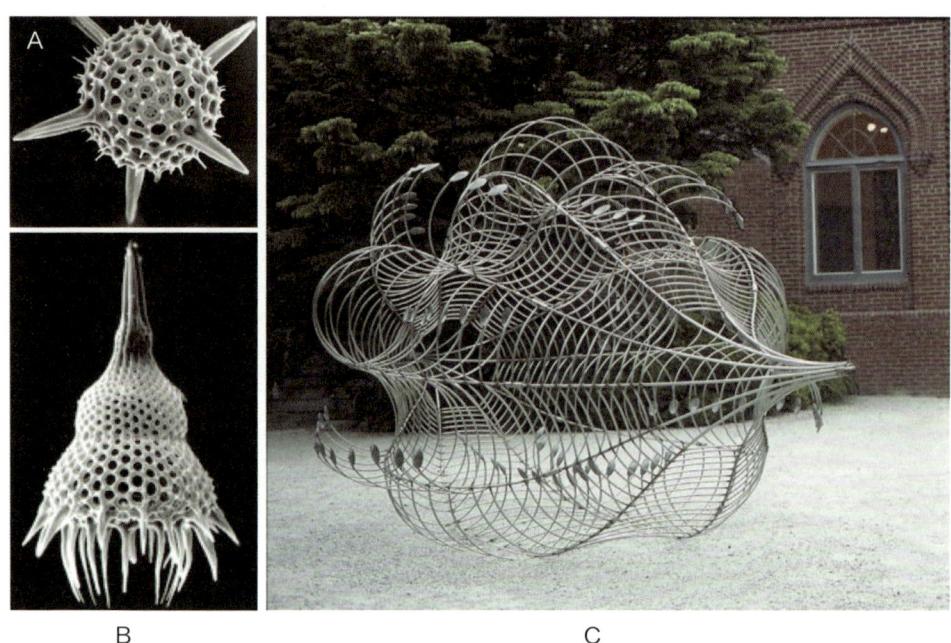

图 4.9　单细胞动物放射虫。A、B. 扫描电子显微镜下的实物； C. 户外艺术品

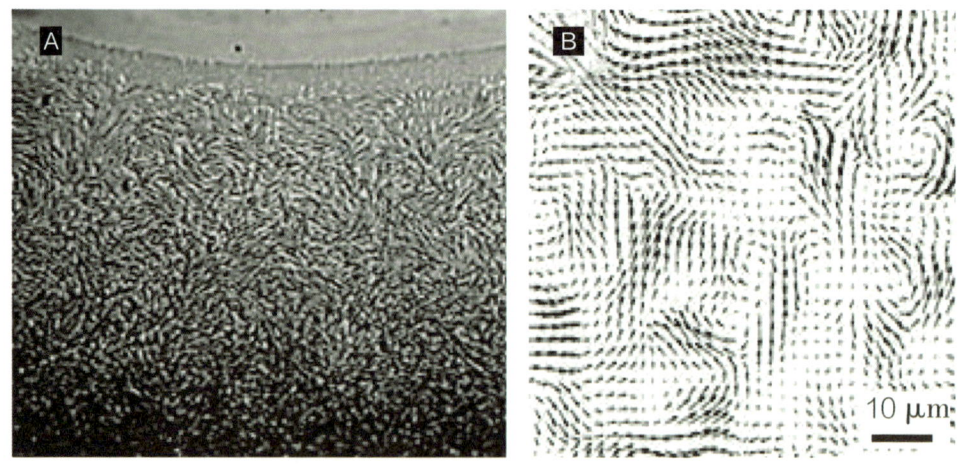

图 4.10　微生物的"舞蹈"。A. 显微镜下微生物"集体游泳"； B. 微生物个体"游泳"速度分布图

有趣的景象。"这里说的是微生物依靠鞭毛旋转的运动,他通过显微镜看呆了。

◎ 科学与音乐

科学和音乐的关系,也许要比和美术更为密切。爱因斯坦和量子力学的创始人普朗克(Max Planck,1858—1947)都是杰出的音乐家,两人在柏林一起工作的时候,爱因斯坦的提琴和普朗克的钢琴常常一道演奏。年轻时候,他们两人都曾经徘徊在科学和艺术的大门之间:学科学,还是学音乐。爱因斯坦从6岁开始学小提琴,他最后用的一把小提琴,是1933年从德国移居美国的时候获赠的,2018年以50万美金的高价拍卖成交。他拉琴不仅是为了休息,还热心参加演出。据说有一次他应邀到一个小镇参加慈善晚会,演奏了莫扎特《第四小提琴协奏曲》,第二天报纸报道:"小提琴家爱因斯坦的演出演技精湛……据说他在物理学方面也颇有建树。"爱因斯坦听说后非常高兴。

对于科学家来说,音乐不只是休息,也是科学灵感的源头。爱因斯坦说:"我首先是从直觉发现光学中的运动的,而音乐又是产生这种直觉的推动力。"据他妹妹回忆:"在演奏中有时他会突然停下,激动地宣布,我找到了它!"这个"它",不是琴弦上的音符,而是物理学科的发现。可以想象,就是在琴声中,这位科学家脑海中突然有灵感降临。(图4.11)

现代科学界也保留着音乐传统,三年一次的国际古海洋学大会,一定会有一台"古生物音乐晚会"(Paleomusicology),由古海洋学科学家登台演出。古海洋学的创始人之一夏克列顿爵士(Sir Nicholas J. Shackleton,1937—2006)就是一位积极分子。他是剑桥大学的教授、英国皇家学会会员,虽然他研究地球科学,但是在剑桥开设的却是音乐物理课。我曾经在他家里住过,客厅里乱七八糟,地上是乐谱……此人从不穿袜子,只穿凉鞋,只有在两种情况下才穿皮鞋、打领带:一是得大奖的时候,二是上台演出吹黑管的时候,参加演出就像得奖一样隆重。

然而,音乐爱好在数理学术界更加突出。奥地利物理学家玻尔兹曼(Ludwig E.Boltzmann,1844—1906)说,读数学家的书,"就像音乐家听了几小节就会听出来,是莫扎特、贝多芬,还是舒伯特的曲子一样,数学家看了几页就会认出来这是柯西、高斯、雅各比、亥姆霍兹的,还是基尔霍夫的文章……"数学家的文章也跟音乐家的音乐一样,都是有风格的。

图4.11　爱因斯坦演奏小提琴

◎ 科学与文学

1999年,中国科学院庆祝50华诞举办了三天报告会,请了多位著名科学家做演讲。李政道的报告《物理学的挑战》从中外物理学的产生都以天体物理为基础说起,讲到中国古代最早使用"物理"这个词的可能是杜甫。诗人杜甫在公元758年写的一首诗中有两句:"细推物理须行乐,何用浮名绊此生。"李政道将它译成英文,然后评论说,杜甫对"物理"用了两个字——"细"和"推","细"要仔细地观察,"推"就是推理,所以这两个字,一个是实验,一个是理论,每一个字的分量都是很重的。如果要取两个字来描写实验和理论,并说明研究方法,那就是"物理"二字。当时北京正负电子对撞机运

行不久，李政道在大会报告里，引用了李可染为高能物理所对撞机作的画："核子重如牛 对撞生新态"。（图4.12）

图 4.12　清华科技园雕像（根据李可染为高能物理所对撞机建成创作的国画而塑）

杨振宁的报告《量子化、对称和相位因子》，主要讲对称，举的例子非常有趣，是苏东坡写的回文诗，顺读是一首诗，倒过来读又是一首诗。头两句"潮随暗浪雪山倾，远浦渔舟钓月明"，反过来读"明月钓舟渔浦远，倾山雪浪暗随潮"。他还提到巴赫（J.S.Bach，1685—1750）的小提琴二重奏《螃蟹卡农》（*Crab Canon*），曲子的两个声部互为镜像。

对于中国科学家的文学修养，我最佩服的是赵元任。赵元任17岁考入留美研究生班；18岁进入康奈尔大学主修数学，选修物理、音乐；23岁考入哈佛研究生院，修哲学，并且继续修音乐；27岁回康奈尔大学任物理系讲师，一年后回到中国，在清华大学教数学、物理、语言学、音乐欣赏等课程。他最著名的曲子是《教我如何不想他》（刘半农作词，赵元任作曲），这首曲子里面既有京剧西皮的韵味，又有西洋曲子的风格，中西合璧。然而他最大的贡献，我认为还是在中国的语言学上。他研究方言，强烈反对用拼音语言来替代方块字。为了说明汉语拼音化之不可行，他用三个字母 shi 写成了92字的文章《施氏食狮史》，讲了一个吃狮子的虚拟故事。（图4.13）

如果用拼音，写92遍 shi 就毫无意义。这个好玩的单音节故事，说明了语音和文字的相对独立性，更说明了这位科学家的文采。

《施氏食狮史》　　　　　　　　　《Shī Shì shí shī shǐ》
石室诗士施氏，嗜狮，誓食十狮。　shí shì shī shì Shī Shì, shì shī, shì shí shí shī.
施氏时时适市视狮。　　　　　　　Shī Shì shí shí shì shì shì shī.
十时，适十狮适市。　　　　　　　shí shí, shì shí shī shì shì.
是时，适施氏适市。　　　　　　　shì shí, shì Shī Shì shì shì.
施氏视是十狮，恃矢势，使是十狮逝世。Shī Shì shì shì shí shī, shì shǐ shì, shǐ shì shí shī shì shì.
氏拾是十狮尸，适石室。　　　　　Shì shí shì shí shī shī, shì shí shì.
石室湿，氏使侍拭石室。　　　　　shí shì shī, Shì shǐ shì shì shí shì.
石室拭，施氏始试食是十狮尸。　　shí shì shì, Shī Shì shǐ shì shí shì shí shī shī.
食时，始识是十狮尸，实十石狮尸。shí shí, shǐ shí shì shí shī shī, shí shí shí shī shī.
试释是事。　　　　　　　　　　　shì shì shì shì.

图 4.13　赵元任《施氏食狮史》方块字和拼音字的比较

我国地球科学界里也不乏文理兼通的才子。中国科学院院士、地质学家朱夏（1920—1990）1949 年从瑞士归国，任同济大学教授，是一位才华横溢的大地构造学家，写得一手格律工整的好诗。他和父亲都是诗人，出版过两人的《父子诗词选集》。1940 年，两位老前辈，地学泰斗尹赞勋、杨钟健编制了中国地质学会的会歌。"大哉我中华！大哉我中华！东水西山，南石北土，真足夸。泰山五台国基固，震旦水陆已萌芽……" 气吞山河，掷地有声，唱出了我国地质学家的宏伟气魄。

第三节

失误与学术造假

科学家出错属于"兵家常事",只要改正就好。怕的是有意弄虚作假,不但导致本人身败名裂,还造成学术风气败坏,贻害无穷。

◎ 科学研究中的失误

"胜败乃兵家常事",科学研究也是。失败的实验比成功的多,理论假设也只有一部分得到验证。19世纪,达尔文提出进化论,遭到很多人反对,但有两个人强烈支持,一个是英国的托马斯·亨利·赫胥黎(Thomas H. Huxley, 1825—1895),一个是前面说过的德国的海克尔。二人也是好朋友,都想找到原始生命的证据来支持进化论,但是赫胥黎太性急而犯了一个错误。1868年,他在海上考察取得的海底样品中发现有一种黏液状的东西,里面有些白色的结构,像生物又不像生物。(图4.14)于是他认为自己发现了生命最原始的状态,证明生命起源于海洋。他还以海克尔的姓

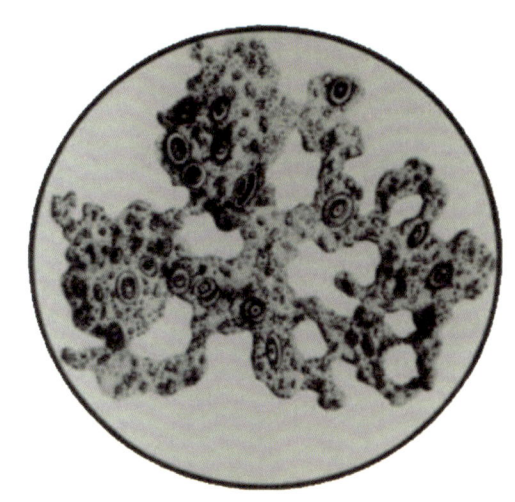

图 4.14　赫胥黎发现的"原始生命"

氏作为种名，为这新发现的"生物"起了个名字叫 *Bathybius haeckelii*，以此献给海克尔。海克尔当然也很高兴，并且正式提出了生物起源于原始黏液的假说。

几年后，1873—1876 年的"挑战者号"考察船环球航行，首次采集了深海沉积物和大量生物标本，终于澄清了黏液的来源。他们发现凡是从前采集样品的"老水"里都有这种黏液状的东西，而刚采的"新水"样品里面都没有，但是在"新水"里滴了酒精以后，黏液状的东西就出来了。原来，这是滴了酒精以后发生反应，生成的硫酸钙，不是什么原始生命。这样，1879 年关于深海海底有自由原生质——所谓"*Bathybius haeckelii*"的误会终于澄清。赫胥黎不失大家风度，在获悉结果后，第一时间发表文章公开承认自己的错误，结果他在学术界的地位反而更高，1883 年当选英国皇家学会会长。

错误的科学假设，也许在天文学上更多，月球起源就是一例。达尔文的儿子乔治·达尔文（George Darwin，1845—1912）研究天体演化、地球物理，提出一个假说：月亮是从地球上甩出去的，而且猜想太平洋由此产生，因为太平洋凹下去的部分正好与月球差不多大。当然这是错的，月球质量相当于地球的 1/80，但先后出现过多种成因假说，包括从地球分出、被地球"俘虏"、与地球碰撞等。经过登月和采样分析知道，月球是一个相当于现在地球 1/10 大小的星胚，从侧面撞击后的产物。

100 多年前曾经闹得沸沸扬扬的，是关于火星的故事。1877 年火星大冲，出现了观测火星的最佳时机。当时望远镜还很落后，欧洲天文学家观察到火星上有直线状的纹路。人们纷纷开始猜测，这个星球上怎么会有直线纹？应该是运河（图 4.15）。火星上谁开的运河？一定是火星上有人！于是出现了"火星社会主义"的说法，因为开挖如此规模的运河，一定要有很强的组织。1908 年，俄国革命家、医生波格丹诺夫（Александр Богданов，1873—1928）发表了关于火星的科幻小说《红色星球》（*Red Planet*），后来美国人还拍了电影《火星来袭》，于是"火星人"成了科幻的主角。

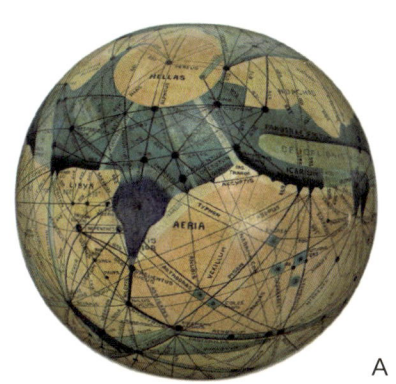 

图 4.15 "火星运河"的科学误会。A. 星球仪上的火星运河分布图;B. 描绘"火星运河"的艺术作品

回过头来看,错误并不可怕。"君子之过也,如日月之食焉:过也,人皆见之;更也,人皆仰之。"科学家的错误,只要自己服从真理,光明磊落,并没有任何奇怪之处。不妥的是犯了错误还固执己见,压制异议。更恶劣的是出于非科学的目的,营私舞弊,弄虚作假,破坏科学,危害社会。

◎ 科学研究中的造假

历史上欺骗的故事很多。俄国作家果戈理(Николай Васильевич Гоголь,1809—1852)的剧本《钦差大臣》、老舍(1889—1966)的剧本《西望长安》讲的都是冒充大官骗人的事。连皇帝也有假的,也许皇帝更容易冒充,因为谁敢来查皇帝的"证件"?公元前 6 世纪,波斯有个拜火教祭师高墨达(Gaumãta),他曾因为犯错被国王割掉耳朵。波斯帝国居鲁士二世在战乱中死去,趁争夺王位的混乱之际,高默达居然冒充国王,真的登上王位,但是 8 个月不敢露脸,怕被识破。后来皇宫里有人看见他没有耳朵,便揭发了他,把他打死。

18 世纪时,俄罗斯帝国彼得大帝的外孙彼得三世被杀,但有人说他没死，所以好多人出来冒充彼得三世，其中一个就是农民起义领袖普加乔夫（Е.И.Пугачёв，1742—1775）。起义席卷俄国广大地区，10万人参加，最后失败，普加乔夫被抓住杀掉。

在科学造假里，最容易得手的可能就是化石造假。1911年，英国律师查尔斯·道森（Charles Dawson）在英国郊区皮尔唐（Piltdown）发现了一块化石，包括猿人头盖骨破片和半个下颌骨。伦敦自然历史博物馆馆长亚瑟（Arthur Woodward）鉴定其为50万年前的原始人化石，称为"曙人"（*Eoanthropus dawsoni*），人的颅骨配上猿的下颌骨，正是从猿到人演化的证据，因此轰动一时。（图4.16）随着技术进步，1948年，人们用含氟量测定法确定了颅骨和下颌骨属于不同时代，分属现代人和黑猩猩。1959年，又用 ^{14}C 法测得其年龄分别只有620年和500年，原来这"化石"是经过染色和加工而成的。最后真相大白，是有人拿了一个猩猩的下颌骨和人的颅骨故意埋在这个地方。那么是什么人设置的骗局？只知道发现化石的律师道森特别喜欢出风头，但当事人和揭示造假的人均早已过世，究竟是谁埋设的假化石，他为什么要去作假，至今仍是谜。此后100年，《福尔摩斯探案集》的

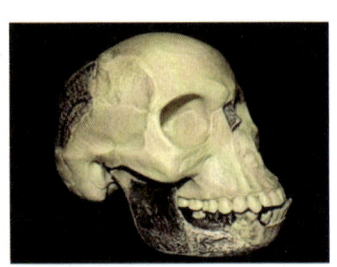

图4.16
皮尔唐人"化石"及其发掘处

作者柯南·道尔（A.Conan Doyle）一直为此事"背锅"，被认为是造假者。2009 年，英国科学家组织了团队立项破案，2016 年，又用 DNA 技术检测了标本，证实造假者竟然是道森本人。

化石造假，至今还在发生。1999 年，美国有一期《国家地理》的封面是辽宁古盗鸟（*Archaeoraptor liaoningensis*）。古盗鸟半是爬行类半是鸟类，其化石是理想的演化证据。后来才知道，这个鸟化石是发掘地点的农民拼起来的，用鸟类化石的翅膀和恐龙的后腿、尾巴连接而成。好在化石造假并不伤人，如果生物医学界也来作假，那就可能直接伤害生命。遗憾的是，类似事件还真的屡有发生。

2014 年，日本理化学研究所学术骨干，30 岁的女博士小保方晴子（Haruko Obokata）声称发现了类似干细胞的"刺激获得的多能效细胞"（STAP 细胞），就是一种万能的干细胞。这项成果的相关文章接连在《自然》上发表，轰动世界。日本时任总理大臣安倍晋三在议会上说："年轻的研究者小保方君，以柔软的思维做出了震惊世界的万能细胞，日本要成为世界上女性最闪耀的国家，以此为目标而拼尽全力"。2014 年 1 月 29 日，日本理化学研究所召开记者招待会宣布此项重大发现，但 2 月 PubPeer 网上有人提出质疑，于是日本理化学研究所宣布调查。4 月，日本理化学研究所判定小保方晴子论文有篡改、捏造等问题，属于学术不端行为。7 月，《自然》正式撤销 STAP 细胞论文。8 月 5 日上午，小保方晴子导师笹井芳树（Sasai Yoshiki）在该所的研究楼内上吊自杀。后来小保方晴子 2006 年获得的博士学位也被早稻田大学取消，12 月她从日本理化学研究所辞职。在不到一年的时间里，"科研女神"的形象便宣告破灭。

相比之下，汉城大学黄禹锡（Hwang Woo-suk，1953—　）教授的名气更大，他 1982 年获得汉城大学博士学位，1987 年从日本回国在汉城大学任教。几年里，他创造了多项世界第一：1999 年用成体细胞克隆牛，2002 年克隆猪，2003 年培育出"抗疯牛病牛"，2005 年培育首条克隆狗"斯纳皮"。其间，2001 年他转入干细胞研究，2004年用卵子成功培育出人类胚胎干细胞，2005年成功利用患者体细胞克隆胚胎干细胞……黄禹锡成了韩国的民族英雄，一年里就得到2650万美金的政府拨款，韩国邮政为他发行了纪念邮票，他还享受政府提供的保镖服务。但是2005年他被揭露使用卵子违反伦理道德，论文造假。首尔大学调查结果证实，他在《科学》发表的两篇成果均属造假。2006年1月，韩国政府取消黄禹锡"韩国最高科学家"称号，并免去他的一切公职。2009年，首尔法院以侵吞研究经费和非法买卖卵子罪，判处黄禹锡有期徒刑2年，缓期3年执行。事实上，他除了克隆狗是真的，其他全是假的。2014年，《自然》载长文评论，为什么已经有如此声望的黄禹锡还会铤而走险？欧洲分子生物学组织（EMBO）期刊的主编说："有一点是清楚的，把如此高的期盼、如此大的投入集中在一个人身上是有危险的。可以说，赌注太大，黄博士输不起。"有人认为，这不是黄禹锡一个人的问题，是不是整个社会有浮躁心理和过分的"民族主义"？中国有没有类似的"赌注太大"输不起的问题？我们应该保持清醒，深入反思。

　　上述例子都来自亚洲，其实造假当然不以亚洲为限。1970年生于德国的舍恩（Jan Hendrik Schön），1997年获康斯坦茨大学物理学博士学位，同年加入美国Bell实验室。他研究半导体物理纳米技术，声称发明分子晶体管，2000—2002年在《自然》《科学》等众多期刊发表论文，2001年甚至平均8天一篇成果，并且获得了各种奖项。但是，2002年，舍恩被揭发有大规模的学术论文造假行为，《自然》《科学》等期刊撤销他的28篇论文；2004年，康斯坦茨大学收回授予他的博士学位，舍恩不服告到法院；2011年，法院判决支持康斯坦茨大学决定。

　　这种种实例发人深思：神圣的科学殿堂里，为什么会有人不知羞耻，甚至铤而走险？

◎ 科学研究的驱动力

科学是近几百年来社会加速发展的动力，而对个人来说，科学不但能满足好奇心，还会产生有用的结果，包括赢取社会尊敬，获取物质报酬。不过社会上如果片面宣传科学家的荣誉和待遇，就可能诲淫诲盗，产生弄虚作假、欺名盗世之徒。"卿本佳人"，学术作假的人原来都是科学家出身，由于驱动力扭曲，成为知识生产的破坏分子，沦作科学的敌人。须知冠军只有一个，明星为数不多，世界上有很多职业，不是每个人都适合当明星。急于"立竿见影"的人，最好不要选择从事科学研究工作。

反思科学历史，学术成就的社会承认往往迟到，并不一定给科学家的现实生活带来实惠。相反，不少有重大贡献的科学家，潦倒一生，死后才享受哀荣。例如，发现冰期旋回轨道驱动的米兰科维奇（Milutin Milankovitch，1879—1958），20世纪20年代提出冰期由地球轨道引起，到20世纪70年代他的理论从深海沉积得到证明后，被称为"米兰科维奇理论"。但他活着的时候一点儿荣誉没有得到，而且有一次他在大会上作报告，因为超时还被人请下台来。他去世以后开纪念会，只能请他儿子来作报告，报告的题目就叫《我的父亲》，因为他儿子不搞这方面的研究。

再如板块学说的先驱，德国的魏格纳（Alfred Wegener，1880—1930），1911年就提出"大陆漂移说"，但是20世纪60年代才确立岩石圈的"板块理论"。他50岁生日时死在格陵兰冰盖上，在世时没有得到任何荣誉。美国的基林教授（Charles Keeling，1928—2005）1958年就开始测大气二氧化碳浓度，现在世界上观测大气二氧化碳含量时间最长，并记录观测结果变化的曲线就叫"基林曲线"，但是当初他的文章遭到杂志社拒稿，申请基金也不成功，说是因为"没有用"。好在他还比较幸运，1997年开始获奖，享受了几年生前的荣誉。

科学创造是一种智力生产，智力生产和物质生产大不相同。尤其是创造新的科学研究，失败的部分是主要的，成功的只是少数。科学的源头创新常常面

图 4.17　科学创新的动力

临要求"多数服从少数"的困境，作为"少数"的重大发现最终导致"主流意见"翻盘，因此源头创新从提出到被接受，通常都要经过至少十几年的时间。因此智力生产的鉴定有迟到效应，魏格纳的大陆漂移假说也像凡·高的画一样曾不被承认，等到后人认识以后他才有哀荣。

我们经常讲"科学创新"，但其实真正的"原创"从来就不多，也不是所有工作都要求"创新"。科学创新和演奏、歌唱有相似之处，而和念经、背诵不同。如果我们分析一下，科学创新的动力从哪里来？这里有来自内心的内力驱动，也有外在因素的外力驱动，内力就是好奇心和成就感，外力就是责任心和名利欲。（图 4.17）两者都重要，但是不能失衡，名利欲不要太大，否则会出问题。

科学研究的错误和造假完全是两回事。科学研究，特别是新假说或者探索性的研究，成功或者失败都是正常的，有的是受当时技术或知识的局限，有的是采用方法的失误，科学家不怕承认错误。至于学术造假，这是人类文化活动中的破坏行为，出于不可告人的目的，采用违反社会道德的手段，谋取不应得到的名利，与"寻求真理"反向而行。

就像各种社会活动一样，有人为社会献身，有人在社会上欺诈。科学欺诈的具体动机不一，但是过分强调科学带来的利益，过分忽视科学的文化本性，就可能促使背离科学道德的行为产生。科学不是竞技，更不是赌博，科学是文化，而文化是高尚的、创造性的活动。

第四节

科学普及与"票友"

科学是有趣的,因此和艺术一样,吸引着众多的科学爱好者。但是和文艺不同,科学"票友"不好当。

◎ 科学普及与作家

近年来出现的好现象是科普事业的蓬勃发展,各种形式的科普活动进入大众生活。20世纪80年代举办学术活动还要以"会后放电影"吸引听众,但是今天大家会掏钱买科普作品,这非常令人高兴。这是文化的转移,科学的进步。科普作品、科幻电影吸引群众,可以形成社会潮流,据说在西雅图微软公司总部周围的餐厅里,年轻人常常会像聊金庸武侠小说那样聊科幻影片。

我们科技和文化间产生的断层,十分不利于创新思维的发展。断层的成因在于缺乏两者之间的桥梁,缺乏文化人的科学兴趣和科学家的文化素养,我们缺乏"两栖型"的人才。这类人才在发达国家有着巨大的社会影响,而我国对此至今缺乏认识。"他山之石,可以攻玉",我们不妨在国际学术界看一看科技和文化之间的桥梁。

当今世界环保运动的兴起,在相当程度上要归功于一位女作家、生物学家蕾切尔·卡逊(Rachel Carson,1907—1964)。她在1962年出版的《寂静的春天》(*Silent Spring*)一书(图4.18A),通过一个美丽村庄的突变,揭示滥用化学药剂对于大自然和人类的毒害,在各国引起一场激烈的争论,此后联合国 1972 年召开"人类环境大会",各国签署《联合国人类环境会议宣言》。尽管此书出版两年后,卡逊心力交瘁,与世长辞,她的科普作品却改变了历史的轨迹。更多的优秀科普作品虽不能改变历史,但是可以影响社会上大众的兴趣。不但有科学家对文学艺术有兴趣,反过来,艺术家对科学有兴趣的也大有人在,前文提到的加拿大导演詹姆斯·卡梅隆(James Cameron)可以算一个代表。

《万物简史》(*A Short History of Nearly Everything*)是关于科学发展史的具有里程碑意义的科普名著(图 4.18B),被译为近 40 种文字,一度成为世界各国的畅销书。作者比尔·布莱森(Bill Bryson,1952—)是一位仅有学士学位的游记作家,他创作了大量的科普作品,而且赢得了学术界的高度评价。除获得多种写作类奖项外,还曾获英国皇家化学学会的年度化学奖,2005 年被聘为英国杜伦大学的校监(Chancellor)。

物理学家伽莫夫最大的学术贡献是宇宙起源假说,然而他的科普作品,可能比宇宙学的科学成果名气还大。他的《物理世界奇遇记》(*The New World of Mr Tompkins*)是一本影响了几代人的科普书(图 4.18C),不少物理学家正是

A　　　　　　　　　　B　　　　　　　　　　C

图 4.18　几本科普经典作品

因为在学生时代读了这本书而迷上物理学的。他一生发表的 25 部著作中，18 部是科普作品。他的《从一到无穷大》（One Two Three…Infinity）涉及自然科学的方方面面，也是当今世界十分有影响的科普经典名著之一。因此很难判断，究竟伽莫夫对社会的贡献是科普书大，还是宇宙起源假说大。在中国，科学方面的书除了专著、教材，是不是应该有更多精彩的科普著作？

科普传播并没有固定的程式，科普作品也没有一定的模型，任何有效的创新都有价值。2015 年出版的《万物解释者——复杂事物的极简说明》（Thing Explainer——Complicated Stuff in Simple Words），就是一本怪书。作者是流行网络漫画家兰道尔·门罗（Randall Munroe），全书只用 1000 个常用单词而不出现任何术语，用小学生都能看懂的文字解释万事万物，包括智能手机、核电站等复杂的科学知识。例如，书中把胃叫食品袋子，肺是气体的袋子……写得很有趣。比尔·盖茨说这本书是"满足好奇心的完美指南"，值得称赞的是编者别出心裁的创意。科学要创新，科普更需要创新。

◎ 科幻艺术的发展

在艺术领域，科学幻想作品近六七十年来高速发展。20 世纪 60 年代的科幻影片《星球大战》（Star Wars）可以算是一个标志。美国西雅图有专门的"科幻博物馆"，展示科幻艺术发展的历史和科幻影片制作的过程。

20 世纪 60 年代后，兴起了科幻艺术的"新浪潮"，美国作家罗杰·泽拉兹尼（Roger Zelazny，1937—1995），倡导科幻小说写作要从心理学、社会学和语言学三方面考虑，由此打破了太空冒险科幻一统天下的局面。他有许多有影响力的作品，如《不朽》（This Immortal）、《光明王》（Lord of Light）、《安珀志》（The Chronicle of Amber）等。

有些科幻作品形成了系列，产生长期的影响。BBC（英国广播公司）从1963年开始播放连续剧《神秘博士》（*Doctor Who*）。主人公"博士"已经1400多岁，先后由不同的演员担任。他搭乘从博物馆中偷出的时光机（40型TARDIS）来往于不同的时间、空间之中，曾经多次拯救地球，数次挽救宇宙危机。博士参加过以时间领主及达雷克族为主的时间大战，不时会邀请一些伙伴进入时光机，由此展开各式各样的冒险。比如，连续剧中有一集《带凡·高去博物馆》，让凡·高穿越到现代，带他去博物馆看凡·高自己的展览，对照生前的落魄生涯和死后的意外荣耀，使得凡·高激动万分。

科幻艺术在我国的发展令人欣慰。刘慈欣科幻小说《三体》获第七十三届雨果奖最佳长篇故事奖意义重大，因为这是亚洲的作品首次获奖，《三体》大受各界热捧是时代的巨大进步。近些年还涌现出一些具有一定影响力的民间科学组织，他们提出"科学如果总是让公众敬而远之，那它还有什么意义呢？"。现代中国应该提倡培养跨艺术与科学领域的两栖人才。

总而言之，在知识爆炸和学科交叉的时代，面向专业学科外的概述和面向社会的科普，显得越发重要。我们缺些什么？缺科学和文化之间的桥梁。科学成果应当多样化，在科学论文的基础上，可以从科学概述、学海回眸开始，再发展到科幻作品等（图4.19），让科研成果走出"象牙塔"，给大众更多机会走近科学。

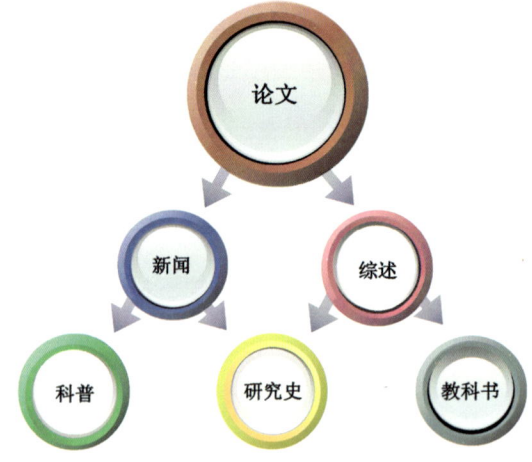

图 4.19　科学研究论文基础上出版物的多样性

◎ 科学有没有"票友"？

科学是有趣的，科学和艺术一样吸引人，所以也会有"票友"有"戏迷"有"粉丝"。在18世纪以前，科学有很多"票友"，现在科学还要"玩票"就比较困难。为什么？因为科学发展得太快，做业余科学家，要求太高，也很难做到。可惜社会上有少数科学爱好者虽有热情，但是不了解国内外的"行情"，也不做实验，只提出非常宏大的科学发现，这就是所谓的"民科"。不少民间科学爱好者很有才华，非常热爱科学，但是有些人走的不见得是正确的路。

科学的"票友"从前有，还挺多，现在再当"票友"就难了，因为科学在加速发展。

科学发展早期有大量业余研究者。中世纪教会里就有教士在研究天文科学，布鲁诺就是位教士。没有人要求他去研究天文，而他不仅研究，还为科学献身。19世纪，特别是研究动物、植物、化石的，有很多爱好者，被称为博物学家（Naturalist），这些人做出了很大的贡献。19世纪，科学家基本上没有专业化，因此可以说达尔文就是"票友下海"，他家境富裕，并不以科学研究为职业，他夫人比他还有钱，他的科学发现全部出于兴趣。到了20世纪，科学的分工越来越细，科学成果的积累越来越多，科学研究的设备越来越先进，如果没有基本训练，又不看国内外文献，单凭想象就很难进行科学研究。有的"民科"提出的新发现，往往题目大得吓人，原因就在于对科学缺乏了解。

我们说做"业余科学家"越来越难，并不是说不再可能，在特定条件下，还是有成功的"科学票友"。澳大利亚的退休牧师罗伯特·伊文思（Robert Evans,1937—　），几十年来用自制的天文望远镜观测超新星爆发，就做出了成绩。恒星演化末期的爆炸，会在刹那间发出上千亿颗太阳的能量，但是这种超新星爆发过于罕见，于是就给业余天文学家提供了机会。在1980年伊文思开始观察之前，全世界总共发现不到60颗新星爆发，1980—2003年他一个人就看到过36次，所以他是业余天文学家里的"冠军"！他每天默默无闻地观察，不是为了奖金、荣誉，只是出于爱好。他这样的业余科学家是在丰富现有科研成果，不是要盲目推翻现有理论。

最容易当科学"票友"的，也许是一国的皇帝，因为他既有物质保障，又无工作负担，科学可以是理想的业余爱好。日本的裕仁天皇（1901—1989）就是生物学爱好者，英国皇家科学院选他做名誉会员。他的书《水母的书》《相模湾产水螅虫类》等，都是分类描述的科学作品。不过他既是科学爱好者，又是狂热的好战分子，因为对微生物也有兴趣，默许甚至支持细菌战，是当年731部队的支持者。

明仁天皇（1933—　）也是业余生物学家，主要研究鱼类。他是日本鱼类学会会员，特别热衷于研究海里的虾虎鱼，1963—2019年在日本鱼类学会杂志上发表论文29篇。作为"票友"，明仁的科研成果得到了国际学术界的高度评价。1992年和2007年，明仁分别在《科学》和《自然》上发表文章，介绍日本近代的科学发展史以及与西方的科学交流。1998年，英国皇家学会授予明仁"查理二世奖章"。2019年"生前退位"当了"上皇"之后，明仁的鱼类研究并未停止，还在以第一作者身份在国际上发表文章（图4.20）。

真正厉害的科学"票友"，是摩纳哥公国的阿尔贝一世亲王

A

B

图4.20　日本明仁天皇的科学论文。A.2007年《自然》杂志的《林奈与分类学在日本》一文，图示200年前日本传播欧洲科学的荷兰商馆；B.2021年在其论文中发表的虾虎鱼新种

（Albert Honoré Charles Grimaldi，1848—1922）。摩纳哥国土只有2平方千米，近4万人，是世界第二小国。但是在19—20世纪，这个小国在海洋科学研究上十分活跃。阿尔贝一世1870年参加西班牙海军，1899年拿开赌场赚来的钱建成摩纳哥海洋博物馆，也是欧洲最早的一个海洋博物馆，1906年建成巴黎海洋研究所，1873年买下考察船对地中海进行为期多年的科学考察。自1885年至第一次世界大战爆发，他参加了28次远洋考察，比现在做科研的人参加考察次数都多，还搜集了无数海洋动物和植物的标本。阿尔贝一世把一生献给了海洋研究，被誉为海洋科学的创始人。（图4.21）

图4.21 以阿尔贝一世航海和摩纳哥海洋博物馆为主题的摩纳哥邮票

中国皇帝里也有票友，不过都不是科学"票友"。历代皇帝中的第一个票友是唐明皇，他自己演戏，演戏的地方叫梨园，所以现在把戏班、剧院或者戏剧界都叫梨园。唐明皇所作《霓裳羽衣曲》与南朝后主陈叔宝的宫体诗《玉树后庭花》、南唐后主李煜的《虞美人·春花秋月何时了》一样，都是绝世佳作，体现了这些帝王的才华。中国的皇帝也有爱好，但一般不爱好科学，而是爱好文学、艺术，这也是东西方文化的差异。

归纳起来，科学与文化结合，多少年来我们没少提倡。美术家给院士画肖像，科学家登台唱戏……但是这些举措不见得击中要害。科学需要文化土壤供给水分养料，文化需要科学增加新鲜成分。我们的责任是在当代科学和中华文化之间架筑桥梁，还自然科学以文化本色，赋传统文化以科学精神。

第五节
思想活跃与创新

科学创造要求思想活跃，不能满足于模仿前人或者当"外包工"。培养独立思考的能力和习惯，是科学创新能力建设的关键。

◎ 活跃的思想是创新的潜力

科学要有好奇心，要有幽默感，要有创造意识，这都要求人的思想是活跃的，而不是呆板的。中国古代一些文学家、哲学家思想非常活跃，我印象最深的就是庄子。"不知周之梦为蝴蝶与，蝴蝶之梦为周与？周与蝴蝶，则必有分矣。"（《庄子·齐物论》）

苏东坡的《题沈君琴》就问出了非常有趣的问题：琴有声音，放在盒子里怎么没声音？因为指头拨了以后琴有声音，但到你指头上听，没有啊！

题沈君琴

〔宋〕苏轼

若言琴上有琴声，

放在匣中何不鸣？

若言声在指头上，

何不于君指上听？

唐朝诗人韦应物也提出同样的问题：水是静的，石头是没声音的，怎么两个一碰弄得像打雷一样？问得好！

听嘉陵江水声寄深上人

〔唐〕韦应物

凿岩泄奔湍，称古神禹迹。
夜喧山门店，独宿不安席。
水性自云静，石中本无声。
如何两相激，雷转空山惊？
贻之道门旧，了此物我情。

只有一些思想很活跃的人，才会问这种问题。一些大学者，想问题想得非常有趣。这种活跃的思想并不一定是科学，而是一种潜力。爱因斯坦描述过这样的一种活跃的思想，他说古希腊自然世界探索者们就像"某人非常想了解手表的机械结构（机制），他却只能盯着表盖和不停转动的指针，听着手表嘀嗒嘀嗒发出的声音，因为表盖无论如何也打不开。如果他还算机灵，可以绘制一幅机芯图，为他所观察到的一切做出解释"。其实这就是我们讨论的"好奇心"。可惜中国古代学者中，很少有人想去打开"表盖"，更缺乏绘制"机芯图"的学者，个中道理我们留到第六章里去展开。

中外的学者思路都很相似，都是很活跃的。学者活跃的思想只不过是创新的潜力，本身并不是创新，需要文艺复兴那种社会背景，才会产生出现代科学。但是在中国历史上，很可惜没有这样的背景，相反，清朝康乾时期的文字狱和明清以八股文为文体的科举制度，严重地扼杀了思想的活跃。我们要建设"创新型国家"，就要有创新的氛围、思想活跃的背景。自然科学、社会科学、文化艺术的相互交融，才是科学创新的最佳土壤。

科学创新的前提是思想活跃，而这恰恰是我们的弱点。朱夏是我比较佩服的一位前辈，他在晚年致力于人才培养。当我们谈到研究生学术思想不够活跃时，他说："思想上不敢越雷池一步的学生，又怎能在科学上创新呢？"这句话，是不是正击中了我们的要害？

◎ 中国科技创新面临的问题

2014年5月28日，拜登在担任美国副总统时，在西点军校和空军学院的毕业典礼上说，"中国的工程师和科学家虽有美国6～8倍之多，但在创新领域毫无建树"，"我敢说，你们说不出任何一项创新项目、创新变革以及创新产品是来自中国"。猜想今天他不敢这样讲，现在中国有多种技术被世界其他国家模仿了，这几年我们国家在科技进步方面确实有很好的进展。2016年，中国的科学与工程论文总数已经超过美国，我们的进展确实非常快。但是论文的数量不等于科学研究的质量，按照世界引用最多的文章，中国只占第五位。2018年，《自然》有一篇文章分析世界上现在被引用得最多的文章的国家，中国排在瑞士、瑞典、美国、欧盟之后。所以我们不要过于乐观，应当扪心自问：中国的科学技术究竟有多少创造性？

今天我们面临的新问题是，科学技术从"原料输出"到"深加工"的转型。世界发展从经济全球化到科学全球化，发展中国家能不能向"深度加工型"转化？我国至今还是科学上的"外包工"：针对外国出的题目做研究，使用从外国买的仪器，追求在外国发表论文。科学上的"外包工"就是在制造"零件"，"机器"组装不在中国，因为科技创新的源头不在中国。

先进国家是科学、技术结合起来创新，而我国目前还是科学、技术分头去模仿、追赶外国。转型的责任就在现在的科学工作者身上，希望中国经历科学转型后能"问鼎"国际。无论是横看世界还是竖看历史,当前中国科学和科学家的社会地位都是如日中天,达到了高点。然而重视不等于发展,科学的投入也不等于产出。时至今日,我们的短板还是模仿有余、创新不足,而创新不足的根子在于文化,这也正是我们呼吁"科学与文化"结合的道理。

◎ 参考文献

[1] 汪品先. 思想活跃与科学创新[M]// 中国科学院学部联合办公室. 中国科学院院士自述. 上海:上海教育出版社,1996.

[2] 汪品先. 直面科学创新的文化障碍[M]// 汪品先. 瀛海探径——汪品先科学人文随笔. 上海:上海教育出版社,2018.

[3] 汪品先. 治理科学界的精神环境污染[M]// 汪品先. 瀛海探径——汪品先科学人文随笔. 上海:上海教育出版社,2018.

[4] 汪品先. 科坛趣话:科学、科学家与科学家精神[M]. 上海:上海科技教育出版社,2022.

 问答

> 问:人类童年时好奇心最强,但并没有积累任何科学知识,那么这段时间好奇心是否使用效率低呢?

答:孩子的好奇心和科学家的好奇心虽然都叫好奇心,但并不是一码事。记得小时候我好奇,收音机怎么会响?大概有个小人坐在里头。但这样的好奇心不产生科学。小孩的好奇心是基于无知，而科学家的好奇心是基于知识的积累。牛顿真的是被苹果砸到才突然发现万有引力吗？不是的，他早就在想天体运动，是看见苹果向下落地，而不是向上或者向外，催化了他的思路。科学知识积累得越多，问题越多，因为自然界是无限的。科学中对未知的探索用"好奇心"这个词，容易跟小孩的好奇心混为一谈。

> 问：随着科学的发展，人们得出了越来越多的成果，是不是意味着后代要学习更多的知识和理论？是否也意味着以后的人们取得新成果会更难，科学是否有上限？

答：没有上限。科学的发展，既有发散的部分，又有汇聚的部分。随着知识越来越多，我们的科学门类也越分越细，总结的能力也越来越强，所以这两个方向是相辅相成的，并不是说知识越来越扩展到没法收拾了。

现在论文更侧重综述，把很多知识汇聚起来，提高到更高的层面，用更简洁的语言表达，这就是科学家的工作了。国际上综述性学报（review）越来越多，在论文和教科书之间搭建台阶。由于有越来越多的跨学科研究，因此也要求文章作者能够用更通用的语言让别人看懂文章，对作者要求也越来越高。科学是发散又聚合的，整体化的知识会越来越多。当然了，研究的内容深度也会加深，难度也更大，但是并没有上限。

> 问：科学探索越深，其中的道理便越晦涩难懂，趣味性便逐渐递减，如何能在晦涩深奥的科学道理中发现趣味性？过分强调趣味性会不会影响科学的精准严谨？

答：这是把科学的趣味性和治学严谨对立起来了。简单地说，科学有两个方面，一是行业内的小范围，交流时用不着很生动的语言，因为大家都有专业背景。但是如果面对行业外，那就应该用有趣味性、生动的语言来表达。往往是越大的科学家，他的报告越好懂；越是初出茅庐的，越照本宣科。往往一个科学家走得远了，敢用一个笑话、一幅漫画，把深奥的内容比喻出来；没学透的人不敢发挥，他说得越深就越晦涩。现在的科学知识积累越来越多，扩展面越来越广，因此大家的兴趣也多了，这就更要求用有趣味性的、平实的语言，不要像几十年前用很复杂的长句子说话，最好用通俗易懂的话来表达，按英国人的说法用"dear mother"的语气说话，这是现代科学的要求。

> 问：常看到网上有人说，如今的科研人员生活水平差距极大，如何看待科研工作者的待遇问题和人才外流问题？

答：网上说的东西不能都相信，科研人员生活的差距是有，但没有极大。20世纪90年代，教授的工资不如出租车司机是不合理的，那时候说"搞原子弹的不如卖茶叶蛋的"。但是现在扭转过来了，科技工作者的收入是可以的，当然不同的层次有区别，总体我觉得还是合理的。高层次人才的待遇要跟国际接轨，中国现在已经可以负担这样的费用，这是令人高兴的事情。当然，顶级的科学家不见得是能用钱请得动的。

关于收入和科学家的关系问题，同学们可能有误会。我们可以举个例子：爱迪生发明灯泡，发了大财。但是灯泡不是他一个人发明的，尼古拉·特斯拉曾在爱迪生的团队工作，有人认为真正的发明家是特斯拉。爱迪生的工作更大的贡献在于转化，因此他发大财了。特斯拉专注于发明，不重视成果的商业应用，到头来没有什么钱，他有上千个专利，活到 80 多岁，也没有家庭。所以，不是说有科学发明就会发大财。现在诺贝尔奖奖金差不多 100 万美金，有时候还要三个人分，但有的世界富豪的财产是诺贝尔奖奖金的 10 万倍。做科学家和发财是两件事，两个都想要，人就会出问题。

> 问：像《自然》《科学》这种权威刊物上发表的文章有时是不是也会有错？但是大部分人看到后只会深信不疑，这种情况应该怎么避免？

答：这类情况确有发生，然而国际科学界存在着成熟的交流、评价系统，进行学术讨论。一种是有人投稿给该刊物，指出错误，编辑部会转给原作者进行答辩，有时候会把两者一道刊登出来，由读者自行判断。另一种是在别的刊物上发表文章，指出其错误，提出不同的见解。

学术界这种自由争论的空气，正是科学得以快速发展的原因。当然也有学风不正、压制学术民主、不让批评的例子。科学发展的道路往往曲折多磨，新提出的认识得不到承认也不让发表。编辑是人不是神，权威刊物不识货、扼杀新生事物的例子并不罕见，尤其是中国作者独立向国际权威刊物投稿，被拒的可能性更大些，这也是我国近年来争取自己办高影响因子国际刊物的原因。

> 问：随着科学发展，科学与大众的距离是否越来越远？我们非理科学生也可以进行普通的科学研讨吗？

答：这就是科学家的责任了，"距离越来越远"是不应该发生的。今天中国对科教的重视、对科学家的尊重，已经在国际上居领先地位；中国的科普已经形成规模，成为社会消费新热点，科学与大众的距离应该越来越近才对。

　　这在发达国家并不是问题，因为有高水平和责任心强的科学新闻作者，写非常好的报道；也有非常好的科普刊物，用生动语言介绍最新的科学进展。真的，科学发现本身并不难懂，难懂的是不高明的科学报道，作者自己半懂不懂，不可能"以其昏昏，使人昭昭"。还有就是低质量的科普文章，往往是抄袭转述、生搬硬套，坏了科普的名声，倒了读者的胃口。天文学家卞毓麟提倡"元科普"，建议一线的学科带头人自己写科普，是个非常好的主意。

　　当然，提倡科学不等于大家都来当科学家。但科学水平是现代社会软实力的组成部分，不管学什么专业，具备科学基础知识、了解和关心科学进展，是我们社会进步的标志。

> **问：很多科学家同时也是文学艺术大家，那汪院士您呢？您是否也对某种文学或者艺术有着独特的喜爱？它们对您的科研工作产生过何种影响？**

　　答：科学家同时是文学艺术大家的并不多，更说不上"很多"，但是科学家都有文学艺术的爱好，例外的很少。我自己也是，从小爱好京剧、评弹，后来也喜欢昆曲。在莫斯科五年，到第五年毕业前还在上俄罗斯文学的课。科学和文艺都属于创意文化，科学给你自然的美，文艺给你人间的美，两者都是我的爱好。但是要求不同：科学，我想尽量做出些创新的结果，是我的工作；文艺，我只是个读者、观众，那是我的爱好。

　　对于一个想做创造性劳动的人来说，两者是相辅相成的，因为科学要求文化土壤。这在构思和表达时最为明显，因为科学研究需要联想、需要比喻。尤其是教师要把科学讲给学生听，有土壤的活的科学和干涩的死背的科学完全不一样。

第五章 创新与教育

从整体上讲,我国的现代教育体制是和现代科学一起从西方引进的,因此它与传统教育之间产生的冲突成了近百年来的永恒话题。从本质上讲,这是儒家文化的名言教育和创新教育之间的矛盾;从形式上讲,是应试教育和启发教育的不同。作为学生,只有尽力争取主动,才能获得创新教育的效果。

第一节

学校：多种教育形式

现在，中国的教育事业处在黄金时期。然而，古今中外有过多种多样的教育制度，现在你所接受的只是其中的一种。

◎ "教育救国"新解：增强软实力

中国的教育事业现在处在黄金时期。世界上出现了一个空前规模的教育系统，中国的高等教育的体量已上升为全球第一，更重要的是中国政府和百姓对教育的重视程度之高，在世界上也是名列前茅的。一些发达国家的家长更关心孩子体育怎么样，不太关心功课。中国学区房的价格很高，从侧面反映了家长对孩子教育的重视程度。

2022年，全国各种形式的高等教育在学总规模4655万人，相当于一个半澳大利亚的总人口！近年来，入学率连年上升，2022年高等教育毛入学率达到59.6%。也就是说，两个高中毕业生中就有一个上大学，这个比例是非常惊人的。改革开放初期，高等教育毛入学率不到5%，现在取得了了不起的进步。教师队伍也很庞大，2021年全国共有高等教育专任教师188.5万人，相当于新西兰人口的1/3。（图5.1）世界上出现这么大的教师和学生的群体，规模是空前的。教育是朝向未来的，这么大的高等教育规模，对中国未来发展意义重大。

中国教育事业的发展是全方位的，包括青少年的健康在内。据《柳叶刀》统计，2019年中国19岁男性平均身高175.7厘米，比1985年时高8厘米，全球排名也从第 150 名上升到第 65 名。19 岁女性平均身高 163.5 厘米，已经位列东亚第一。

五四运动之后，多位学界先哲竭力提倡"教育救国"。商务印书馆原董事长张元济（1867—1959）、中华教育职业学校创办人黄炎培（1878—1965）、育才学校创办人陶行知（1891—1946），是其中三位优秀的教育家。当时他们想从教育入手挽救中国，其实并不现实，要把教育做到现在的规模更是不可思议。而在今天，教育在民族复兴中作用空前增强，前辈"教育救国"的思想有了新的含义，有待重新认识教育的作用。

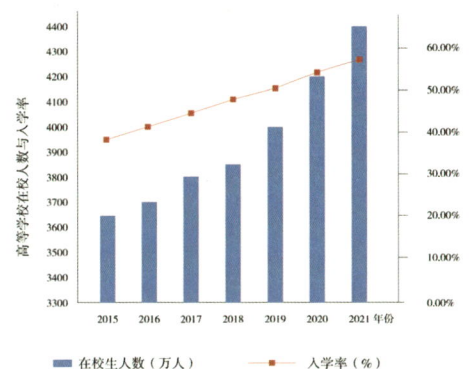

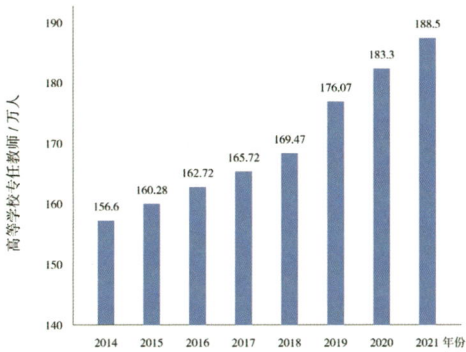

图 5.1　中国高等教育规模的高速增长

中国面临着千百年难逢的历史机遇。14 亿多人口是中国最大的"本钱"，即便"万里挑一"也有 14 万人才。要成为人才强国，关键在于提升人才质量：年轻人是做奋发图强、新意盎然的斗士，还是浑浑噩噩、唯唯诺诺的"群氓"，这将决定今后中国的命运。

教育是社会文明的"助推器"，而且随着文明发展而发展。讨论教育至少有三个层面：家庭教育、社会的教育体制、个人的学习途径。我只讲两点：一是宏观的教育体制、教育方式，二是微观的学生求学经历。先讨论宏观的教育体制，了解教育形式的多样性。再讨论微观的学生求学经历，了解学校的"产品"——毕业生，但是同一个品牌的"产品"质量差别太大，主动权相当部分还是在学生手中。

◎ 教育的多样性：学校的演变

当前中国的教育事业走上教育强国建设的新征程，然而古今中外存在多种多样的教育制度。教育的含义十分广泛，从当学徒跟师傅到研究生攻读学位都属于教育。最早的教育就是口传，到学校念书是后来的事，最初的孔子讲学没有教材、没有课堂，教师或坐或站，有讨论，有问答，有评价。

李约瑟在《中国科学技术史》中写道："在人类历史上的'轴心时代'出现了一件'非常有趣'的事情，那便是在分处亚欧大陆东部和西部的中国与希腊几乎同时出现了稷下学宫和柏拉图书院这两座学术机构。"这说的就是公元前世界上出现的最高学府。柏拉图学院由古希腊柏拉图大约在公元前385年建于雅典郊外，而稷下学宫在战国时期大约在公元前374年建于山东临淄附近的稷门。这是齐国的国君创立，却由私家主持的学府。那是中国历史上思想非常自由的年代，涌现出诸子百家，形成了百家争鸣的繁荣局面，稷下学宫是当时诸子争论的学术活动中心。2000多年前，世界上最早出现的两座最高学府，现在只留下有待发掘的遗址（图5.2），在教育史和思想史上，却留下了永不泯灭的影响。

提供专门的条件进行课堂教育是一项进步，但课堂教育只是形式之一。历史上更多的教育方式是职业教育，采用学徒制培养方式，就是师傅手把手教，徒弟在师傅指导下习得知识或技能，属于高度情境性的学习方式。现代学徒制由企业和学校共同进行，就学即就业，一部分时间在企业生产，一部分时间又在学校学习，企业跟学校共同承担教育责任，这是个非常好的培养方式。

世界上早期的大学，许多都有宗教背景。基督教教会办的大学我们比较熟悉，

图 5.2 世界上最早的高等学府。A. 山东的稷下学宫； B. 古希腊的柏拉图学院

实际上伊斯兰教、佛教都有自己的教育系统。马来西亚、印度尼西亚、埃及等国家都有穆斯林大学。我参观过埃及开罗的爱兹哈尔大学，创建于972年的开罗清真大寺，现在有12万人，设有医学、数学等学科，所有专业都开设古兰经、圣训、教法3门宗教课程，是世界最大的综合性伊斯兰大学。佛寺中也有教育。世界上以佛教为国教的国家，以泰国最有代表性。泰国人口近7000万人，有约40000座佛教寺庙，被称为"黄袍佛国"。泰国的男孩7岁就被送到佛寺里当和尚，到了一定年龄时，可以还俗，可以利用寒暑假期短期出家。没有经过佛寺教育的人是没文化、没教养的，泰国国王也当过和尚。太子如果准备接班的话，也要去当和尚，其实这是一种"佛寺教育"。

历史上也有从小进行军事训练的国家，典型的是斯巴达——公元前8世纪古希腊的奴隶制城邦国，婴儿一出生就根据健康状况筛选，身体不好的就不要了。男孩7岁进入国家的教练所，经受磨炼，以形成坚忍、勇猛、凶顽、残暴、机警和服从的品质。训练的主要形式是格斗。儿童每年都必须经受一次严厉的鞭笞，以考验儿童的忍耐力。斯巴达教育是以军事训练、体育锻炼和政治道德灌输为主的教育方式，培养凶悍的军士，这样，斯巴达养成了骁勇的军队。

现在世界上4所最有名的古老大学，都是11—13世纪由欧洲教会、国王创办的,当时我国是宋朝。意大利最老,也是欧洲最老的大学是博洛尼亚大学,1088年建造,自称为世界的大学之母。我去过意大利第二古老的大学——帕多瓦大学,建于1222年。学校校园本身是文化古迹,完全不是你想象中的大学模样,楼梯走上去都吱吱响,每一间教室都能讲出很多故事来。当年伽利略就是帕多瓦大学的教授,世上最早的解剖学课程也是在那里开设的。(图5.3)

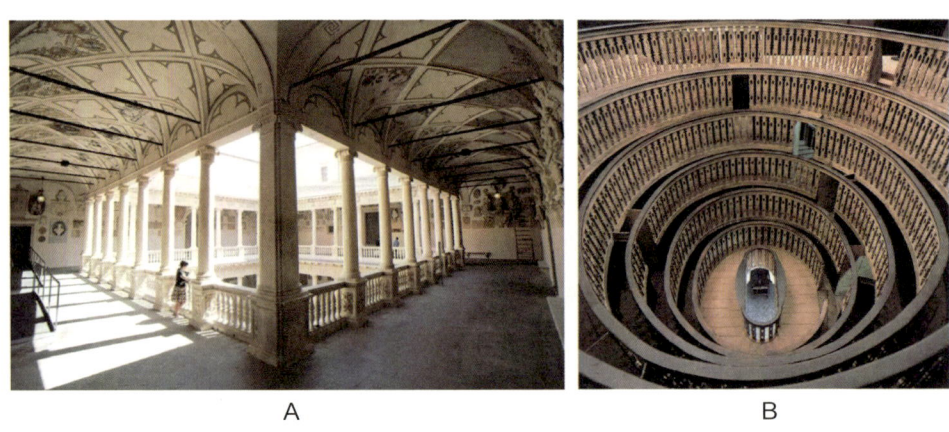

图5.3　建于1222年的帕多瓦大学。A.古色古香的走廊;B.世界上第一个解剖展示教室

更加有名的是巴黎大学(1150—1160年建立),就在巴黎圣母院旁边。当时欧洲有学问的人都要到巴黎去学习,后来英国要自己办一所大学,1096年在英国本土已经开始授课,1167年正式创办牛津大学,牛津大学的教师就是从巴黎大学回来的英国人。西班牙最古老的萨拉曼卡大学是世界文化遗产,老到什么程度?西班牙语言就是从那里产生的。欧洲的语言历史都不长,所以就是这些大学撑起了现在西方文化的体制。(图5.4)

1209年牛津大学一批教师停课抗议,他们到剑桥办了一所新的学校,就是

意大利博洛尼亚大学　　法国巴黎大学　　英国牛津大学　　西班牙萨拉曼卡大学
　　1088 年　　　　　1150—1160 年　　　1167 年　　　　　　1218 年

图 5.4　欧洲最早的大学及其创建年份

现在的剑桥大学。剑桥大学由 31 个学院（college）组成，学院和大学是各自独立的，一个学院实际上就是一个教堂。最有名的有三一学院（Trinity College）、国王学院（King's College）等。学院以教堂为核心，而研究和研究生归大学管，本科生都属于某一个学院。这些学院都"牛"得可以，比如牛顿、拜伦都是三一学院的学生，仅一个国王学院就出了 16 位诺贝尔奖得主。

◎ 大学的现代化：学位多样性

这些欧洲中世纪大学，正是 14 世纪开始文艺复兴、16 世纪开始产生现代科学的地方。文艺复兴后的欧洲，产生现代的欧洲大学，如 1809 年的德国柏林大学，即后来的柏林洪堡大学，到现在还是柏林很好的学校，是新式研究型大学，也被称为"现代大学之母"。

这些现代性的大学有学位制度，但学位制度在各所大学、各个国家是不统一的。1180 年巴黎大学授予第一批神学方面的博士学位后，学位制度广泛流行，但每个国家各不相同。比如，意大利的大学毕业生就称为博士（Dottore）；西班牙的学位分三段：3年大专（Diplomatura），2年本科（Licenciatura），然后是博士，没有硕士。为了统一学位制，1999年欧盟通过《博洛尼亚宣言》，加强硕士学位课程教育，高教模式从"本科＋博士"改为"本科＋硕士＋博士"。但是世界各国学位制度还是存在差异，比如莫斯科大学本科为5年制，再读研究生授予副博士（Кандидат наук），相当于西方国家的博士，然后需要工作多年后才有可能授予博士，相当于教授资格，可见其对博士学位的要求是很高的。在德国取得博士学位之后，还不能当教授，还要再取得教授资格(Habilitation)。各国学位制度的不同造成一定混乱，我国地球科学界有一位老前辈、老权威，1949年在美国明尼苏达大学获得博士学位，回国以后公派去苏联进一步深造，1954年他在莫斯科大学取得副博士学位，先获得美国的博士学位，再到苏联取得副博士学位，听起来很难理解。

讲这些干吗？是想说教育形式很多，我们现在的学校教育，只是多种形式之一。你是在特定的时间里，接受着一种特定形式的教育。你如果生在泰国可能要去当和尚，如果生在古希腊的斯巴达可能就要去练武……各种教学体制有各自的优缺点，但都不是绝对的，不要盲目追求，也不要盲目迷信学位。学位是一种认证形式，有些有水平的学者，偏偏不靠学历、不拿学位。例如，钱锺书留学就不读学位，只读书；陈寅恪在国外读书十几年始终不拿学位；启功（1912—2005）不光是写字好，学问也很好，是雍正皇帝的第九代孙，但是没有大学文凭。他在66岁的时候，开玩笑写了一个墓志铭，很好玩：

中学生，副教授。博不精，专不透。名虽扬，实不够。高不成，低不就。瘫趋左，派曾右。面微圆，皮欠厚。妻已亡，并无后。丧犹新，病照旧。六十六，非不寿，八宝山，渐相凑。计平生，谥曰陋。身与名，一齐臭。

启功为什么没念过大学还是副教授？当初是北京师范大学的校长陈垣直接把启功引进大学，1957年启功当选为教授，但很快就被划为右派，降级为副教授。但启功很豁达，也是令人佩服的真正的学者。

第二节

变革：中华教育沿革

中国是世界上教育历史最长的国家，但是经历的反复也最多，尤其是近百年来的变化格外剧烈，变革至今在继续。

◎ 中国大学的出现

现代中国的大学是从西方学来的，其中早年的大学都是传教士办的，如圣保禄学院（St. Paul's Convent School）是天主教耶稣会于1594年在澳门创立的高等学院，也是东亚地区第一所具有现代大学意义的高等学院，在实施西方教育的同时，还对即将进入东方的传教士进行培训，利玛窦、汤若望等许多著名传教士，都曾经在这里学习东方的语言和文化。学院现存遗迹是圣保禄教堂前壁，俗称"大三巴牌坊"。至于在中国内地办真正的大学，是从19世纪开始的。最早的有济南的齐鲁大学（Shantung Christian University），1864年起办，1917年改名，由英、美、加拿大的教会支持。上海圣约翰书院于1891年创办，后来改为圣约翰大学，校址在现在的华东政法大学。圣约翰大学影响力很大，顾维钧、宋子文、荣毅仁、贝聿铭、张爱玲、林语堂……都是它的毕业生。

中国最早的公立大学有三个：北洋大学堂、京师大学堂、山西大学堂。（图5.5）北洋大学堂（1895）最先成立，是现在的天津大学前身，由盛宣怀创办，此外盛宣怀还创办了上海的南洋工学。京师大学堂（1898）是现在的北京大学前身，是光绪年间戊戌变法的产物。山西大学堂（1902）是现在的太原理工大学前身，由英国传教士李提摩太（Timothy Richard，1845—1919）创办。李提摩太学了中文，穿中国服装，当时这些传教士都是这样来中国传教的。然而李提摩太又很特别，24岁来华传教，71岁因病回国，曾在山东、山西救灾，赢得老百姓的尊敬，甚至被立碑纪念。他又在天津、上海办报，推进中国的维新思潮。梁启超当过他的秘书，戊戌变法失败后，李提摩太帮助康有为等脱逃。山西大学堂也很特别，是在李鸿章支持下由李提摩太创办的公立大学，至今太原理工大学校园内还有李提摩太的石像。

北洋大学堂　1895年　　　京师大学堂　1898年　　　山西大学堂　1902年

图 5.5　中国最早的公立大学及其创建年份

所以说，传教士对中国的教育事业是有贡献的，其中尤以司徒雷登（John Leighton Stuart，1876—1962）为杰出代表。司徒雷登1876年出生在杭州，父母是早期到中国的美国长老会的传教士。司徒雷登1919年在勺园创办燕京大学，任校长、校务长。日本侵华战争期间，燕京大学被日本人占领，他为保护学生做了很多事情，结果被日本人关入监狱坐了4年牢，出狱后继续办燕京大学。燕京大学的毕业生中有许多人成为国家的栋梁。抗战胜利以后，司徒雷登曾任美国驻中国大使，美国政府以为他能够起协调作用。1949年由于美国对华政策的彻底失败，司徒雷登不得不返回美国，随即退休。1962年他在华盛顿去世，

2008年其骨灰葬于杭州。

教会办的大学当然不止这些,中华人民共和国成立前共有13所基督教教会大学。废止科举制度百余年来,中国教育改革并没有一步踏上康庄大道,而是在学日本、学西欧、学苏联、学美国的路上探索。清末光绪三十年(1904年)推行的《奏定学堂章程》中的"癸卯学制"规定,学制系列划分为三段七级,长达25~26年,大部分借鉴了当时日本教育体制。"癸卯学制"立学宗旨是"以忠孝为本,以中国经史文学为基",在课程设置上特别注重读经,中小学均把修身列为课程之首,并特设读经讲经课。"癸卯学制"体现了"中学为体,西学为用"的原则,对旧中国的教育制度影响很大,民国时期的学制实际上是从这里演变而来的。1922年蔡元培主持制定"壬戌学制",实行"六三三制"(小学6年,中学3+3年),在20世纪初的各种学制中实行的时间最长,从1922年一直沿用到1951年。

1952年全国高等院校调整,把高校体系由英、美式高校体系改造成苏联模式,发展独立建制的工科院校。历史名牌高校被拆散,综合性高校被削减,高校数量由211所降到183所。全国理工科教授3/4被调离本校。1956年,周恩来作了《关于知识分子问题的报告》,提出"向科学进军"。1962年,陈毅为广大知识分子"脱帽加冕",但是1966年开始的"文化大革命",一度冲垮了全国的教育系统。

"文化大革命"是教育事业的灾难,居然出现"白卷英雄",做不出考题交白卷的学生,反而成为学习的榜样;设立了"批判相对论办公室",要批判自然科学里的"反动观点"……1968年毛泽东批示:"大学还是要办的,我这里主要说的是理工科大学还要办,但学制要缩短,教育要革命……"1971年高等学校逐步恢复招生,改变高校考试入学的规定,招收工农兵学员,学制缩短到2~3年。

1977年决定恢复高考,570万人报考,27.3万人被录取入学,这批人中涌现出很多精英。20世纪90年代末起,中国学西方进行院校合并。今天,我国教育事业进入黄金时代,恢复高考以来,至少有1.4亿人接受了高等教育,我国建成全球最大的高教系统。

尽管道路曲折,但总体看来成绩是辉煌的。中华人民共和国成立初期,全国5.5亿人口中有4亿多人是文盲,文盲率高达80%。1986年《中华人民共和国义务教育法》颁布以来,经过25年时间实现了全面普及九年义务教育。从1949年到2019年的70年间,各级学生数量大幅度增长,值得注意的是,入学率稳步提高。(图5.6)全国人民文化水平的提升,是民族复兴的证据,也是前辈先哲奋斗目标的实现。

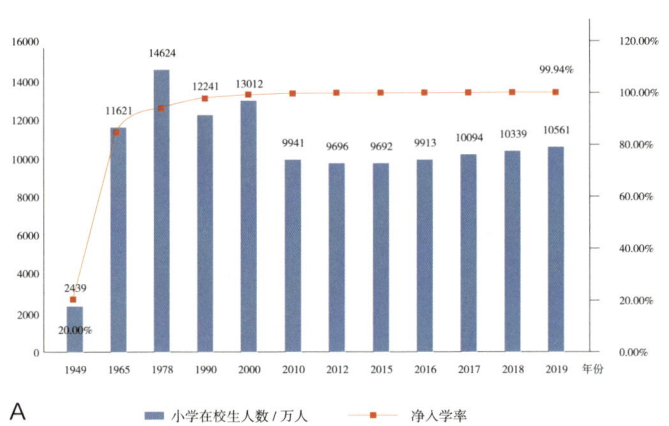

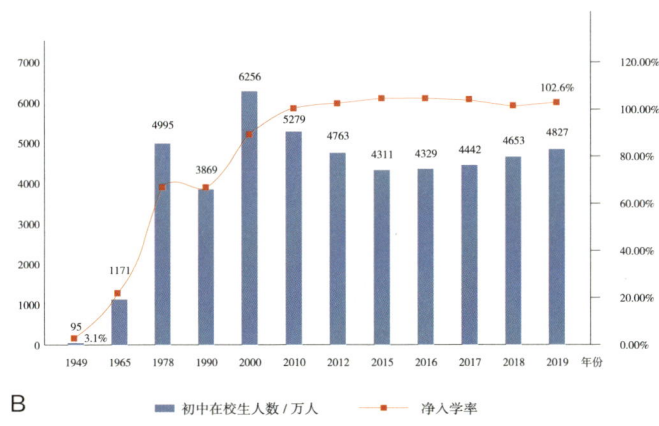

抚今追昔,中国的百年教育史,是一个曲折发展的过程,我国的学位制度经历三起两落。先是1935年4月,当时的中国政府曾仿效英美体制颁布了"学位授予法",这

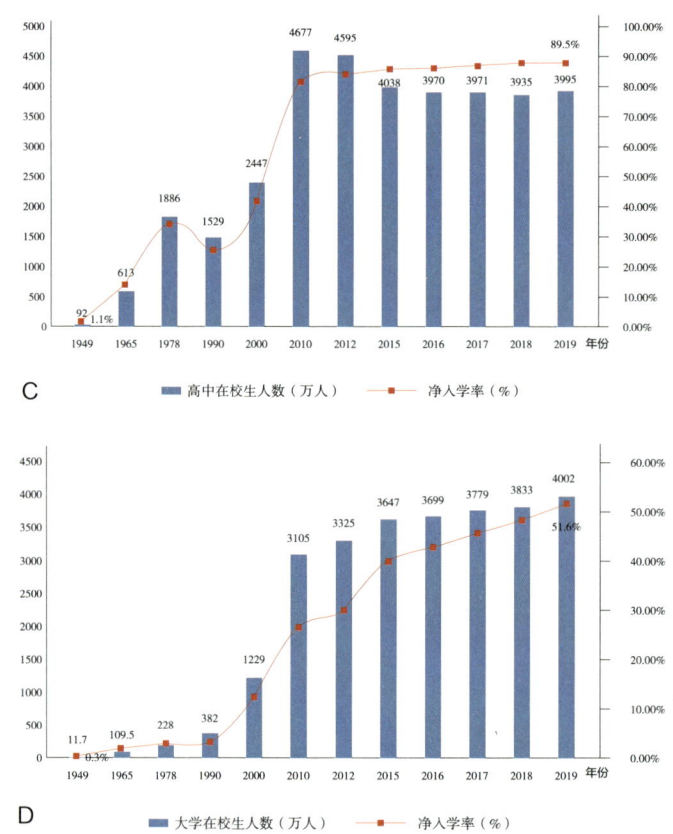

图 5.6 1949—2019 年的 70 年间我国学生数量和入学率的变化。
A. 小学；B. 初中；C. 高中；D. 大学

是中国现代学位制度的开端。由于旧中国教育落后，这项制度并没有认真施行，到 1949 年中华人民共和国成立前，仅有 232 人获得硕士学位。新中国成立后十分重视研究生教育，在 1954 年至 1957 年把发展科学教育事业提上重要议事日程，并把苏联教育经验作为参考基准，提出了"向副博士进军"的口号，截至 1965 年，全国高校共招收研究生 22700 多人。1966 年后，中国研究生教育中断十多年，改革开放后立即组织恢复。1980 年，全国人大常委会第十三次会议通过《中华人民共和国学位条例》，自 1981 年 1 月 1 日开始实施至今。1985 年，国务院批准设立博士后科研流动站，开始逐步建立健全博士后制度。

世界上很难找出另外一个国家，教育的体制和指导思想曾经在一个世纪内经过如此大幅度和高频率的变化。以尊孔和批孔为例，民国初年袁世凯祭天、祭孔，五四运动"打倒孔家店"，抗日战争时期，日伪又抬出孔教会，到"文化大革命"再次"打倒孔家店"……不只是教育，连中国男人留辫子的历史，也是在300年间反复。汉人男女是把头发绾成发髻盘在头顶，17世纪时清军入关，强迫汉人将发型变为满人发型，清"剃发令"的口号是"留头不留发，留发不留头"，有些人不肯剃头，把命丢了。到20世纪，民国元年（1912），即清朝灭亡第一年，社会上发起轰轰烈烈的剪辫运动，象征清朝灭亡，辫子随着清朝而消失。当时的剪辫子完全凭自愿，也可以选择不剪，这就产生了鲁迅笔下阿Q和"假洋鬼子"的故事。如果某人能从17世纪活到20世纪，他的头发就得剪来剪去。头发尚且如此，何况教育大业！

第三节

创新：应试教育反思

科举制度形成的应试教育，以八股文取代自由思考，影响深远，至今是推行创新教育的主要阻力，也是教育改革的重点所在。

◎ 从汉朝太学说起

中国教育事业历史悠久，"教"和"学"两字在甲骨文里已经出现。春秋时期，管仲提出"十年树木，百年树人"，强调培养人才属于"终身之计"，"一树百获者，人也"。汉朝有了最早的大学——太学，现在河南洛阳还有一个太学村。早在公元前124年，汉武帝采纳董仲舒"罢黜百家，表彰六经"的建议，在长安设太学，以儒家五经为主要教材，以国家的力量推进儒家教育。随着王莽"新政"之乱，太学历史中断，到公元29年，汉光武帝恢复的太学才有规模，质量也很高，四方学士云会京师洛阳。到146年汉质帝时，太学生居然有3万人。

当时主管太学的官员叫太常，位居九卿之首；太学教授叫博士，讲授儒家经典，多由名流充当。所以"博士"名称不是翻译过来的，中国早就有，只是词义与现在不同。战国时的博士是掌管图书、保管朝廷文献档案等的顾问，汉武帝设立的"五经博士"是太学的教授。所以那时候的"博士"已经是教授，比现在的博士神气得多。

汉代太学实行养士与选才相结合的办法，太学培养人才的目的是充实官僚机构。那时候的学校跟现代意义上的学校根本不一样，起码没有文具，虽然汉朝已经出现纸和笔,但那是稀有的。在 105 年东汉蔡伦改进造纸术之前,所谓书籍主要是竹简,一片竹简一行字,所以行文简洁。(图 5.7)

"惠施多方,其书五车。"(《庄子·天下》)惠施是战国时期非常有学问的人,他学问有多大呢?他的书要装 5 辆车子,5 辆车子能装多少竹简?我相信现在用不了一个 U 盘就全都存进去了。那时候上课靠口述,跟现在学习完全两样,讲学就成为汉代太学的主要教学形式。

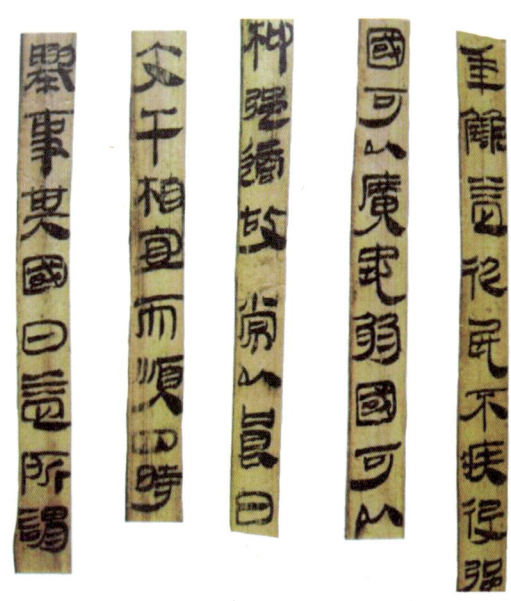

图 5.7　汉代太学的书籍:竹简

除了官办的太学之外,汉代还有私学,有私人经师讲授儒经,甚至有教技术的私学,比如名医华佗教"刳破"(外科手术)和针灸。汉朝教育并不排斥女性,所以出了班昭、蔡文姬这样的女学者。小学就是"蒙学",是"童蒙"们学习的地方,主要任务是教孩子们识字。当时的课本已经无从查考,只留下一本 1244 字的《急就篇》,是汉唐时代的识字课本。中国的蒙学直到宋朝才有重大发展,出现了《三字经》《百家姓》《千字文》等识字课本,一直延续到清末民初,这些书仍是私塾的主要课本。总之,中国的传统教育形式,在基层以私塾为主,在上层以太学、书院为中心。

◎ 宋朝的书院制度

中国的书院最早出现在唐朝，发展于宋朝。由富商、学者自行筹款，在山林僻静的地方建造学舍，或者置学田收租，作为经费来源。11—13世纪，欧洲还处在中世纪的时候，中国的宋朝书院教育正当红，出现了著名的宋代四大书院，即湖南长沙的岳麓书院、江西庐山的白鹿洞书院、湖南衡阳的石鼓书院、河南商丘的应天书院。（图5.8）当然，按照现在的说法，当时书院都是学文科的，那时候当然没有理科。

岳麓书院　　　白鹿洞书院　　　石鼓书院　　　应天书院

图5.8　宋代的四大书院

据胡适考证，始于唐朝、盛于宋朝的书院，是我国古代最高的教育机构。书院都选在山清水秀的地方，每个书院由山长做主持人，就是由一个有学问的人讲学。书院有很多藏书，学生可以来看书。当时很多书都是手抄本，是靠人抄出来的，很不容易。书院的精神在于"自主学习，独立研究"，注重自修而不注重课堂讲授。

书院教育也会产生学派辩论的机会。有时候书院会请一个人来讲学，可能产生辩论。朱熹的"理学"和陆九渊的"心学"之间有学术矛盾，于是1175年，两家应邀在江西上饶的鹅湖寺进行辩论,这就是有名的"鹅湖之会"(图5.9)。朱熹主张理学是格物致知的,"致知格物只是一事",是认识的两个方面。他主张多读书,多观察事物,根据经验,加以分析、

图5.9 "鹅湖之会"的现代雕塑

综合与归纳,然后得出结论。陆九渊是主张"发明本心",心明则万事万物的道理自然贯通,不必多读书,也不必忙于考察外界事物,去此心之蔽,就可以通晓事理,所以尊德性、养心神是最重要的,反对多做读书穷理之功夫,认为读书不是成为至贤的必由之路。一个理学,一个心学,两派辩论了三天,也没个分晓,这是12世纪的一件大事情。虽然学术上的分歧没能得到解决,但是影响很大,开启了书院会讲的先河。后来朱熹还请持不同观点的陆九渊到白鹿洞书院讲席,并据此印制《白鹿洞书院讲义》,还亲自作跋。

所以说,中国教育在历史上并不是死读书,是有辩论的。后来清光绪二十七年(1901),清廷宣布改书院为学堂。20年后,蔡元培、蒋百里、胡适等人纷纷指出书院制的优点,批评当时新式教育的弊端。

胡适对新式教育的批评更为严厉,说"所谓'学堂'——那挂着黑板,排着一排一排的桌凳,先生指手画脚地讲授,学生目瞪口呆地听讲的'学堂'——乃是欧洲晚近才发明的救急方法,不过是一种'灌注'知识的方便法门,而不是研究学问和造就人才的适当办法"。与之相较,他认为书院则注重研究而非知识的获取。他还说:"一千年演进出来的书院制度,因为它注重自修而不注

重讲授，因为它提倡自动的研究而不注重被动的注射，真有它的独到的精神。"胡适认为通过大力挖掘与倡导书院优秀传统，将其融入现代教育体制之中去，便可以"培养成一种很有价值的教育制度"。胡适的见解是很有道理的，中国传统教育并不是强调死读书，有过很好的教育方法，但是后来我们学西方，把好的传统丢掉了。书院制度跟科举制度是相关的，在书院学习的人不是去求功名的，但是仍然要去考功名，因为国家的制度使然。

如果做个比较，宋朝书院最兴旺的时候，正是欧洲第一批大学出现的年代。两者之间有些相似的地方，比如它们兴起都是和商品经济有关，最初都是由私人创办，两者发展的结果却大不相同。欧洲中世纪的大学逐渐发展成为最高学府，而书院在明朝前期日趋衰落，因为官方屡兴文字狱，加强思想控制，并且强化了官学和科举制度建设，规定进入仕途必须通过官学。虽然明朝后期书院又得到著名学者如王阳明等人的提倡，但是又有毁东林书院等事件发生，尽管到清朝还有书院，但均已经沦为科举制度的附庸，学术思想活跃的书院不能再生。

◎ 科举制度与考试

科举制度现在成了贬义词，似乎是中国历史上的污点。其实我们想到的都是前清"八股"考试的科举制度，不是其创立的历史。中国科举考试制度始于隋炀帝大业元年（605），终于清光绪三十一年（1905），延续1300年之久。起初这是一种人事制度的创新，与欧洲当时的贵族世袭不同，科举制度通过考试选拔官吏，打破血缘世袭和世族垄断，配合儒家学说，又能稳住知识阶层，是一举两得的好办法。最有代表性的是北宋汪洙的《神童诗》，直到新中国成立之前还在流行，其中有："天子重英豪，文章教尔曹。万般皆下品，唯有读书高。""朝为田舍郎，暮登天子堂。将相本无种，男儿当自强。""久旱逢甘雨,他乡遇故知。洞房花烛夜,金榜挂名时。"其中"朝为田舍郎,暮登天子堂"意思是早晨还在地里干活,晚上就到朝堂去开会。所以说"将相本无种,男儿当自强"。最后四句是中国人所谓的四喜:"久旱逢甘雨,他乡遇故知。洞房花烛夜,金榜挂名时。"四句话一个比一个分量重。到明清时期,读书人以考取秀才、举人、进士为目标,通过"读书做官"实现理想。(表5.1)

表5.1 明清时期的科举考试体制

考试名称	院试	乡试	会试	殿试
考试地点	县、府	省城	京城	皇宫
主考人	各省学政	中央官员	礼部	皇帝
考试等级	县级	省级	国家级	顶级
参加者	童生	秀才	举人	贡士
中者称号	秀才	举人	贡士	进士
第一名		解元	会元	状元

不过,科举制度也在变。唐朝时科举的内容和形式多样,还有诗赋,到明清朝代演变为只靠经书,书生只做八股文。中国千年科举应试教育,最严重的后遗症就是"死读书"。清朝吴敬梓《儒林外史》里范进中举后骤然发疯的故事,生动地描述了读书人"求功名"的经历。形式也在变,唐朝取士不仅看考试,也要靠公卿权贵的推荐。李白的《与韩荆州书》是一封自荐信,希望得到推荐。其实韩朝宗当时是荆州的长史,还不是一把手,但是曾经成功推荐过几位学者入朝为官,因而有"生不用封万户侯,但愿一识韩荆州"的说法。李白这封信是收入《古文观止》的名篇,但是信里把韩朝宗比作周公,有点儿吹捧过头。

科举制度到了宋朝起的作用更大,形式、内容也都发生了变化。取消了推荐的途径,考试更加严格,比如实行"糊名制",即把考卷上考生名字糊住,以免影响判卷公正。内容取消诗赋,专考经书,以"通经致用"为重点。明朝科举制度进入鼎盛时期,方法上更为严密,确定了乡试、会试、殿试的三级考试制度,获第一名的分别称解元、会元和状元,"连中三元"是杏坛佳话。

从历史影响看,重要的是考试内容的变化。明朝规定乡试、会试头场考八股文,以四书五经中的文句做题目,依照题意阐述其中的义理,也就是"代圣贤立言"。八股文要求用八个排偶组成的文章,遵照固定的格式。所以说,中国的科举制度有它的历史贡献,也有非常大的后遗症。科举考的是四书,什么是四书?多是孔夫子及其弟子的语录。这种教育的传统遗传至今。我们的立论,习惯性地从引经据典开始,只要一引权威就立论有据,无须论证就已经正确无疑。这就是中国现在科学界常犯的毛病,依靠引据权威而不是从根本上去证明。

教育家陶行知说:"千教万教,教人求真;千学万学,学做真人。"(图 5.10)"真善美"的关键在"真"字。没有"真"的"善"是伪善,没有"真"的"美",是臭美。"真",是学校教育的第一要义。

"真"字是学校教育的灵魂。2001 年,朱镕基视察上海国家会计学院,他的题字就是"不做假账"。20 世纪 80 年代,作家王蒙反复提倡"说真话、说自己的话、说有新意的话"。他说:"有时候听到活泼可爱的儿童,用天真烂漫的腔调念不知所云的陈词滥调,我心里不好受。""一个学风搞本本

图 5.10　陶行知教育思想:求真

主义、人云亦云，文风搞八股腔、千人一面的国家，不会是创新型国家！"

◎ 应试教育与创新

独立思考，说自己的话，是科学研究的基本要求。说"套话"是我国当前"创新路上的流行病"，是形式主义的体现，千人一面谈不上创新。历史上曾经因为受压抑不得不说"套话"，现在不受压抑，为什么不能独立思考说自己的话？我在《防治创新路上的流行病》一文中写道：创新路上的流行病，第一是"套话"病，"套话"是创新机体的"癌细胞"。"套话"之所以盛行，第一种是无话要说但又不能不说，于是以前人之意见为意见。第二种是习惯使然，说话一定要从引经据典开始，只要一引权威就觉得立论有据。第三种是深知"祸从口出"之虞，于是面面俱到、远兜远转，讲了半天还是"欲说还休"。总之，一些长篇大论要是把"套话"拧干，至多只剩一小段。

归纳起来，教育分成两大类：启发教育和应试教育。启发教育的两个任务：一是启发问题，包括培养科学的怀疑精神，教问题不教答案，培养独立思考的习惯，从根上去理解问题；二是要保护好奇心，培育学生探索知识的"苗头"。应试教育的愿望是公平公正的教育模式、公平公正的竞争环境、全面接受基础知识的学习，但是缺点很突出，即遵照先贤指导立言、追求统一标准答案，这恰恰是创新思维的不足。

话又说回来，考试具有不可替代的作用，教育要考试，本身无可厚非，问题是看考什么、用什么标准考。可怕的是出愚蠢的考题要学生背，立愚蠢的"标准答案"要学生猜。哲学家罗素（Bertrand Russell，1872—1970）说得好："人生而无知，但是并不愚蠢，是教育使人愚蠢。"强迫学生崇拜权威的应试教育，就能够"使人愚蠢"，我们批评的就是这种"使人愚蠢"的应试教育。王蒙说："我看到过一个试题,是对我一个作品的主题的选择,看完以后,我完全不会回答。"我并不是什么作家,但遇到过这类情况:有个地方出的考题引了我的一段文章,要学生分析作者的原意,结果对照标准答案,我自己的答案竟然是错的!如果你要问:当前我国研究生制度的误区是什么?用一句打趣的话回答:研究生课程成了"本科七年级"。把博士生当大学生培养,导致我国缺乏来自博士论文的科学突破。相对而言,一些国际学术的突破来自博士论文,如爱因斯坦1905年发表的《狭义相对论》,就是他在苏黎世联邦理工学院(ETH)的博士论文,同年他获ETH博士学位;伽莫夫的"宇宙起源假说",也来自他学生的博士论文。我现在举不出一个中国的例子,一篇博士论文真的实现了科学突破。

我曾经请教过一位英国皇家学会会员,为什么中国的本科生很行,研究生就不行?他说:"这大概是教育(education)和训练(training)的区别。"教育是需要启发的,训练就只要灌输。我从前听说有的企业选人才,第一名不要,要第三名,因为一般第一名是死读书的,第三名反而创新意识较强,这大概就是不想要只会考试、不会工作的"人才"。

第四节

治学：变灌输为吸取

在同样的教育体制下，培养出的学生却并不相同。如果学生能够掌握学习的主动权，就有可能收到创新教育的效果。

◎ 两种不同的教育思想

回顾历史，世界各国建造过各种不同的学校，学校有过各种不同的称呼，其实这些并不重要，重要的是教育的理念和培养学生的指导原则。我国20世纪50年代全面学苏联，引进苏联教育家凯洛夫（Иван Андреевич Каиров，1893—1978）的教育思想，将他的《教育学》中译本奉为圭臬。他主张学校的首要任务是授予知识、培养技能，培养共产主义人生观。他认为课堂教育是教学工作的基本组织形式，强调教师的主导作用。凯洛夫来过中国，对当时中国的教育工作产生了重大影响，其实际效果是教师在课堂上灌输知识，学生照单全收。

在追随苏联教育模式的大背景下，1952年我国高校实行院系调整，发展单科性的专门学院，综合性大学经过改组、合并，变为专业性的学院。这样，从指导思想和组织形式上双管齐下，基本上堵塞了启发性教育的途径。这种教育模式很容易和中国传统的应试教育相结合，其结果是学生创造性思维能力的弱化，也有人把这种教育叫作"填鸭式教育"。

当前的中国，正处在两种教育思想并存的局面。改革开放带来的启发教育和传统留存的应试教育，在新形势下交错出现。直到今天，在我们的教育和科技体制中，还不难觉察到当年科举制度的遗存。我国现行的教育制度，甚至院士制度中，都隐含有这种弊病。应试教育本身是与创新思维相对立的，因为它要求学生的是对前人认识的记忆与重复。

盲目崇拜权威是我国自古以来的老问题，也是始终没有解决，甚至是还没有真正意识到的问题。为什么盲目崇拜权威依然存在？为什么我们科学创新能力不足？这两个不同的问

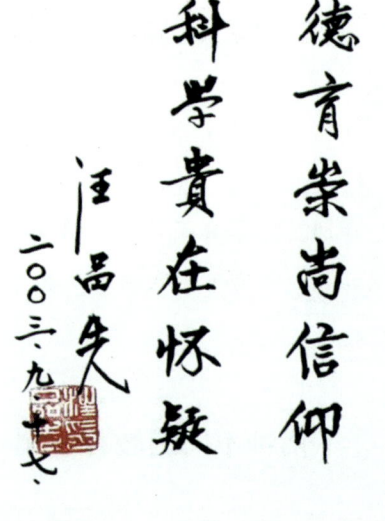

图 5.11　作者 20 年前给学生的题字

题，在深层次的意识领域里有着共同的根源。科学创新，无不始于对原有认识的怀疑。而我国自古以来，对学子的要求在于"代圣人立言"。时至今日，创新性理性思维的传统依然缺乏，人们宁愿去寻找或者制造可以依赖，甚至迷信的"权威"。20 年前我应邀为学生题字"德育崇尚信仰，科学贵在怀疑"（图 5.11），这在今天依然具有针对性。

◎ 两种不同的学校生涯

说了许多教育体制、办学模式的大题目，值得学生深思的一个问题是：为什么同学之间会有较大的差别？换句话说，同样的四年大学，为什么个人的收获会如此不同？

当然，学校不是工厂。学生本来千差万别，有差异才有教育。"一个校园，两种效果"的主要原因，还是在于学生本人；而学生之间出现差异的关键，又在于能否掌握主动权。同样的校园生涯，既可以是"获刑"在大学校园里关上四年，也可以是"获奖"在学术乐园里欢度四年，尽情享用高等学府专门为你准备的条件。学校不是学习的唯一场所，教育可以走两种极端：一种是全主动的自学，就像古时候的"游学"；另一种是全被动的上学，就像在私塾老师戒尺的威胁下背诵《百家姓》。而一般学生都徘徊在这两者之间，问题在于你拥有多少"主动"权？现在的选修课、学分制，都在一定程度提供了发挥主动权的自由度，但是学校有学校的规矩，上交作业、参加考试有一定的要求。不过，就在这规定的框架下，还是有发挥主动性的机会，因为学习的主体是学生本人，可惜许多学生放弃了主动权。

苹果公司创始人乔布斯（Steve Jobs，1955—2011）的学历很有趣：他是美国里德学院（Reed College）引以为傲的校友，其实他只念半年就退学了，因为学费太贵，不值得。退学以后他只旁听了个别课程，发现大有收获，他认为当时退学"真是我有生以来做出的最好的决定之一"，因为他成了学习的主人。这类例子并非个别，"发明大王"爱迪生小学只念了三个月，就改由他母亲在家教。我这里决不是反对上学，而是反对学生"被上学"。不管采用什么形式，主动的学习是成功的必由之路。

想要"主动"，就要了解教学的整体设计，更需要了解各门课程的特色。大学课程性质不同，有理论课、实践课，有基础课、专业课，有的课主要是讲授，有的课主要是练习，学生要争取做到心里有数、区别对待。同时，需要分析教师的特色，针对特色确定学习的策略。记得1978年我第一次去美国，在大学门外的书店里看到一本《新生指南》，说是大学教师性格不一，教法各异，有的教师不修边幅，一下课扭头就走，有的教师成天微笑，行动迟缓……建议学生加以分析，采取不同的方式去应对。

的确，教师的性格会表现在课堂上，学生可以选择相应的方式有效利用听课的机会。据传梁启超讲课容易激动，讲到紧要处便手舞足蹈，情不自已，有时掩面，有时顿足，有时狂笑，有时叹息。而徐志摩不拘一格，完全是另一种风格，他常常口衔纸烟进教室，脚放在椅子上或者坐在书桌上讲课，有时干脆把学生带出教室，坐在草地上和大家一起畅游诗国。沈从文讲课声音低、湘西口音重，缺乏系统性，尤其是在中国公学第一次讲课，面对慕名前来的众多学生，居然上了讲台好久说不出话来，后来在黑板上写到"人很多，我害怕了"。讲课最"牛"的大概是陈寅恪，据说他的课有"三不讲"："书上有的不讲，别人讲过的不讲，自己讲过的也不讲。"可惜那年头没有录像，传说的真伪无从核查。今天的教师也各有特色，同学们可以在分析的基础上确定自己的"对策"。

　　对于教师来说，讲课是一种有声的思考，因此很怕噪声，比如说手机铃声的干扰，而讲课效果在一定程度上取决于能否在教学形式上与时俱进，比如成功使用新技术。百余年来，课堂教育的形式经历了单纯念课本、依靠板书、使用PPT，以及线上教学的多种形式（图5.12），这就要求教师讲课的方式也能做出调整。不靠任何设备单纯口述的要求最高，有点儿像"评书"的演员，全靠一张嘴吸引听众的注意力，而且大家明天还会再来听"下回分解"。板书为教师提供了辅助手段，尤其有利于学生做笔记；然而PPT可以提供图像，甚至视频、动画，大大提高了讲课效率。

　　应该承认，教师的学术功底和表达能力并不相同，讲课效果的差距悬殊，究其原因，并不就是简单的方法问题。佛教里有"生公说法，顽石点头"的故事，说的是晋朝的道生法师（355—434），他是鸠摩罗什的著名弟子，他"入虎丘山，聚石为徒，讲《涅槃经》，群石皆点头"。讲经居然讲得连石头都点头称是，信不信由你，但相信他讲演的水平一定不同凡响，才会流传这种故事。"听君一席话，胜读十年书"，这种醍醐灌顶的讲演，有时可以影响听众的一生。讲课是教师和学生之间的交流，学生的吸收程度往往千差万别。除了悟性和知

图 5.12 课堂教学的多种形式。A. 私塾上课；B. 用黑板讲课；C. 用 PPT 讲课；D. "云端"线上教学

识储备外，精力集中是决定因素之一。一个如饥似渴听课的学生，与处在半睡眠状态的学生，两者的收获截然不同，课堂是学生发挥主动性的场合，想睡觉，当然应当回宿舍去。

◎ 两种不同的师生关系

师生关系是学校里最重要的人际关系，无论从年龄、资历和职责看，其中的主动方应该是教师。教师对于学生的作用主要有三方面：传授知识、指点方向、学风培育。传授知识前面已经讲得很多，现在要讲的是指点方向和学风培育。

指点方向的作用在研究生阶段方才显著。导师的指导作用，一看他本人的水平和方向，二看他对学生的态度。回顾60多年前我在莫斯科大学的毕业论文，并没有什么精彩之处，我自己也不满意。这既不是因为我作为学生不够努力，也不是因为导师的水平不够，问题出在选题的盲目性和教师研究方向的保守性，走了一条纯描述性的传统道路。幸好我在回国以后，没有再继续原来的研究方向。

其实选题是重要的环节之一，然后是研究过程中的具体方向。学生因为缺乏经验、见识不广，很容易钻牛角尖，或者好高骛远，或者妄自菲薄。收录北宋学者程颢（1032—1085）、程颐（1033—1107）讲话的《二程语录·十一》中说得好："与学者语，正如扶醉人，东边扶起却倒向西边，西边扶起却倒向东边，终不能得他卓立中途。"教育者"如扶醉人"的意思就是指点方向，所谓"名师出高徒"，很大程度就是把握正确的方向。更加理想的状态是教学相长，学生有自己的观点，并会和教师切磋、商讨，就像古希腊的柏拉图和亚里士多德那样。

更难的是学风培养。好的师生关系是学生对教师既有敬畏之心，又有真诚的友爱。教师在学生眼里是崇高的，又是亲切的，不是害怕而是崇敬，高层次的教师可以做到不怒自威。可惜我们有太多相反的例子，有的教师收了过多的学生，只"挂名"不指导，到答辩会上才认识。有的教师招生只是为自己的课题找"劳动力"，并不考虑学生的收获与前程。甚至有的教师与学生相互"合作"，走非正规道路谋取利益，到后来闹翻了才公之于世。在这类情况下，教师很容易失去尊严，师生关系可能转化为剥削关系、合谋关系，甚至"敌我关系"。

学校教育中主导的因素还是教师，是教师的行为和品质。与家庭教育一样，最重要的是言传身教。你自己不相信的话，不可能要求学生相信；你自己不能遵守的准则，也不可能要求学生遵守。学术单位的风气是极其宝贵的无形资产，通常是学科带头人长期塑造的结果，做到"不严而威，不令而行"，这比重复而干枯的说教效率不知高多少倍。

贯穿在所有师生关系中的核心精神,就是一个"爱"字。教育家夏丏尊(1886—1946)说:"教育之没有情感,没有爱,如同池塘没有水一样。没有水,就不成其池塘,没有爱就没有教育。"学校应该是最为洁净的精神殿堂,校园里处处渗透着两个大字:"真"和"爱"。青少年在这里经历人生最纯洁的岁月,说真话,求真理,做真人。洋溢在校园里的是真诚的爱,年轻人在这里享受着纯洁的爱,师生之间的爱,同学之间的爱。

第五节

珍惜校园岁月

◎ 毕业生的时代烙印

从历史看,我们是最早重视教育的民族之一。最近 200 多年来大陆文明败给海洋文明,教育事业也在曲折中发展,这种调整至今没有完成。

与此相应,不同时期的毕业生有着一定的差别。近百年来,有三批学生格外突出:抗日战争时期如西南联大的学生、新中国成立后 20 世纪 50 年代初的学生和"文化大革命"后 1977—1978 年恢复高考的大学生。1938 年,南迁的清华、北大、南开在昆明组成国立西南联合大学,在国难当头的日子里,创造了世界教育史上的奇迹。抗日战争时期内迁的

图 5.13　清华园里的西南联大纪念碑,刻有 834 名参军抗战学生名单

大学当然不只一所,同济大学就曾六次搬迁,在四川李庄办学培养了出色的人才。8 年中,西南联大总共招收学生约 8000 人,834 名学生参军上前线(图5.13),毕业生中的 3800 余人成为时代的精英。新中国成立之初的情况与之相似,一部分学生参加抗美援朝、南下参军,在校的学生认为学习和打仗都是报国之举。在 20 世纪 50 年代末频繁的政治运动之前,培养出大量的建设人才。"文化大革命"后,中断了 10 年的高考正式恢复,1977 年全国 570 万名考生走进考场,当年录取 27.3 万名大学生;1978 年,610 万人报考,录取 40.2 万人。年轻人积压了 10 多年的学习热情迸发出来,大学培养的人才很快成为社会骨干,共同挑起了改革开放的重担。

世界各国的历史证明,战后一代的学生往往是最好的。经历了战火或者社会动乱的青少年,更加懂得珍惜和平环境和集体利益。相反,在和平、富裕环境下,学生容易产生对社会的过度索求,形成过度的自我中心人格。孟子说"君子之泽,五世而斩",现代人讲"富不出三代",都是同一个道理。前辈人艰苦创业,创造了好条件;后辈人觉得理所当然,而且嫌不够好,容易产生"社会欠我"的思想,与西方社会所说的"应得权心态"(entitlement mentality)大致相当。这种现象在一个贫富悬殊、政治腐败的社会里,更加容易发酵、传染,绝不是靠"宣传教育"或者"心理医生"能够根治的。针对 Z 世代(1995—2009 年间出生的人,又称网络世代)的特征,拓宽青少年视野、开阔胸怀,是当前教育界不容推诿的历史重任。

◎ 校友会的强烈反差

即便是同一年、同一班的学生,将来对社会的贡献也会大不相同。通常在毕业十周年的校友会上已经初见端倪,退休后同学再度聚会时,那就更见分晓。

这种差异是从学校生涯里产生,加上进入社会以后的机遇和本身的进取与努力程度,而造成"失之毫厘,谬以千里"的效果。

科技界不少人都有年轻时拼搏的故事。爱迪生曾经一天工作20小时,丁肇中说:"年轻的时候在德国,我可以三天三夜都在实验室。"即便像我这样的普通人,大学毕业那年也曾经一个礼拜几乎没有睡觉,结果出差时晕倒。这类做法当然不应该提倡,但是这种精神很值得赞扬。

每个人都只有一次生命,只是每个人对待自己生命的方式不同。记得以前法国人有一个统计,说人生60年中,有20年在睡觉,3年在吃饭,2年在照镜子,1年在上厕所。现在你也可以分析,一生80年里,有多少年上学。人生犹如长跑,一年一圈、四年四圈,起点是一样的。关键在于能不能管好每一天,能不能"吾日三省吾身"。尤其到了年终、期末,需要自己总结经验、规划明年。

学生最可贵的品质在于主动性,而学生之间恰恰在这方面差异最大。我自己最为难忘的是早年的学生王律江(1963—1999)。他从北京大学地质系毕业后,在我这里硕博连读研究古海洋学,1990年获博士学位留校后又到国外做研究,1999年在南海珊瑚礁潜水采样时不幸殉职。他的学位论文是主动从国外索取样品、从别的学科移植了方法,探索海水古温度再造的一种新途径。论文先用英文写成,我从德国和美国请了两位世界古海洋学的顶尖权威评审,两人的结论都一样:王律江的论文摆在他们那里就是"最好的5%"。1990年,王律江作为在读研究生应邀在剑桥大学举办的国际古海洋学大会作报告,会后又被邀去德国不来梅大学作报告。在南海殉

图5.14 王律江博士和他去世后的纪念册

职后，有13个国家的众多学者来电哀悼。一名青年科学家能有如此大的国际影响，令人震惊。（图5.14）

王律江的成绩来自全身心的投入和主动探索、创新的精神。他入学以后，自己选了数学系一门课来"试试自己的能力"，等到考试通过了才来告诉我。他论文所探索的新方法，也主要是自己寻找的。所以在毕业论文里对导师致谢时，他写的是"感谢把我引入了如此有趣的研究领域"。

我5岁入学，19年当学生，60来年当老师，回顾80余年里，打过交道的老师、同学和学生数量不小，深感人和人的差异太大。真正才华出众、能够为国争光的学生也许不多，但胸怀抱负、脚踏实地的学生并不少。衷心希望同学们能够珍惜青春，发挥学习的主动性，力争做出创新性的研究成果来。

回顾这一辈子的学校生涯，感到非常充实。自己在一年年变老，而面对的学生永远年轻，于是自己也变得年轻起来，深深为他们祝福。

◎ 参考文献

[1] 汪品先. 防治创新路上的流行病 [M]// 汪品先. 瀛海探径——汪品先科学人文随笔. 上海：上海教育出版社，2018.

[2] 汪品先. 研究，研究生，研究生导师 [M]// 汪品先. 瀛海探径——汪品先科学人文随笔. 上海：上海教育出版社，2018.

问答

问：本科生阶段都在宣传创新精神，但是如何在专业水平有限的情况下进行创新？创新对一个人的专业能力是否有很高要求？

答：真正的科学创新并不多。科学探索，往往是失败比成功多，一定会成功的工作，就不见得真的是创新。因此，本科生阶段宣传的不过是创新精神而已，并没有要求本科生进行创新。我们要求研究生，尤其是博士生的论文，应该进行创新才对。

问：在阅读文献或者书籍的时候，都有一些比较统一的格式和写作手法，这种和说套话有没有关系？是不是说套话的一种形式？

答：如果你指的是前清"八股文"之类的"规格"，那当然是要反对；但一般反对"说套话"是指内容和用词，主要不是指结构或格式。正如王蒙呼吁的那样，要"说自己的话"。当然，规格是可以打破的，假如有必要的话。记得 20 世纪 80 年代我国自然科学基金开始设立的时候，基金申请书只有文字，我大概是最早在申请书里用插图的人，效果当然很好。

问：以前招收的大学生很少，几乎每个人都够优秀，涌现出很多了不起的人，但是现在高校招收的学生越来越多，高质量人才却越来越少。所以这种选拔模式真的是对的吗？

答：我手头没有统计数字，不好说，但是我相信这是宣传产生的印象，不见得是客观现实。我们崇仰的晚清前辈，成长于鸦片盛行的乌烟瘴气的社会中。那时开始出现大学生，其中涌现出一些豪杰，其实比例不见得高；而说现在"高质量人才却越来越少"，恐怕有失偏颇，要不然中国当前科技、经济的进步又从哪里来？我相信现在高校入学率高达59%，绝对是好事。当前的任务是要提高质量，而不是减少招生。

问：您是否认为专业细分是合理的？这种方式是否是导致现代的通才或大师级人物鲜见的原因？现代社会的发展还需要通才吗？

答：我的感觉是在变化。粗略讲分两大段：从现代科学产生到20世纪中期，总趋势是学科越分越细；20世纪晚期以来，出现了全面集成的新趋势（新的研究手段和新的科学需求）。于是跨学科的需求大增，要求人的脑子里具有不同学科的知识，这和18世纪以前的"通才"并不相同。因此，当代的"大师级人物"应当是学术界的战略科学家，并不是从前的"通才"。

问：有什么可以提高专注度的方法吗？学习有难度的课程时，总是会有退缩心理，提不起学习兴趣，如何保持长久的兴趣？

答：这是个千年话题。"提高专注度的方法"古来就有：战国时期的孙敬和苏秦"头悬梁、锥刺股"，就是抵抗困劲，提高专注度的办法。我自己年轻时候也有过：端一盆冷水放在边上，困了把头浸一浸。我们说治学要有"好奇心"，并不是说念书就是好玩，毕竟念书不是娱乐，除了兴趣还要意志力。

当然，这不是提倡蛮干，而是要及时主动分析，找到你当前的难点、薄弱环节在哪里，然后缩短战线、专攻弱点。有时候一个难关过了,就会"柳暗花明";真的过不了,还可以重新分析,找人帮忙。总之,不要混日子。一旦进入"佳境",你的工作(job)就是你的爱好(hobby),那就是理想状态。

> 问:大学生在本科阶段应不应该为自己的未来做一个精确的规划,确定一个研究方向呢?

答:能够做到当然好,但这几乎是不可能的,因为一方面当代的科技变化太快,另一方面谁也没法预见将来的处境和机遇。我认识的人,无论是国内或者国外的,都没有从小到老就做同一件事的。我研究深海,但是我念书的时候还没有深海这个学科。

但这并不妨碍你对自己的学习做规划,也就是根据现在的条件进行一些设想,根据设想做一些选择。一个自己有主见的学生,比随波逐流的学生会有更大的收获。

> 问:您很早就觉得自己可以是一个优秀的科研工作者吗?对于无法自我判断的我们,您有什么建议吗?

答:没有。我并不觉得自己有多么优秀,只是我确实比许多人都更加用功。我认识一些人,他们并不像我那么用功,工作却很出色。其实自己的所谓优点,都是发现原来别人还不如我。尤其是在学生阶段,真没有必要急着去"判断"自己将来有多大的出息。我很珍惜老师对我的鼓励,也极其重视对我的批评(那时在运动里叫作"批判"),但从没有去"判断"自己会有多大出息。年轻时我知道自己要做什么,但不知道能做什么;到了老年才知道我能做什么,但不知道我来得及做成什么。

> 问：您提到用写日记的方式做回顾和年度总结，想请教一下如何进行归纳和反思？

答：分两个层面，用每天写日记来管时间，用每年做总结来看方向。我没有像曾子那样"三省吾身"，但是每天写日记监督我一天做了哪些事，管住我把时间花在刀刃上，也提醒我哪些事情不要遗漏。年底的总结相当于财务盘账，但我"盘"的不是钱，而是时间。一年里多少时间花在上海和外地，一年里有哪些是个人的"十大新闻"，一年里有哪些该"表扬"的长处和不该发生的失误。其实，这种反省不必等到年底，有时候出差的路上就在想，尤其是在飞机上坐在窗口位置的时候。

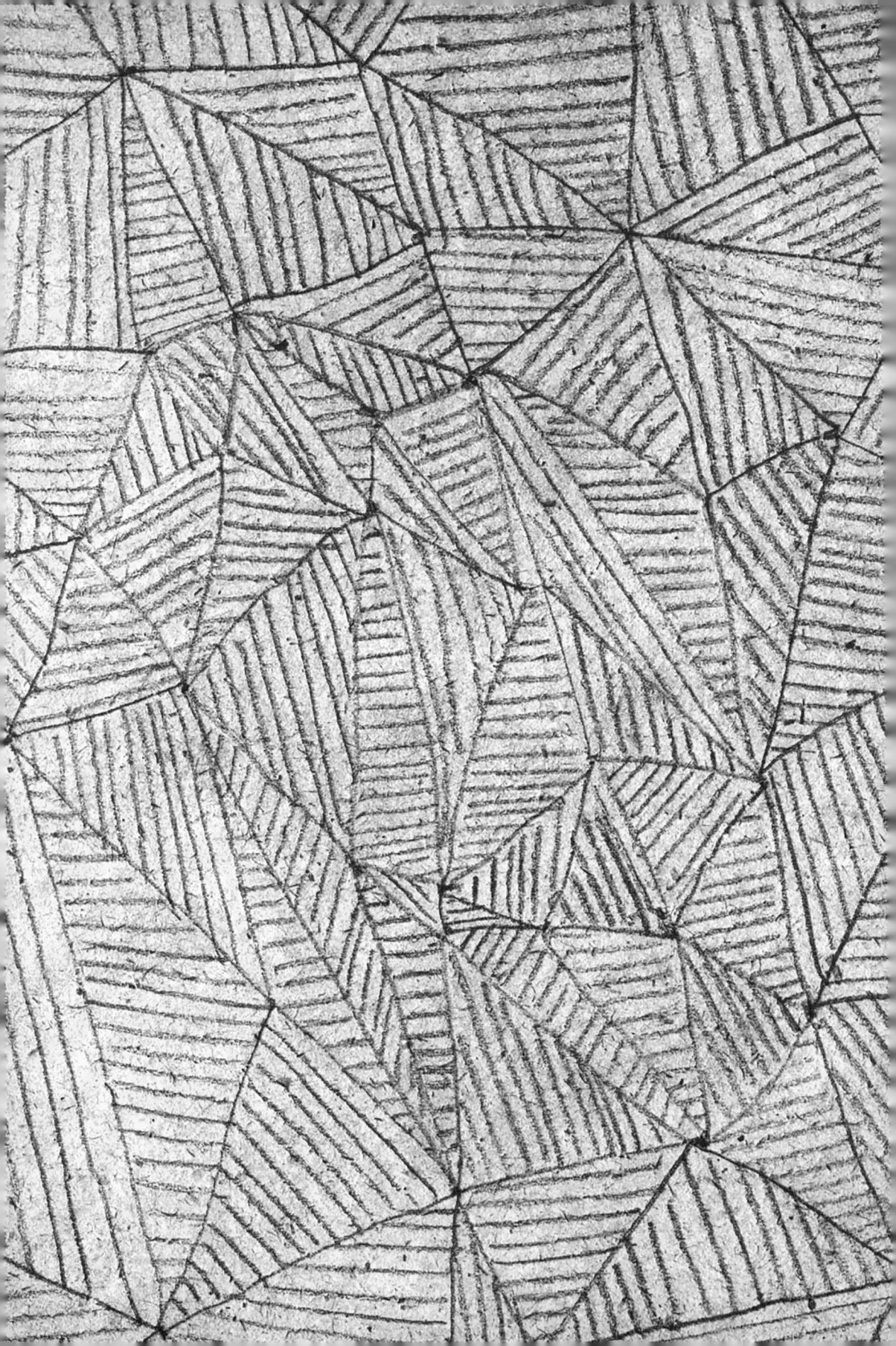

第六章 东西方文化

起源于大陆与海洋的东西方两大文明,深刻地影响着科学思维。百余年来,我国学术界在"传统保守"和"追随西方"之间摇摆,多次的反复造成对中华民族伟大复兴缺少文化自信。亟待通过文化反思,看清东西方文化各自的利弊所在,对内建立民族自信,对外澄清国际舆论,为中华民族伟大复兴夯实文化地基。

第一节
硕果仅存的华夏文明

世界四大流域的古文明中，中华文明体量与欧洲相当。因为有巨大的亲和力和包容性，方能繁衍至今，盛而不衰。

这些年来中国综合国力提升对世界格局变化有显著影响。一个国家发展起来，本来没有什么了不得；但是一个古老的大国发展起来，产生的影响就非同小可。2006年，纪录片《大国崛起》介绍了9个国家崛起的历史，除了美国、日本，全是欧洲国家，重点介绍的是海上崛起的历史，与大陆文明的中国显然不同。想要理解中国发展的意义和影响，那就要从世界古文明的起源，从大陆文明和海洋文明分道扬镳说起。

◎ 世界文明的起源

世界最早的文明产生在北半球中纬度的季风区，北纬20°～40°地区的大河流域，因为土壤肥沃，适合种植农作物。史前人类改变了游移的生活方式，在这些大河流域定居下来，包括尼罗河、中东两河、印度河和黄河长江流域，这就是人类从狩猎采集到农业起源的"产业革命"。这样一来出现了两种文化，一种是游牧的，另一种是农耕的。游牧的人没饭吃的时候，会来抢农耕人的粮食，就有了大大小小的战争。

海洋文明出现较晚，大陆文明发展了才可能有海洋文明。海洋文明不是在船上靠捕鱼建立的，是有了大陆文明后，有些狩猎采集的族群转向海洋，跑到海边去进行航海、经商、抢劫、殖民。"文明"的英文 civilization，其拉丁文词根和 civitas（城市）、civis（市民）相同，有了城市才有这类海上经济活动。具体地说，就是地中海、爱琴海这一带的人，他们发展得很快。梁启超 1900 年的

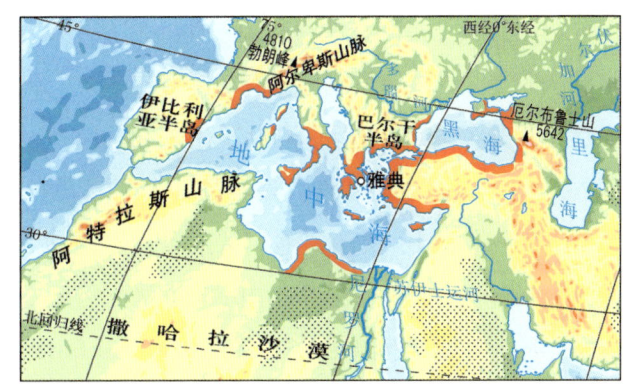

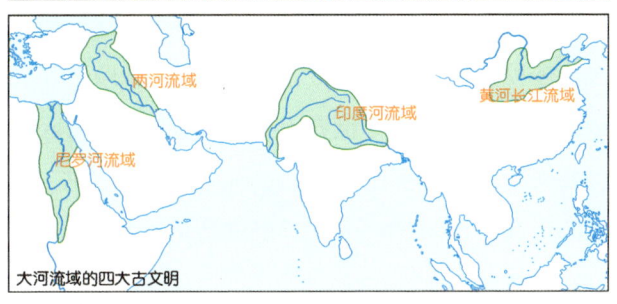

图 6.1　海洋文明和大陆文明的发源地

《二十世纪太平洋歌》讲人类文明史，先是"河流时代第一纪"，然后才是"内海文明时代第二纪"，是有一定道理的。不过，海洋文明出现在地中海的时候，大陆文明还是世界的主体，还要差不多 2000 年后海洋文明才出来主宰世界，因为 16 世纪以后的发展才开启了经济的全球化。（图 6.1）

由农耕文明发展起来的四个古文明中，尼罗河文明是非常辉煌的。从公元前 3100 年南北统一到公元前 332 年被亚历山大帝国征服为止，近 3000 年间出了 31 个王朝，沿着尼罗河分布，统治者主要是埃及人，但王朝规模较小（百万平方千米面积，千万人口）。埃及后来被罗马人征服，7 世纪又被阿拉伯人征服，于是阿拉伯语成为官方语言。现在埃及使用阿拉伯语、英语，埃及本土的语言文字可能只在博物馆里，金字塔、木乃伊是最大的文化遗产。尼罗河文明作为古文明的一支早已消失。

两河流域是指现在的伊拉克一带，底格里斯河和幼发拉底河流域，这是非常肥沃的地区，从这里到地中海东岸形成了一个新月形的肥沃地带（图3.5C），产生了最早的农业。然而5000多年来两河流域被不同民族占据，先后出现了不同的文化，缺乏连续性。最早是公元前6500—前2000年的苏美尔-阿卡德（Sumer-Akkad）文化，他们留下了最早的书面文字——楔形泥板文字。正因为泥板能保存，所以我们才知道那时有文字，但不知道世界上是不是还有别的文字比它更早。阿卡德国王萨尔贡一世（Sargon I，前2296—前2240年在位）以猎杀狮子而出名，阿卡德帝国可能是人类历史上第一个帝国，幅员辽阔、民族多元、中央集权。之后是公元前1895—前539年的巴比伦-亚述（Babylon-Assyria）王国，世界上第一部成文法典《汉穆拉比法典》和古建筑奇观"空中花园"都出在那个时期。公元前539年波斯人崛起，巴比伦灭亡，这一支古文明进入了博物馆。不过，两河流域虽然地区小、政权交替频繁，但在历史上产生了重要的文化影响。

印度河流域的哈拉巴文化（Harappa）是非常早的，公元前5000年那里开始有农业，达罗毗荼人（Dravidian）创造了哈拉巴文化，但现在达罗毗荼人是低种姓的。三四千年前从高加索来了一批雅利安人，打败当地人，形成种姓制度，雅利安人皮肤相对白，是高种姓的。约公元前2600年铜器时代，出现了最大的城市。以吠陀为代表的雅利安文化，与西北印度的土著文化相结合，于公元前7世纪形成了婆罗门教。印度的宗教经历很多变化，从婆罗门教到印度教，又到佛教，后来又有伊斯兰教，加上地方性的锡克教，等等，所以印度有"宗教博物馆"之称。印度北边有山脉屏障，但是西北边有个开伯尔山口（Khyber Pass），位于现在巴基斯坦的白沙瓦附近，外族很容易沿着河谷进入，所以印度王朝更迭频繁。印度历史上分裂的时间远比统一长，有三段时间相对统一：孔雀王朝（Mauryan，约公元前324—前187）、笈多王朝（Gupta，320—540）和莫卧儿王朝（Mughal，1526—1857）（图6.2）。历史上印度不断被异族征服，先后被雅利安人、马其顿人、白匈奴人、英国人等打败，到19世纪成为英国殖民地。就像泰戈尔所说，印度古代不是个国家，而是一个地理概念。现在印度官方语言22种，4亿多人以印地语为母语，实际上英语才是印度教育文化交流的主角。

四大古文明的华夏文明用不着介绍，至于地中海产生的海洋文明，有待补充说明的是其发展过程既不连续，也不神圣。前面说过，航海与商业最早来自东地中海的爱琴海，包括公元前10世纪的腓尼基人和古希腊人的航海。正因为有了古埃及和两河流域的农耕文明，地中海才有条件发展海洋文明。所以克里特岛青铜时代的米诺斯文化（Minos），可以被看作早期海洋文明的萌芽，后来在古希腊形成了早期海洋文明的高点。古希腊文明到5世纪随着西罗马帝国的灭亡完全衰败，幸亏有阿拉伯人加以保存，才能在1000年后经过"文艺复兴"重新被唤醒。

古希腊不光有文明，还有屠杀。古希腊其实不是一个国家，而是十多个相互争斗的城邦。公元前431—前404年经历近30年的战争，斯巴达战胜了雅典，但公元前362年斯巴达又被其北边的城邦底比斯（Thebes）打败，此后30年底比斯称雄古希腊。公元前338年，古希腊联军被马其顿骑兵打败。公元前335年，底比斯人误信亚历山大大帝被刺，起兵反抗马其顿，战败后亚历山大下令摧毁底比斯城邦，6000余人被杀，3万居民全部被卖为奴。所以爱琴海文明的发展史，伴随着城邦之间的厮杀。

与大陆文明不同，海洋文明其实并不需要国家。他们的发展都是从海上贸易出发，需要的不是民族国家中央集权的政府，而是商业航海的联盟，需要市民管理的民主政府。直到13—16世纪，北海-波罗的海的汉萨联盟（Hansa League）才是保护商人利益、提供航海合作的多城邦组织。

◎ 生生不息的华夏文明

四大古文明硕果仅存的就是华夏文明，有文物与文字记载的历史至少5000年。如果从秦始皇统一中国算起，到宣统皇帝下台为止，总共21个世纪，其中1400年是统一的，有700年是分裂的（图6.2），分裂时少数民族加入进来。

中国几千年历史中2/3的时间是统一的，即使经历过少数民族入侵甚至占领，但仍保持融合的华夏民族文化。这是为什么？因为中国有深厚的传统文化积累，这种由方块文字记载的文化，一直流传至今。以《诗经》为例，《诗经》收录的西周至春秋时期的诗歌，现在还可以吟唱。现在很多成语源自《诗经》，比如"投桃报李"源自《诗经·大雅·抑》"投我以桃，报之以李"；"人言可畏"源自《诗经·郑风·将仲子》"人之多言，亦可畏也"；我们现在说的"知我者，谓我心忧；不知我者，谓我何求"源自《诗经·黍离》。一个民族两三千年前的文化、语言，到今天能够保持不变，世界上没有第二例。

其实在讨论文化和历史的时候，把中国跟英国或者法国比，那就错了，就

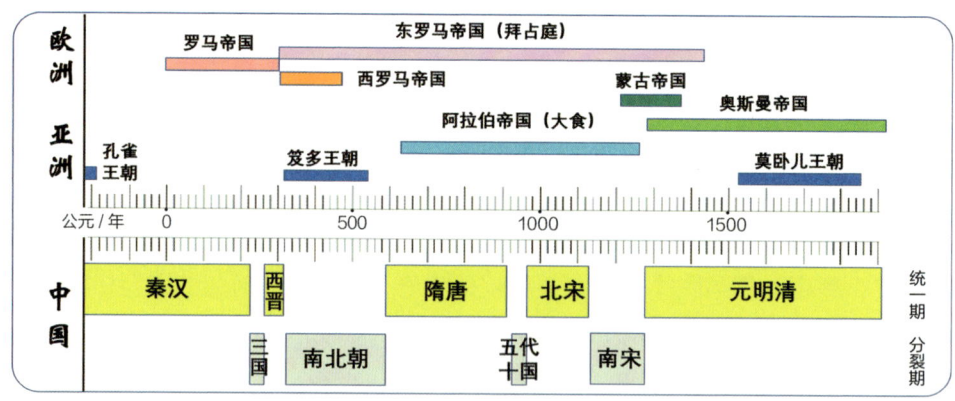

图6.2 中国历史上的统一期及其世界比较。下部示秦朝—清朝2000多年的分合，上部示欧亚大陆各种帝国的出现，如蓝色表示印度大陆的统一期

表 6.1 中国和欧洲的比较

国家/地区	面积/万 km²	大陆海岸线长度/km	人口/亿人	独立主权国家/个
欧洲	约 1000	约 37900	约 7	44
中国	约 960	约 18400	约 14	1

像把新疆跟同济大学所在的杨浦区去比，那不是一个概念。应当把中国和整个欧洲，而不是一个欧洲国家去比。（表 6.1）论体量，中国和欧洲面积相当，中国人口比欧洲多 1 倍；论语言，欧洲有些国家的语言差别与中国的方言相当，但是使用不同文字；论历史，中国统一时期共 1400 年左右，30 年前成立的欧盟至今统一不起来。

是中国统一太早，还是欧洲统一太晚？曾有历史学家说，中国统一太早了，早了 2000 多年，看看欧洲现在统一多好！欧盟成立 30 年了，欧洲至今统一不起来，英国参加了欧盟还退出来。说"中国统一太早"，是以欧洲作为标准；梁漱溟（1893—1988）说"中国文化早熟"，也是拿欧洲作为标准。其实人类社会的发展有不同道路，可以比较其得失，不需要规定哪条才是标准。那为什么中国历史久、面积大，还抱团不散？而欧洲那么多国家"黏"不到一起？

中国 2000 多年前就统一了，是社会发展的需要。水是农业的命脉，季风降水的变化，不时引起黄河泛滥和旱涝灾情，一家一户或者一个小区域的力量有限，需要统一的力量兴修水利、赈灾救灾。修建长城也是这样，战国时开始建"拒胡长城"，为什么？当北方匈奴的牧场由于气候等原因受到威胁时，他们就到有粮食的地方来抢，游牧民族的生活方式就是这样。为了统一抵御游牧民族的入侵，人们必须联合起来，以举国之力修建长城。

傅斯年（1896—1950）在《夷夏东西说》中写道，古华夏族实由东夷和西夏两大族类不断冲突、征服而同化的结果。古华夏是东夷和西夏，东夷在山东，西夏在河南，华夏族沿着黄河先发展起来，后来有很多少数民族都融合进来。

朱维铮（1936—2012）认为，多民族的中华文化，是多元文化的复合体。今天的汉族，实际上是诸族融合的产物，早年的汉族不是那么多，其后经历契丹、女真、蒙古、满等政权，北方汉族不断与这些民族混血，而南国汉族也不断吸纳百越诸族，终成明清的汉族。秦始皇统一六国后的中国史，很长时间也由非汉族的边疆民族主导，如北京成为首都近千年，其中除明永乐后二百来年外，主角都是契丹、女真、蒙古、满等民族。从中国人的姓氏就能看出来，很多人的姓就不是原来汉人的姓，但大家一点儿没有歧视，只要是中国人，姓什么都可以。

近年发现的三星堆古蜀国的历史不比黄河流域晚，所以说黄河流域的文明可能只是中华文化的一支，也许将来会说华夏文明也源自两河流域：长江、黄河。可惜到今天没有发现古蜀国的文字，也许不是没有文字，是没有保留下来。进一步地说，中华文明最早的起源可能有三个源头：一个是黄河流域的华夏文明，一个是三星堆的古蜀文明，一个是长江流域的良渚文明。

◎ 多民族文化的融合

我们主张把中国的文化和欧洲比，是因为两者都有极其丰富的内容，只不过在欧洲是分裂的，在中国是融合的。我们少数民族的文化，历史上就是一点点融合进来的。以服装为例，我们现在穿裤子是从赵武灵王（赵雍，约前340—前295）开始的。汉人传统服饰是"上衣下裳""深衣""襦裙"，下身服装以裙子为主，但是穿裙子打仗不方便。战国时候是在车上打仗的，马拉着车，人拿着武器站在车上打。北方游牧民族的人是骑在马上打仗，比汉人灵活多了。于是2500年前赵武灵王下令全国改穿胡服，也要穿裤子、骑马。赵武灵王"以胡制胡"，被喻为"黄帝之后第一伟人"。

不只是汉人学少数民族，更多的是少数民族学汉人。西晋灭亡之后，北方少数民族内迁，439年鲜卑族拓跋氏统一黄河流域，建立南北朝的北魏。北魏的孝文帝（467—499）5岁即位，由其祖母汉人冯太后主持朝政，490年孝文帝亲政，他清醒地意识到中原制度、文化的先进之处，积极推行汉化改革，把首都从平城迁到洛阳，朝中禁说鲜卑语，30岁以下的人不许说鲜卑语，禁穿鲜卑服改穿汉服，改鲜卑姓为汉姓，拓跋氏改姓元氏，为诸弟娉汉士族女为妻。

汉人统治的历代皇室，以唐朝对胡人最为器重。北方少数民族内迁时代及其之后的南北朝，汉人与胡人经历近300年融合。你知道吗？有的皇帝本身就是"混血儿"。唐太宗李世民的祖母独孤氏是鲜卑独孤信的四女儿，母亲窦氏和妻子长孙皇后都是鲜卑人。隋炀帝的母亲也是鲜卑人。鲜卑人跟汉人结婚很普遍，而且唐朝许多名将也是胡人：高仙芝是高句丽人，哥舒翰是突厥人，李光弼是契丹族人……过年时贴的门神，左边是秦琼，右边是尉迟恭，尉迟恭就是鲜卑人，两个门神都是给李世民打天下的好汉。

伟大的古丝绸之路上，在中国境内汉人并不多，主要是西域商人，现在称中亚人，他们来自隋唐时期中亚的九个沙漠绿洲国家，即"昭武九姓"，包括康、史、安、曹、石、米、何、火寻等国的人和戊地国的粟特人（图6.3）。他们处在丝绸之路上，世代善于经商，不断涌入中原，并逐渐被汉化。唐前期平定西突厥后，这九个国家便臣服于大唐王朝，随后开始了与中原汉人的融合。而其中的几个国家成为中国一些姓氏的起源。汉唐盛世，有许多"西域"来客。有人试图考证，《西厢记》里的崔莺莺就是西来的侨民，而胡人的舞蹈（图6.3C）一直传到了宫廷。唐代白居易的乐府诗《胡旋女》写道："胡旋女，胡旋女。心应弦，手应鼓……中有太真外禄山，二人最道能胡旋。……禄山胡旋迷君眼，兵过黄河疑未反。"胡舞、胡装、胡乐盛行一时，唐代元稹的宫廷燕乐《和李校书新题乐府十二首·法曲》写道："自从胡骑起烟尘，毛毳腥膻满咸洛。女为胡妇学胡妆，伎进胡音务胡乐。"胡人的血缘、姓氏、文学艺术等，都跟汉人融合在一起。

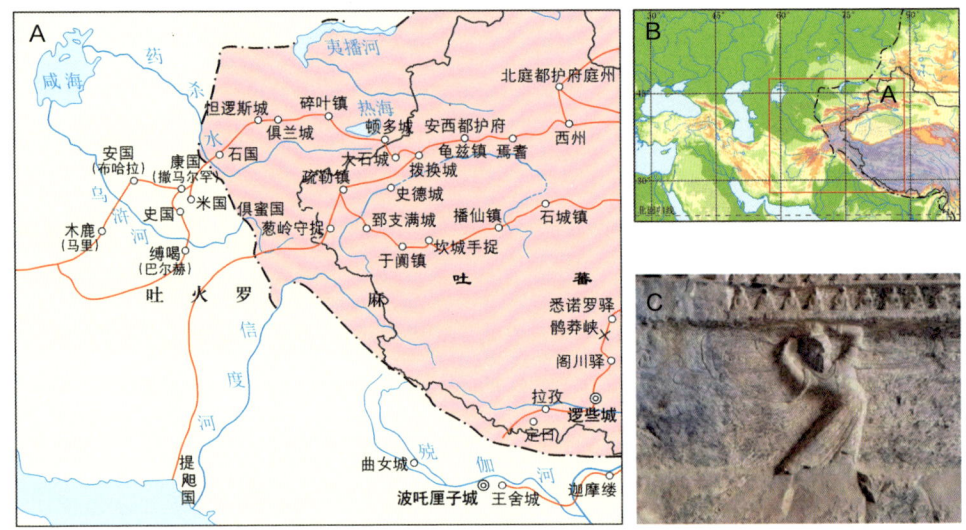

图 6.3 隋唐时期西域粟特人（胡人）。A. "昭武九姓"的地理分布区；B. 粟特国的位置；C. 胡旋舞

李白的出生地叫"碎叶"，郭沫若在《李白与杜甫》中提出两个"碎叶"，论证李白是西域人。他考证碎叶是唐朝"安西四镇"之一，位于今吉尔吉斯斯坦境内，在伊塞克湖西北比什凯克城郊外，不是南边的碎叶。旁证是《警世通言》里的《李谪仙醉草吓蛮书》，当时唐朝有一个番邦来进"蛮书"，写的是外文，满朝文武谁都不识，后来从酒楼里面把李白给找回来，他一看就懂了，然后拿起笔来写回答。此事把使者吓坏了，说天朝真厉害，我们的文字都有人懂！其实李白就是那个地方的人，本来李白也不可能是留学生嘛！当然，这不过是个传说，但我们通常一说中华文化都想到黄河流域的汉文化，实际上中华文化本来就是混杂的，因为融合所以才有生命力。

融合更加明显的是满族，如今已经难以辨识。有人说，满族人的一个特点是单眼皮，但是现在单眼皮的人多了，谁是满族人根本看不出来。满族出了许多名人，如老舍、侯宝林、程砚秋、启功、栾恩杰、秉志、金少山……中华文化的一个很大的成就，就是能够把不同民族的人团结在一起。

除了内部文化的融合，还有外来文化的引入，其中最重要的是佛教。佛教引进中国后，大大改造了中国的文化，影响非同小可。从公元1世纪汉明帝起，"帝梦金神""白马驮经"，开创了汉化佛教的发展期，南亚佛教文化融入华夏文化并成为极具特色的组成部分。汉传佛教以大乘佛教为主，已经和中华文化深度融合。佛教渗透文化的各个领域，从绘画音乐到建筑造型，从日常礼仪到诗歌韵律，佛教对人们的文化生活都有深刻影响。影响更大的是在唐朝，很多佛教经书被译成汉文，人们懂得了音韵的关系，唐诗就得益于随梵文而来的反切法，发展了韵律，十分优美。

南亚佛教的影响，往往超出我们的想象。孙悟空的原型是谁？有一种说法是印度史诗《罗摩衍那》里面的神猴哈努曼（Hanuman）。哈努曼是一个非常有功劳的神，它的故事和孙悟空的故事不一样，而孙悟空采用了哈努曼的形象。哪吒实际上也是佛教里面的一个菩萨，哪吒原名"哪吒俱伐罗"，原本是守护佛教的善神，但是《西游记》里把他改造成神通广大的天庭童神。不过，对这一类推论也有不同意见，最早提出孙悟空形象来源于哈奴曼，是胡适1923年在《西游记考证》中提出的，但是立即遭到鲁迅的反对。鲁迅坚持他在《中国小说史略》中的看法，认为孙悟空的形象是袭取了《山海经》里的淮涡水神无支祁。不过，胡适认为："我总疑心这个神通广大的猴子不是国货，乃是一件从印度进口的。也许连无支祁的神话也是受了印度影响而仿造的。"

如果放眼世界，中国文化中甚至有从古希腊来的元素。《荷马史诗·奥德赛》里面有一个塞壬海妖(Sirens)，长得像鸟一样，会唱歌，把人唱睡着了就吃掉。故事传到中亚、西亚，再传到印度。佛教故事中迦陵频伽就是妙音鸟，传到中国，就有了敦煌壁画里的妙音鸟，这实际上就是罗马传过来的。（图6.4）据考证，《后汉书》和《晋书·四夷传》都记载了班超出使西域出海受阻的故事。东汉永元九年(97)，班超派属员甘英出使罗马帝国，甘英积极准备渡过波斯湾北上罗马时，波斯派来的船员说这片海又大又凶险，把古希腊神话中塞壬海妖的故事当作现

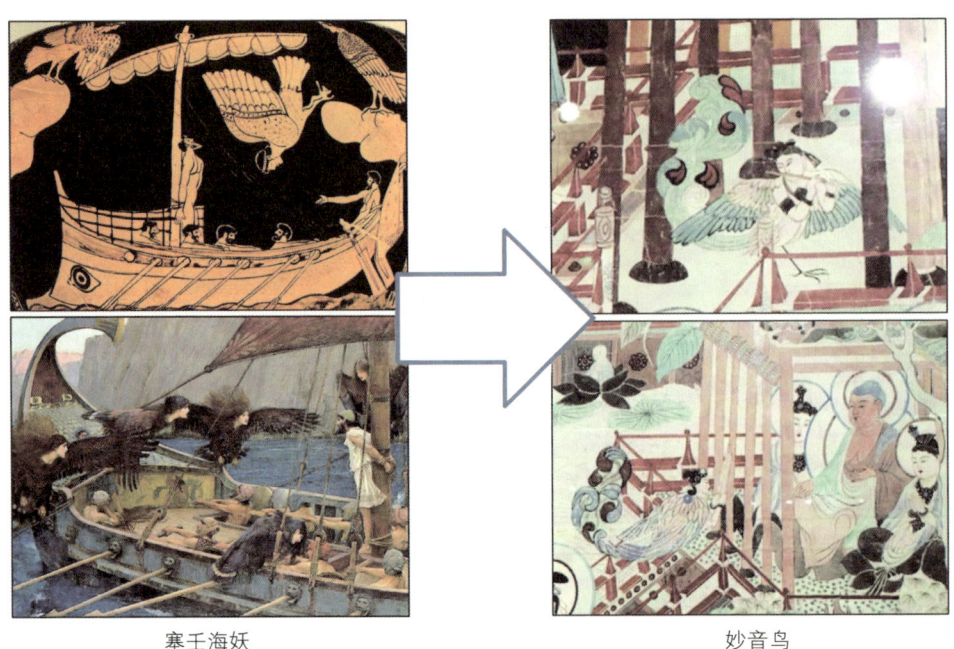

塞壬海妖　　　　　　　　　　　　妙音鸟

图6.4　从《荷马史诗·奥德赛》的塞壬海妖到敦煌壁画的妙音鸟

实介绍给甘英。由于担心，甘英止步于波斯湾，没有完成使命。

　　长期的封闭锁国，使我们过分强调华夏文明出自黄河流域的一元性，忽视多民族、多源头的文化贡献，陷入自我孤立。忽视文化交流容易导致妄自尊大，一旦泡沫破碎，又会转向崇洋媚外的另一极端。应当强调华夏文化与世界文化交流的长期传统，强调我们是世界大家庭的重要组成部分，而并非"外来户"！

第二节

东西方文明比较

从根源上讲,东西方文明的差异是大陆文明和海洋文明的差异。大陆文明强调家庭,重和谐和继承;海洋文明强调个人,重差异和开拓。

◎ 两类文明发展的差异

经过几千年的历史沉淀,起源于地中海的海洋文明占据了优势地位,曾经一度辉煌过的古文明逐个消亡,唯一能够与之并列讨论的就是东亚的华夏文明。以中国为主体的东亚文化有两个重要标志,一个是方块字,另一个是筷子。用筷子吃饭,用方块字写字,日本、朝鲜、越南几百年来都是这样的,方块字的影响至今抹之不去。

东亚文化曾经是人类文明的制高点。东方文化源自大陆文明,西方文化源自海洋文明,16世纪以后,代表东方文明的中国逐步被地中海文明击败,沦为半殖民地半封建社会,此后东方文化一度被学术界抛弃。大陆文明与海洋文明在个人与家族、继承与开拓等方面都有深刻差异,都对科学思维方式产生影响。这两种文明在最早的一两千年都是并行发展,但是"性格"两样。(图6.5)16世纪开始,海洋文明逐步征服和影响全球,造就了当代的世界格局。这两类文明之间固有的差异,至今影响着人类社会的发展轨迹。

大陆文明着重家庭,因为耕种一定要有家庭来做,要稳定、包容,要守业继承;海洋文明着重个人,要开拓,要冒险。游牧民族和海洋文明大多信仰一神教,

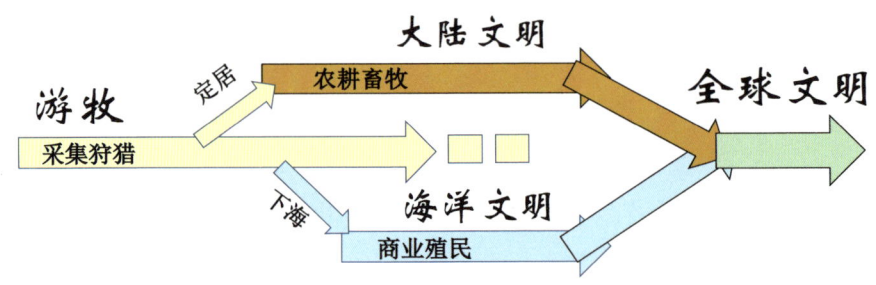

图 6.5　东西方文化差异的根源——大陆文明与海洋文明的分异

而大陆文明的宗教信仰比较包容，只要能得到保佑，信谁都可以。（表6.2）

现在世界上分布最广的宗教主要是闪米特（Semitic）诸教，亦称亚伯拉罕诸教，因为最初的信徒认为自己是亚伯拉罕的子孙，包括犹太教、基督教与伊斯兰教。（图1.9）闪米特诸教源自闪米特人的原始宗教，产生于西亚沙漠地区，是一神教，崇拜宇宙唯一的造物主，但是叫法不一样，叫上帝、耶和华，或者叫真主、安拉。这三种宗教的信徒现在占全球总人口约2/3，并非均属西方世界。（图6.6）

表 6.2　东西方文化差异的若干表现

类别	东方	西方
文明	大陆	海洋
社会基础	家庭、家族	个人
宗教	多为多神教	多为一神教
精神	继承、守业	开拓、冒险
重心	融洽、和谐	差异、冲突

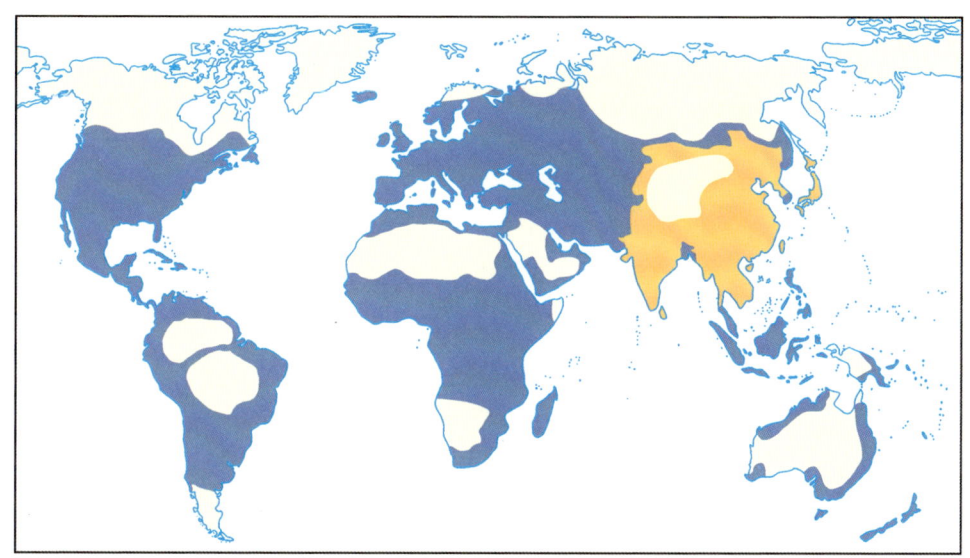

■ 亚伯拉罕教为主的区域　□ 少有人居住的区域　■ 佛教为主的区域

图 6.6　亚伯拉罕诸教在世界的分布

世界上重要的宗教都起源于亚洲，但西亚和东亚的宗教大不相同。东亚古文化里宗教的成分较弱，更没有排他性的一神教。中国人不大信教，儒、释、道可以三教合一，而且中国历史上没有过宗教战争。

因此东西方的战争也不同。由于经济水平的差异，游牧民族往往入侵农耕区，发达的农耕文明没有兴趣入侵贫困的地区。中国历史上的战争，要么是内战，要么是抗战，抵抗异族入侵，即便出境战斗，也是追击敌军，而不是侵略他国。而一神宗教之间的斗争常常表现为战争，最有名的宗教战争是十字军东征。此外，欧洲还有殖民战争，比如古希腊城邦在地中海、黑海的诸多战争，就是征服战争，如马其顿帝国的军队一直打到印度。

最近 500 年，世界由西方文明主导。从 14—16 世纪文艺复兴，到 16—17 世纪科学革命，再到 18 世纪工业革命这段历史，背景就是大航海时期。15—

16世纪交替的所谓"地理大发现",带来了科学革命,之后产生了英国的工业革命,但是欧洲的发展是以殖民地为根基的,通过掠夺他人资源来致富。文艺复兴、科学革命和

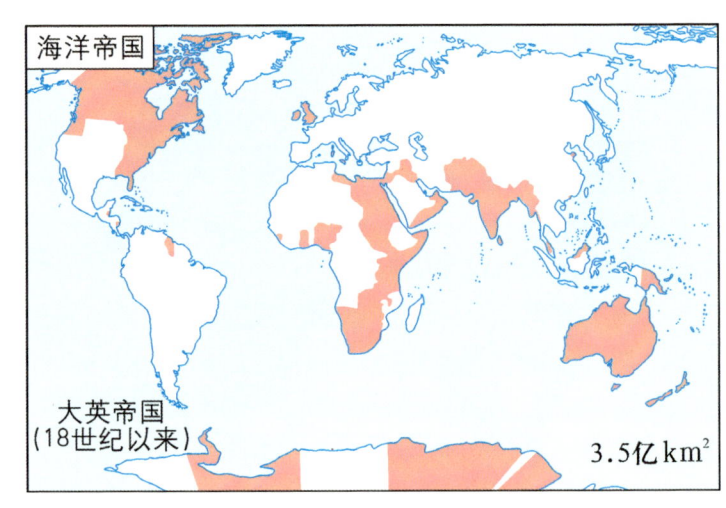

图 6.7 大英帝国的范围

大航海时期,相当于中国的明朝,正是郑和下西洋之后实行"海禁"的时期,中国与欧洲反向而行。

海洋文明从"鱼盐之利、舟楫之便"发展到探险、殖民。可以说,海洋文明很大程度是打出来的,海上的"大国崛起"伴随着奴隶贩卖、资源抢掠……有着血腥的一面。海洋文明的特点和游牧民族一样,一旦发生困难或者受到利益诱惑,就容易铤而走险,发动侵略。1000多年前,北欧的维京人(Viking)乘坐龙头船,穿越海洋对其他文明发动突然袭击,维京人远航遍及整个欧洲,西到北美,东至巴格达。维京人勇敢,但是残忍,这就是海盗精神。当年希特勒党卫军里设有"维京师",就弘扬这种残杀的精神。

可见,两种文明的发展途径各有千秋,然而海洋文明的地理范围可以更广。历史上最大的大陆帝国——蒙古帝国,横跨欧亚大陆,但最大的海洋帝国——大英帝国,横跨五大洲(图6.7)。

◎ 两类文明性质的差异

从主流角度看，海洋文明和大陆文明一个是内向型，一个是外向型；一个是稳定型，一个是冒险型；一个是家族型，一个是个人型。

大陆文明趋于稳定，没有去远方开拓的传统。中国古训说"父母在，不远行"。连皇帝对于海外扩展也没有兴趣，朱元璋说，"四方诸夷，皆阻山隔水，僻在一隅"，"得其地不足以供给，得其民不足以使令"。清乾隆五十八年（1793）的致英王敕谕中写道，"天朝物产丰盈，无所不有，原不藉外夷货物以通有无"，乾隆回绝了英国的要求。与之相反，海洋文明趋于开放，但是容易走火。从好的方面看，海洋文明有利于开拓、创新；从坏的方面看，海洋文明的"性格"和游牧民族一样，容易铤而走险，发动侵略，不打架没饭吃，发展就是靠打来的。

2004年，李光耀在《东西方文化与现代化》中说，中国文化强调协调和秩序，家庭重于个人，社会重于个人。欧洲的文化强调个人的自由和权利，欧洲强调自由、平等和博爱。这话都不错，但是要注意，殖民掠夺时，自由、平等、博爱与奴隶无关。

东西方对于个人与家庭关系的不同态度，反映在生活的各方面，连信封的写法都是两样的。英文的信封都是人名字在最前面，国家名字在最后，中国的信封都是先写国家名字，最后才是个人名字。这个很有意思，两种文化就有两种次序。2008年北京奥运会十分成功，光是开幕式的表演就震动了世界。美国著名评论家弗里德曼（Thomas Friedman）在他2009年的书里感叹："集体主义的中国，战胜了个人主义的美国。"

东方古文明里，有珍宝有糟粕；西洋文明里，也有珍宝有糟粕。我们需要做的是冷静地梳理，去芜存菁，而且这种梳理不可能在敌人的铁蹄下进行。所以中华民族没能站起来的时候做不到，当前稳定繁荣的社会，正是反思的理想时机。

更多谈论东西方文化差异的，是日本人，不是中国人。第二章里提到过琉球大学的本川达雄（Tatsuo Motokawa），他认为东西方科学的区别在于宗教。西方的一神宗教要求单一的规律，强调普遍性；东方的多神宗教允许众多的规律，强调差异性。西方的科学以假设为导向，东方的科学以事实为导向。西方的科学家强调个人，要与别人不同，通过语言显示个人。他写过一篇非常好玩的文章《寿司科学与汉堡包科学》（Sushi Science and Hamburger Science），讲两种文化的差异。他说，在日本，丈夫回到家里给太太一个眼神就够了，爱不爱都在眼神里。但是美国人回到家里，一进门就喊："I love you, my darling！"

一个"孝"字，就能说明东西方的差异。自古以来，中国家庭讲究"养儿防老，积谷防饥"，相应地主张"百善孝为先"，非常重孝。因此家庭对儿孙的期望、晚辈对长辈的责任，都与西方社会不同。国外的华人家庭和国内类似，对儿女教育的投入和关心程度，远远超出西方的原有传统。中国文化也有缺点，就是怕权威、怕长官，来个比自己官大的就不敢说话，在西方是没有的。儒家的"忠""孝"教育，加上明清两朝的"文字狱"，严重地扼杀了创造性思维。随之而来的就是说"套话"，这也是我们当前的毛病，是原创性科学研究发展不起来的一个原因。

◎ 两类文明治学的差异

我们谈论海洋文明与大陆文明的时候，理解决不可简单化。我们说的是文化特征，而不是个人经历。柏拉图或者亚里士多德都不是航海出身，古希腊学者治学的特色，反映的是爱琴海社会的文化背景。至今影响着我们学术界的中国治学传统，则是秦汉统一之后2000多年历史演变的产物。从历史看来，东西方治学的差异突出表现在两方面：东方的传统文化注重继承、崇拜权威，西方偏向于开拓求新、挑战权威；东方学者注重人际关系、聚焦社会层面，西方学者倾向于探索自然、追究事物机理。这些差别并非与生俱来，以中国而论，社会文化特征形成于秦汉统一。

历史学家周振鹤发表过一篇文章《假如齐国统一了天下》，十分有趣。这不完全是空想，因为战国晚期，七雄中最强的是西秦东齐，但两者发展方向大不相同。秦国地居内陆，在商鞅的策划下走小农经济、中央集权、文化专制的道路；齐国三面临海，按管仲的主张，实行的是重商主义、地方分权、思想自由的方针，大有海洋文明的色彩。（图6.8）

秦始皇并吞六国后设立郡县制实现大一统，既是进步又是包袱。黄仁宇认为，"中国的悲剧乃是其在地方组织及技术上的设备尚未具备规模之际，先已有大帝国之统一，因之上下之间缺乏一段有效的中间阶段，全靠专制君主以他们个人身上的机断弥补"，于是成为"早熟而千年盘旋的文明"（梁漱溟《中国文化要义》），失去了进一步发展的能力。竺可桢说："古代帝王认为'民农则朴，朴则易用，易用则边境安，主位尊'。'好智者多诈'，因此提倡重农抑商，农业社会势力大，求知之心不得发达，而科学思想亦无从发展。"

在这种背景下，

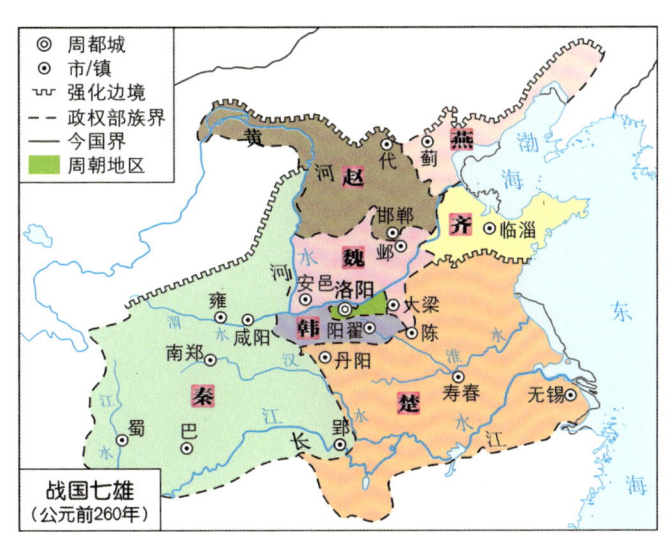

图6.8 战国七雄的地理位置

学术界的思想禁锢越来越严重。公元前2世纪，西汉采用董仲舒的建议，实行"独尊儒术，罢黜百家"；11世纪，北宋王安石变法，规定科举专考经书；到明清两朝，从15世纪明朝科举采用八股文格式，加上文字狱的教训，读书人逐步演变成为经书的蛀虫，只知道"代圣贤立言"，丧失了独立思考能力。

东方传统文化另一方面的问题是专致于社会层面而忽视自然世界，用今天的话说就是重文轻理。梁漱溟说中国"早熟"，还没有解决物质文明的问题，就走向了精神文明，因而不合时宜。他主张"身先心后"，先发展科技，而后才是人文，与我们的传统文化相反。最为典型的是南宋陆九渊（1139—1193）和明朝王阳明（1472—1529）的"心学"，主张"吾心即是宇宙""心外无物"。

我们常常以为中国的儒家不谈鬼神有利于科学发展，其实不见得。西方的宗教信仰上帝，东方的儒家主张"五伦""忠孝"，上帝是抽象的，而"忠孝"是具体的，信仰的是皇帝和家长。因此牛顿信教并不妨碍他研究力学，因为他要理解上帝创世的设计，而我们的古人只是从先贤经书或者内心深处去寻找答案，并不需要研究自然。诚如钱穆所说："中国知识分子……始终以人文精神为指导之核心。因此一面不陷入宗教，一面也并不向自然科学深入。"东西方两种治学方法的差异，过去决定了现代科学不会在中国产生，现在仍然是我们科学创新路上的障碍。

第三节
东学西渐与西学东渐

大航海时期为欧洲海洋文明带来500年的繁荣，近200年来其与东亚大陆文明碰撞，造成中国近代的衰弱和日本的发展。

◎ 西方宗教的东传

宗教是早期东西方交流的主要内容。地球上的大陆聚集在北半球，文明的起源，也都集中在北半球。因此人类文明主要是东西方交流，但中国的文化跟地中海的文化交流很困难，因为中间有青藏高原，高原北边又是沙漠，跨不过去，地理因素支持了华夏文化的独特性。

中国历史上有过很开放的时期，特别是唐朝，对宗教很开放。历史上有一些宗教人士在西方混不下去跑来我们这里，最有名的就是景教。5世纪，叙利亚人聂斯脱里（Nestorius）在基督教里面另立了一派，叫聂斯脱里派（Nestorians），结果被赶出来了，到了中东，又到中国，称为景教。唐太宗贞观九年（635），景教由叙利亚教士从波斯传入西安。明朝末年（1623）长安（今陕西西安）郊外出土"大秦景教流行中国碑"（图6.9），中国古代称古罗马为"大秦"，石碑于781年立于长安大秦寺，现陈列在西安碑林，记叙了景教在中国的流传情况，这是基督教传入中国最早的文字资料。

唐朝大概是中国历史上宗教文化交流最活跃的时期，不光是佛教和聂斯脱里的景教，当时传来的还有波斯琐罗亚斯德（Zarathushtra）的拜火教（或称

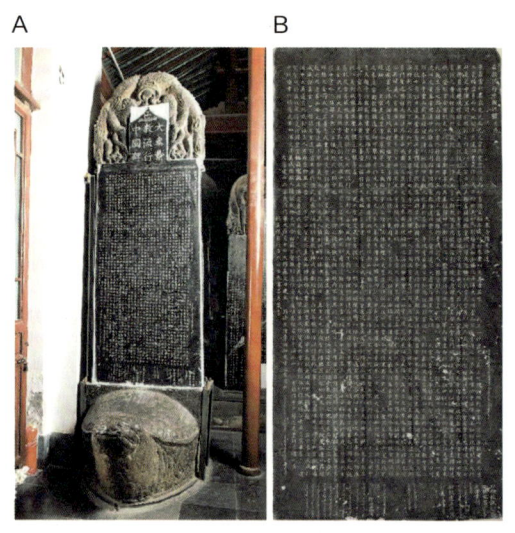

图6.9 大秦景教流行中国碑。A.西安碑林陈列实景；B.碑文（底部见叙利亚文）

祆教）和摩尼教（或称明教）等，唐朝成为当时国际文化交流中心。

开封有个犹太教清真寺，是犹太人定居中国后建立的唯一有遗址可寻的寺庙。北宋时期，犹太人来经商，居住在开封。南宋孝宗隆兴元年（1163），建了这座清真寺，大门后的牌楼上有康熙御书"敬天祝国"匾额，清真寺内的大厅为"一赐乐业殿"，"一赐乐业"是希伯来文"以色列（Israel）"的古音译，左右分别立有"康熙二年碑"和"弘治碑"，是《重建清真寺记》的碑文。大厅后面原藏有多部经卷，但多数被欧美传教士掠走。

◎ 早期的东学西渐

总而言之，最初东西方交流很大的动力源于宗教，早年是东学西渐，是西方学东方，不是东方学西方，最突出的例子是马可·波罗（Marco Polo，1254—1324）。16世纪以前，中国属于世界最发达的国家。威尼斯商人于1260年和1271年两次出发来华，马可·波罗1271年跟随父亲和叔叔踏上旅途，历时约4年，于1275年到达元朝的首都。他在中国游历17年，回国后写成《马可·波罗游记》，把元朝吹嘘得极度发达，促成了欧洲的中国热。但中国的情况和后来清朝时欧洲人来华所见不符，中国文献中又无关于马可·波罗的记载，因此近

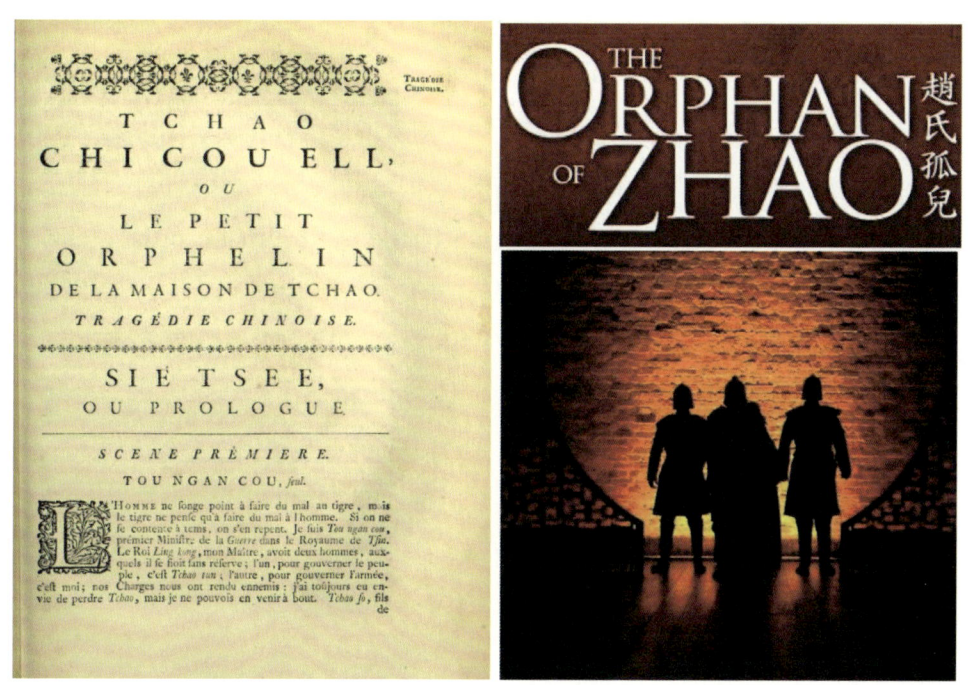

图6.10 《赵氏孤儿》早年的法文译本和近年的歌剧演出

百年来人们怀疑"游记"的真实性。1941年,据说西南联大的学生发现了《永乐大典》关于马可·波罗伴随蒙古公主离华的汉文记载。2000年,南开大学举行国际研讨会,再次确认了马可·波罗来华的事实。

直到18世纪末,宗教文化的东西方交流基本正常。18世纪,欧洲曾掀起一股"中国热",甚至中国戏剧文学也在热潮中传播到欧洲,《赵氏孤儿》是其中的一部。《赵氏孤儿》是13世纪元朝杂剧,由纪君祥所作,讲的是战国时候的一段故事,一批舍生取义的人前仆后继、不屈不挠地同邪恶势力斗争到底。京剧《搜孤救孤》演的就是这个故事。1731年《赵氏孤儿》被在广西的马约瑟(de Prémare)神父译为法文,接着又三次被译为英文;1753年,被伏尔泰(Voltaire,1694—1778)改写为剧本;1755年在巴黎首演,后来在英、意、德等国演出。(图

6.10）

路易十四时期（1643—1715），法国宫廷开始收藏中国工艺品，掀起对"中国风尚"的特殊嗜好。伏尔泰说，"中国是世界上开化最早的国家""我们诽谤中国，唯一的原因，便是中国的哲学和我们的不同"，重要原因是中国对宗教的宽容态度。德国的莱布尼茨（Gottfried Wilhelm Leibniz，1646—1716）发明二进位制，并认为二进制数与中国《易经》中的六十四卦图的符号相一致：如果把阴"— —"看作0，把阳"—"看作1，那么六十四卦图中的六爻排列恰好是从0到63的二进制数字。莱布尼茨不但是伟大的数学家、哲学家，还是最早接触中华文化的欧洲人，他与欧洲到中国的传教士们直接交谈和通信。

◎ 西欧文化进入东亚和南亚

18世纪以后，欧美国家从海上入侵东亚、南亚，结果产生了三种社会模式：印度模式、日本模式、中国模式。印度模式是变成殖民地，日本模式是形成帝国主义国家，中国模式是变成半殖民地半封建社会。

先说印度。1600年，英女王伊丽莎白一世授予东印度公司皇家特许状，给予它在印度贸易的特权，随时间的变迁，东印度公司逐渐以商业贸易主宰印度。1757年，英国人以900人军队，通过贿赂击溃7万人的孟加拉军队，并随即占领孟加拉，然后蚕食印度其他地方，直至1849年英国殖民者完全占领整个印度。印度宗教普遍相信宿命轮回论，忍受今世苦难，期待来世进极乐世界，所以束缚了印度人的反抗精神。印度进入典型的殖民地模式，推行英语文化，虽然印地语是官方语言，但会讲印地语的人不是多数，所以原来的经济文化就这样没有了。

再看日本。16世纪中叶起，葡、西、荷等西欧国家先后来日本传教、经商。1602年，世界最早的股份制公司荷兰东印度公司由商人以及贵族建立。1609年，荷兰人在平户建立荷兰商馆。其实最先来的是葡萄牙的传教士,在他们的宣扬之下,长崎的基督教徒最多时超过50万人,江户幕府感到基督教产生了政治威胁,于1614年颁布全国禁教令,据说镇压杀死3.7万教徒,把葡萄牙、西班牙的传教士驱逐出境,只留下荷兰东印度公司的人。1636年,幕府执行锁国政策,在九州的长崎建造了个扇形的人工岛——出岛(图6.11),只准荷兰人在岛上活动。1641年(明崇祯十四年),荷兰商馆迁入出岛,此后直到1859年(清咸丰九年),横滨开港的200多年时间里,出岛成为面向西方的唯一窗口,对于接下来的明治维新和日本的发展,起着关键作用。

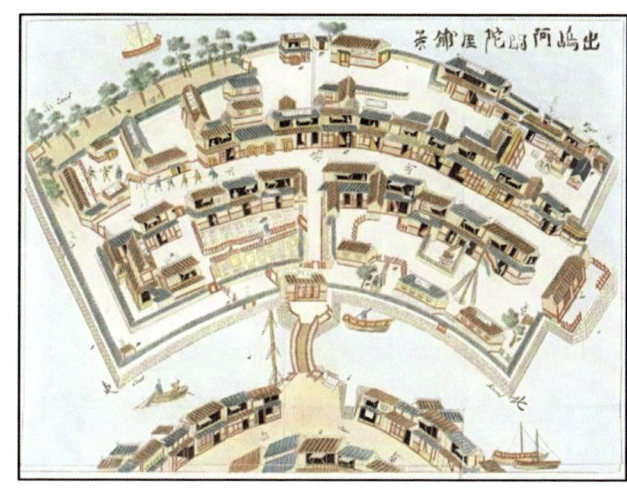

图 6.11　出岛(左)及其位置(右)

尽管这200多年是江户幕府锁国时期(1641—1853),日本人仍旧可以在出岛与荷兰人交流,从而奠下了日本早期的科学根基。幕府将军德川吉宗(1716—1745在任,时值清朝康乾盛世)命野吕原长、青木昆阳学习荷兰语。幕府儒官青木昆阳(1698—1769年)研究荷兰语,出版了《荷兰文字略考》……于是产生了所谓"兰学"(Dutch learning)(图1.3),使得日本通过荷兰引入欧洲现代科学。江户幕府禁止宣传基督教教义的中文书籍，但是德川吉宗解禁除基督教书之外的洋书及汉译洋书，于是自然科学书籍"蜂拥而至"。当时日本已经出现了一些科学家和科学著作，如野吕元丈1750年（清乾隆十五年）的植物学著作《荷兰本草和解》12卷。1754年（清乾隆十九年），山胁东洋通过人体解剖，纠正旧说，写出《脏志》一书，发现解剖结果同荷兰解剖学书一致。平贺源内（1728—1779）实验种植甘蔗、药草、制糖，发现了石棉。

这样，"实学"成为幕府和诸藩殖产兴业、加强封建制度的有力手段。日本人的视野也渐趋向西方，大规模地吸收先进的西方文化。日本的社会发展比较快，甚至艺术也形成自己的特色。浮世绘代表了江户时代（1603—1867）市民文化的发展，具有独特民族特色，题材极广。浮世绘对欧洲画坛也有着深远的影响。凡·高、莫奈、马奈、德加等印象派艺术家都受到浮世绘风格的启发。在1853年黑船事件之后，1854年美国与日本幕府签订《日美亲善条约》，日本基本上无条件答应了美国的通商要求，国门被迫打开。所以说1868年开始的明治维新的成功并非偶然，日本人的视野已经逐渐朝向西方，甚至提出了"脱亚入欧"的口号。

而中国和日本的情况不同。中国在1840年鸦片战争失败后推行洋务运动，1895年北洋水师全军覆没，1898年戊戌变法失败……中国一步步沦为半殖民地半封建社会。

其中关键在1898年，光绪皇帝（1875—1908）和改良派的百日维新（即戊戌变法）以失败告终。而日本天皇睦仁（1852—1912）1868年开始的明治维新，却取得了成功。两个国家走上两条路。17—18世纪科学革命进入高潮时，欧洲启蒙思想风行，工业革命兴起，日本"兰学"的发展恰好在这个历史转折时期。日本明治维新成功之后，走上欧洲殖民扩张的道路，侵略别的国家。而甲午海战中，大清北洋水师被日本联合舰队击败，全军覆没，标志着1861年开始的洋务运动的全面失败。

◎ 历史拐点上中国失败的原因

为什么百日维新失败，明治维新成功？其中一个重要的原因是中国没有文化上的准备，长期无视西洋文化，在科技发展方面大大落后于世界，落后就要挨打……而日本古代学习中国的文化，近现代学习西洋的科技，因此迅速发展起来。

实际上，西学东渐首先发生在中国。最早的传教士是先到澳门，再去别处的。但是中国的传统力量太强，徐光启和利玛窦1607年翻译欧几里得《几何原本》前6卷，而后9卷到1856年才翻译出版，拖延了250年！相反，日本明治维新就是引进先进的文化、技术。日本出了一批学者，福泽谕吉（1835—1901）就是突出的代表。他是日本近代最重要的启蒙思想家、日本近代教育之父、日本第一位军国主义理论家，写有《应该直接对支那朝鲜两国开战》《日清战争是文明与野蛮的战争》《赶快攻略满洲三省》等文章。他认为，"我日本国土虽位居亚细亚的东边，但其国民的精神已脱去亚细亚的痼陋而移向西洋文明。然而不幸的是近邻有两个国家，一个叫支那，一个叫朝鲜"，"与恶人交友就难免恶名，我们要从内心里谢绝亚细亚东方的恶友"。福泽谕吉是日本的明治维新和后来发动侵略的理论家，提出要"脱亚入欧"。日本旧版钞票的1万元纸币上的人物，就是他。

中国不是没有具远见卓识的学者，明末的徐光启，清代的魏源、张之洞……都是，但是起决定作用的是社会背景、知识界群体。福泽谕吉的观点变成日本的国策，中国的先进学者即便身居高位，提出的主张也会被皇太后一票否决。在第一章里我们讲到过编著《海国图志》（图6.12）的魏源，就是一位面向全球的思想家，比日本的福泽谕吉早40年，被誉为中国"睁眼看世界第一人"。可惜他的呼吁不被重视，在遭受官场种种坎坷之后辞官隐退，遁入佛堂，最后卒于杭州僧舍，与福泽谕吉的命运恰成对照。

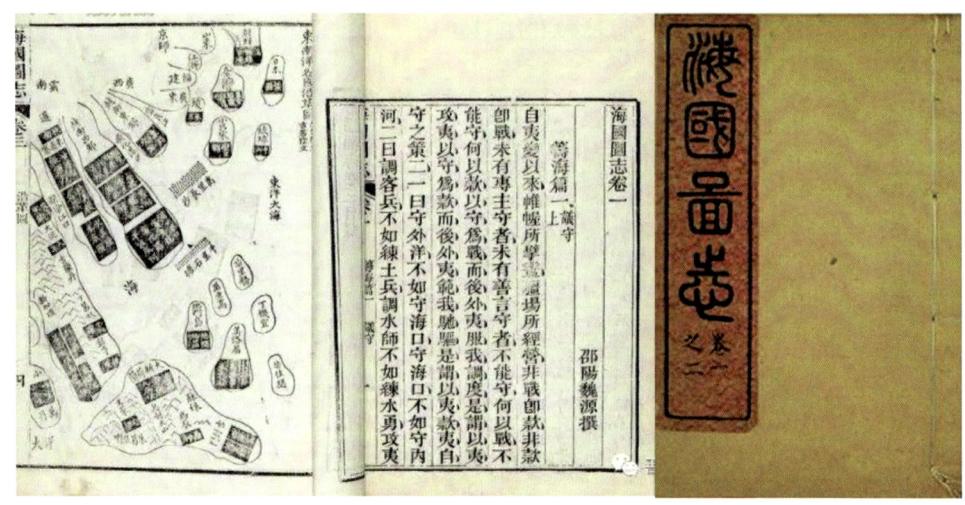

图6.12　魏源的《海国图志》（1843年出版）

科学是跟着洋务运动来到中国的，作为存亡关头的救急措施。19世纪60—90年代的洋务运动是晚清洋务派进行的一场引进西方军事装备、机器生产和科学技术，以挽救清朝统治的自救运动，以"自强""求富"为口号，以"中学为体，西学为用"为指导思想。洋务派主张以中国伦常经史之学为原本，以西方科技之术为应用。李鸿章（1823—1901）是淮军和北洋水师的创始人、统帅，洋务运动的领袖，晚清重臣，他建立了中国第一支西式海军——北洋水师。他主宰清朝外交30年，多次提出"以夷制夷"，引进西方先进技术，购买洋枪洋炮，开矿办厂，派遣留学生。但最终洋务运动以甲午战争北洋水师全军覆没告终，李鸿章也无力改变中国落后的现实。

比较亚洲的三国，18世纪以来，欧美对东亚、南亚入侵后，印度变成了殖民地，日本去殖民别人，中国有些统治者傲慢自大，不屑向外国学习，结果中国沦为半殖民地半封建社会，然后一批先进知识分子发起的新文化运动在慌忙当中对自己的文化全面怀疑，对西方文化全盘接受，这是我们的耻辱。

在500多年世界格局的调整中,盲目自大的古代中国没落了,像一门"破落户"在国际上受人讥笑。100多年来,经过几代人流血流汗的奋斗,我们又走近世界舞台中央。中国文化是有生命力的,如果仍旧沿着人家的脚印走,显然路走不通,老祖宗的千年积累,我们应该怎么用?

第四节
现代科学与古代文化

中国科技界正经历着史无前例的黄金时期，当务之急是反思百年来经历的反复，倡导海陆结合的全球文明，实现科学的转型。

◎ 中西学者的历史比较

中国传统文化水平很高，为什么对近代科学贡献较少？这是典型的"李约瑟难题"，值得听一听早年欧洲人的声音，比如明朝意大利传教士利玛窦，他在华28年，是较早来华传播近代科学知识的人之一。他认为，中国人相信，中国的国土包罗整个世界（"天下"），因此中国皇帝出手很大方，各国公使来中国交纳贡品时，从中国拿走的钱都要比他们所进贡的多得多。中国人，尤其是有知识的阶层，把外国人都归入一类，都称之为"蛮夷"。他们甚至不屑从外国人的书里学习任何东西，因为他们相信只有自己才有真正的科学与知识。

利玛窦说到点子上了，中国古代不是没有科学人才，而是没有科学的位置！郑和下西洋是显示天朝的伟大，富裕的东方强国从来不需要跟外国人学东西。明朝末年，像徐光启那样的人真是了不起，他的官位起码相当于现在的政治局委员了，能够引进外国的科学书籍，很不容易，可惜唤醒不了大家。徐光启不光和利玛窦合译了《几何原本》，他还对农业有兴趣，于1625—1628年编著了《农政全书》（图6.13），记录中国传统农政措施与农业技术。该书是明朝的农业百科全书，可是他生前未能出版，到1639年才经学生删改后刊行。《农政全书》

传到日本后,日本农学家宫崎安贞按其格局,于 1697 年编写《农业全书》。这跟清朝魏源的《海国图志》一样,在中国缺乏呼应,反而受到日本的重视。

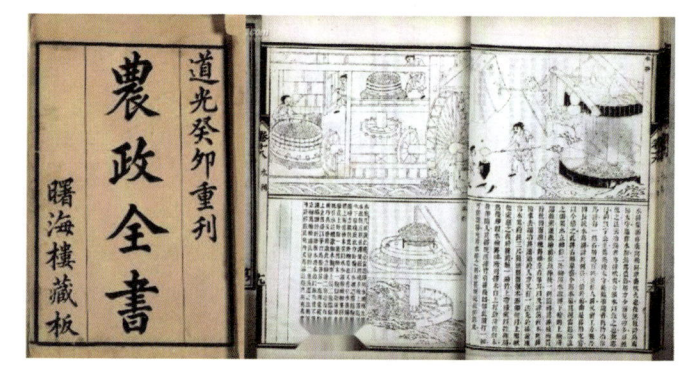

图 6.13 徐光启著《农政全书》

如果把中世纪欧洲和中国同时期的杰出人物作比较,就会发现其中的明显差别。哥白尼(1473—1543)和王阳明(1472—1529)、康德(1724—1804)和纪晓岚(1724—1805)、达·芬奇(1452—1519)和唐寅(1470—1523)基本是同时代的人。王阳明对自然有过兴趣,但是"格竹"失败,认为"心体即万物,万物即心体",了解世间万物不用动手,跟欧洲的自然科学完全不一样,哥白尼和王阳明想问题的方式就不一样。纪晓岚《阅微草堂笔记》里那些狐鬼神怪的短篇小说令人拍案叫绝,奇怪的是这位乾隆年代的高官,竟有如此雅兴去大讲狐狸精。而与他同庚的德国才子康德,虽然最高经历也就是大学校长,却是名垂史册的哲学家和天文学家,他的《自然通史和天体论》提出了太阳系起源的星云说。唐寅的画和达·芬奇的画,没法说谁的画更好,是不同风格的作品。达·芬奇的画有科学功底,画的腿有解剖学基础,画的浪有力学根基。

如果考察现代科学的历史,会看到牛顿、瓦特、达尔文、莱伊尔、开尔文……英国出现了这些历史上的重要人物,每个学科几乎都是他们开辟的,而且都在那段时间里,真是了不得!

为什么产生近代科学的不是中国?马可·波罗眼里的中国很辉煌,但是自然科学的产生其实是要跟商业相关,跟航海相关,中国缺乏海洋文明的元素。农耕文明的性质保守，社会阶层士、农、工、商中，最后一位才是商，而且文化要求继承前辈，尊重师长，并不强调创新。儒家文化更重视人际关系，轻视自然探索；重视文字语言，轻视动手、分析。另外，由于地理原因，中国是相对封闭的，与其他国家缺乏交流。

◎ 中国科学面临着转型

那么，中国的传统文化对现代科学用处不大，只能抛弃吗？确实有过这种主张。

抗日战争前夕的 1929 年，南京国民政府卫生部召开中央卫生委员会会议，与会者包括褚民谊、颜福庆等，会议通过《废止旧医以扫除医事卫生障碍案》，简单地说，就是要把中医药禁止掉，激起全国中医界人士的反对。他们群情激昂，成立了国医公会，通电全国，游行集会、请愿罢市。最后议案取消，直到今天我们不但还有中医，而且中西结合发展出了新医药。

这类过激的做法也发生在汉字身上，曾有文化名人主张消灭汉字。但是新中国成立 70 多年来的实践表明，通过汉字简化和义务教育，汉字完全可以为大众所掌握，汉字本身并不是造成文盲的主要原因。相反，中国方言之间的差距不亚于一些欧洲语种的区别，方块汉字正是跨越方言阻隔的桥梁、维系民族统一的纽带。事实上中国现在也没有亡，汉字也没有灭。

西方科技文化引进中国，主要由传教士和留学生完成。近 200 年，中国留学生的主要目的地国家是不一样的。从 1881 年，晚清幼童留美，到"庚子赔款"后留学美、英、法、荷、比等国，再到后来留苏。从 1978 年至 2019 年，我国各类出国留学人员累计已经达到 656.06 万人。

留学生给中国带来很多西方知识，也引起一些运动，五四运动是一个典型。

运动以大学生为主体，学生们在入侵者的炮火下难以冷静分析。同时，受政治运动的影响，国人对中西文化的认识多次反复，时至今日，有的民众对此仍然缺乏冷静和全面的分析。新文化运动在文化上提倡"赛先生"和"德先生"，至于"打倒孔家店"的提法，很可能是后人的延伸。陈独秀说："在现代知识的评定之下，孔子有没有价值，我敢肯定地说有。"李大钊说："余之掊击孔子，非掊击孔子之本身……乃掊击专制政治之灵魂也。"他们都没有提"打倒"。所以我们冷静下来看，不应该把中国的文化放在科学的对立面，不是抛弃它，而是应该改造它。

当前我国科学的发展，正处在历史性的黄金时期。20世纪80年代改革开放的早期，中国人还没有听说过什么叫SCI；而到了2010年，SCI论文数量就跃居世界第二位。但是从历史上看，95%的论文只是"过眼云烟"，论文数量并不是科学研究的目的，甚至于不是衡量科学发展水平的主要标志。中国论文的数目超过美国，其实中国的科学水平离世界第二位还有一些差距。中国科学已有巨大进步，有顶级的材料、灿烂的前景，但如果把论文数量当作质量自我陶醉，那就有可能犯历史性的错误。中国科学发展的关键在转型！

目前我们的自然科学研究很大程度是在做"外包工"，我们的科学家从外国的文献里面找到问题，申请经费立项，然后买外国的仪器，做分析后拿到外国去发表……实际上都是外国人要做的，我们替他做了。但是一旦你的观点跟他不一样，你的文章就难以发表，这就是我们现在遇到的一些困难。我们不应该满足于科学上"外包工"的身份，不能只制造"零件"，也要能进行"机器"组装。与经济一样，当代科学已经全球化，并向两极分化。科学研究有两种类型，一个是原料输出型，另一个是深加工型。（表6.3）深加工型的科研要有先进设备，但是劳动力不一定多，要有很多学科交叉，需要创新；而劳动密集型、原料输出型就无所谓创新，设备也不一定要很先进，只要有很多人力就可以了，基本上就是模仿。所以中国要过这个关，也就是要从原料输出型、劳动密集型，

表6.3　科学原料输出型与深加工型的区别

类别	原料输出型	深加工型
条件	人力多（劳动密集型课题）	设备先进
科学和技术	相互脱离　分别模仿	相互结合　携手创新
不同学科	缺乏交往	结合、交叉
理论探索	微弱	发达
效果	模仿、跻身	创新、引领

转到深度加工型，这才是科技强国建设所需的科学研究。

展望未来，科学将迎来一次新的革命。比如说宇宙的构成，至今不知道、不理解的暗物质和暗能量占96%，科学家研究的可见天体和星系际物质只占4%。再如，近半个世纪提出"全球变化"的概念，人类对于地球系统和生命系统的运作和演变，开辟了新的研究天地。现在科学家把地球从大气到地核统一看作一个整体，大气的成分跟地球的内部都是相关的，虽然并不完全了解，但是客观上是存在的。现有的科学，不见得能回答新提出的问题，生命科学和地球科学呼吁要有新一代的科学。比如把热力学第二定律里面的熵（entropy）引进地球科学的研究，是一个很大的进步，但是遇到生物演化就解释不通，因此生物界提出来"负熵""反熵"的概念。这就是新的科学突破的苗头，但是这种突破肯定需要很长时间才能实现。

现在是网络时代，从政治社会活动，到科学研究的方式，都在发生空前规模的变化。社交媒体向传统媒体发出挑战，大数据时代正在向现有的研究方法提出挑战。所以，我相信这给中国的科学界提供了一个非常好的契机，我们可以借助新技术大幅度地为科学发展换思路。

以牛顿力学为标志的科学方法的产生，强调了逻辑分析。而中国几千年的文化里面，是不是有更好的东西能够发掘出来，为我们科学所用？中国传统思维方式着重归纳、非逻辑的方法（想象、直觉），着重研究事物的整体性，强调协调和协合，主张天人合一，"仰观天文，俯察地理，内省自身"。归纳与演绎不同，归纳法是由个体到整体的总结，演绎法是由整体到个体的推理，归纳与演绎相辅相成，而现代科学更多运用演绎思维。中国传统的系统思维方式，在科技向系统化、整体化发展中会起越来越重要的作用。一个走了5000多年路程的民族，为什么近200年来走得这样累？下面该怎么走？我想起一些很有趣的故事。2000年，我在机场买了一本小册子《世界文明八百年周期说》，作者是日本的村山节、浅井隆。他们认为世界的文化，800年在西方，800年在东方，现在要到东方来了。

后来我查到，李四光的早就说过类似的话。1932年，《庆祝蔡元培先生六十五岁论文集》里面有李四光的一篇文章，他提出中国历史兴衰也有七八百年的大周期（图6.14）。这类分析不见得正确，不过做气候演变研究的人知道地球上有1500年的气候演变周期，这是自然的规律。800年是不是近于1500年大周期的一半呢？

我并不想鼓吹宿命论，我想宣扬的是海陆结合的全球文明。从早期文明分出大陆文明、海洋文明以来，游牧民族本身的文明基本上没有了。海、陆两个文明曾经长期平行发展，本来无所谓优劣，15—16世纪后海洋文明加速发展，

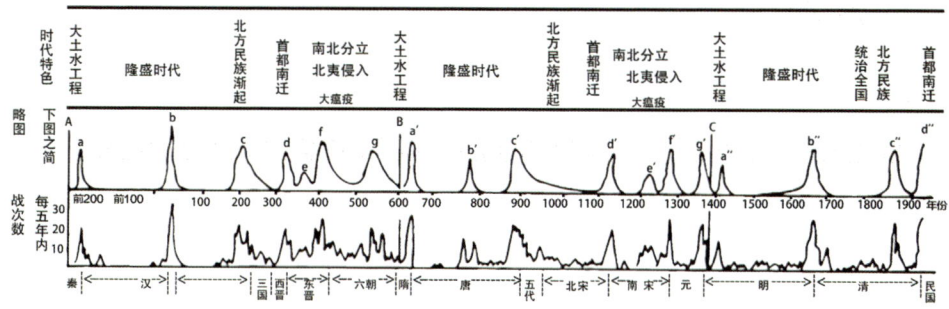

图6.14　中国历史兴衰的七八百年大周期（李四光，1932）

与大陆文明碰撞,到19世纪全面击败了大陆文明,而现在又出现了两者结合的趋势。因为现在新经济的发展、科学技术的发展,使得海洋经济和大陆经济的差异正在消失,世界的文化交流逐渐在加强,我国应该吸收海洋文明创新、开拓的优点,发扬传统文化中集体、和谐的优点,形成海陆结合的全球新文化。(图6.15)

　　从当代经济来看,跨越海陆的大国发展比较有利,只有海洋、没有内陆的国家不见得有利。比如"金砖五国",都是既有海洋又有内陆,较有规模的国家。

　　我相信世界文明的发展方向,是在文化反思的基础上,把海陆分割变成相互融合,就看谁能做得更好。现代科学在欧洲而不是在中国产生,原因之一是中国传统文化里有着不利于创新的成分,必须对中国传统文化进行重新分析。中国和中国人的特色,只有自己有公正客观的认识,才能说服外国人,扭转国际舆论界对中国形象的歪曲。国家之间的关系,也需要从人类社会历史演变的大视野里,进行重新认识。

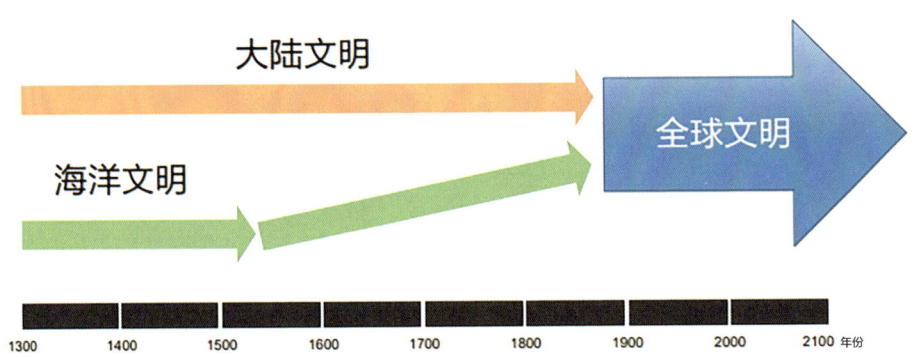

图6.15　人类文明的发展趋势

第五节
中国人重新认识自己

在国际上还原中国和中国人的真实面貌,需要从自己做起。只有在人类史大框架下重新认识中国,重塑国际形象才能成功。

◎ 反华浪潮与"黄祸论"

近些年来国外有不少书报和文章骂我们,2021年《大西洋月刊》发文章《中国是条纸头龙》(*China is a Paper Dragon*),作者大卫·弗鲁姆(David Frum)说,中国的大学只不过是些文凭工厂,只发文凭而已,中国对研发的投入是十分有限的,还不过是个"依靠外国技术的国家"。2018年出版的《无可匹敌:为什么美国仍将是世界上唯一的超级大国》的作者迈克·贝克利(Michael Beckley)说:"现在的趋势强烈表明:单极主义将要延续几十年。美国是不可战胜的,世界上只能有一个超级大国,不能有第二个。"

确实,现在国际上反华的浪潮已经起来,从看中国不顺眼,到政府反华,再到民间的种族歧视……反之,中国看世界也有问题,要么盲目崇拜,要么妄自尊大的倾向,至今犹在。所以我提出应该重新认识中国,重新认识中国人。从国际上看,现在国外对中国的了解远远低于中国对外国的了解,这是严重的问题。有外国人说到过中国,知道中国,但他是哪年来的?看到了多少?从国内看,我们想要让国外真正了解中国,自己先得能说清楚,要用外国人听得懂的语言、易于接受的方式介绍中国。全面分析历史,才能够理解自己,从人类文明整体的角度、全球历史的角度来看中国,那样才能说清楚。所以我们的任务就是要正确看待自己,说清楚中国人的特色是什么。

对中国的偏见是历史性的。鸦片战争以后,列强竭力把中国人描绘成肮脏、无信、愚昧、残酷、丑陋、卑下的典型,中国文化被简单概括为鸦片烟、裹小脚。"黄祸论"盛行的西方,把中国人当作威胁白人的对象,直到今天,西方的极端民族主义者仍旧认为,中国人抢走了他们的工作。记得20世纪50年代我留苏的时候,到列宁格勒(圣彼得堡)去参观冬宫博物馆,大吃一惊,里面摆着八国联军带回去的烟枪和金莲绣鞋,也就是说,即便是苏联的博物馆,对中国的印象还是男的吸鸦片烟,女的裹小脚。

反华浪潮首当其冲的是海外华人。从19世纪早期开始,中国的苦力到美洲、澳洲去打工。美国大铁路的建造,很多都是华工的血汗,但是这些苦力被人看不起,火烧唐人街就是个例子(图6.16)。1899年底,夏威夷唐人街发现一例黑死病,戒严后仍有病例发生,他们认为是华人的问题,于是当地政府决定有控制地焚烧部分唐人街,但是火一烧起来就控制不住。1900年1月20日,唐人街25个街区被烧毁,6000多人移置在帐篷中。3个月后,旧金山唐人街也发生类似事件。

政治上反华的"黄祸论"(Yellow Peril)的始作俑者是德国的威廉二世国王(Wilhelm II)。1895年,他说做了一个梦,梦见龙身上的佛像在向欧洲袭来,然后叫人画了幅画,画中最右端有一个菩萨来了,佛在向欧洲靠近,所以他就号召欧

图6.16　1900年美国人火烧唐人街

洲人要保卫神圣家园。"黄祸"源自对成吉思汗的恐惧，19世纪末，针对日俄战争与义和团事件，"黄祸"成为欧洲的共同敌人。再进一步，从1世纪的北匈奴西迁，到1941年的珍珠港事件，都被看作黄种人对白种人的威胁，尽管很多事与中国人无关，我们也要背黑锅。"黄祸"成为欧洲的共同敌人。直到20世纪50年代，据说赫鲁晓夫还在重提"黄祸论"。随着中国的强大，现在的"中国威胁论"可以看作"黄祸论"的延续。

另外一种比喻，是拿破仑的"睡狮论"。根据拿破仑私人医生奥米拉的回忆，1817年，拿破仑在圣赫勒拿岛对英国记者阿美士德说："中国并不软弱，它只不过是一只睡眠中的狮子。中国一旦被惊醒，世界会为之震动。"民国初年，中国很多热血青年引用这句话。

奇怪的是一些白人革命作家，也在侮辱华人。杰克·伦敦（Jack London, 1876—1916）是非常受中国读者欢迎的革命作家之一，曾被誉为"美国无产阶级文学之父"，其作品被收入我国的教科书。但是他的小说《中国佬》《空前绝后的入侵》等，称中国人为"劣等民族"，是白人世界的"黄祸"，必须"种族灭绝"，才能世界和平。在《空前绝后的入侵》中，他想象1976年中国跟日本打仗，中国把日本打败了，而中国人口膨胀，发展到东南亚、印度去了，中国又以百万民兵打败了法国人，这样"黄祸"就要到整个世界了。这时候美国采纳了一个科学家的主张，搞细菌战，把细菌弹投到中国的土地上，这样中国大地上都发瘟疫，中国人都死了，最后中国灭亡，领土被很多国家的移民瓜分掉。很难想象，这竟然是一位"无产阶级文学之父"的作品。

英国小说家萨克斯·儒默（Sax Rohmer）在1912年写了一篇文章，创作出一个虚构人物"邪恶博士"，名字叫傅满楚（Dr. Fu Manchu）（或译傅满洲）的华人，他最擅长用恐怖的毒药和疯狂的魔法折磨他人。傅满楚是个超级语言天才，有3个大学学位，具有古今中外的所有科学知识。此人不声不响，行踪诡秘，残暴成性，诡计多端。这个故事被拍成多部电影，在20世纪30—50年代走红影坛。

把这些提高到理论层面，就是"文明冲突论"。哈佛大学教授萨缪尔·亨廷顿（Samuel Huntington）1993年在《外交》杂志发表了《文明的冲突》（*The Clash of Civilizations*），文章认为"现代全球的政治，应当基于全世界不同宗教与文明间的深刻冲突来理解"，就是说，第一次世界大战、第二次世界大战主要是白人之间的战争，但冷战之后，主要是不同的文明之间的战争。美国国务院前政策规划主任奇诺·斯金纳（Kiron Skinner）在2019年4月声称，中美矛盾是美国首次面对的"文明的冲突"，这番话在国际上惹祸以后，斯金纳8月被解雇。"文明冲突论"的背后是说，这世界是白人的，欧美才是世界历史的主人。但事实上，"文明的冲突"错误不在"文明"，而在"冲突"上。但是中国之所以能几千年不衰，靠的不是"冲突"，而是"合作"。

◎ 少年中国说

"白人至上""欧洲中心""美国第一"，这类极端的说法被各国媒体广泛传播，民粹主义抬头，这也是中华民族伟大复兴绕不过去的坎儿。世界上通用的一些地理名词，其实是站在欧洲看世界的结果。因为站在欧洲，地中海才是世界的中心，美洲就是被"发现"的新大陆，虽然美洲1万多年前就有人类居住。再说亚洲被分成"近东""中东"和"远东"，那更是只有从欧洲出发才能适用的名称。（图6.17）

我非常赞赏王赓武（1930— ）的历史观点。他是江苏泰州人，出生于荷属东印度，曾任香港大学校长、澳洲国立大学太平洋研究院院长。2020年，他在《王赓武谈世界史》中说，欧亚是世界的主要舞台，中亚是世界史的推动中心，因为民族迁移是改变社会格局的驱动因素，舞台在地中海周围，驱动力在中亚。他甚至说"世界史是一个新兴的课题"，因为"没有世界史这回事……只是欧洲的历史"。这话听上去可能会觉得奇怪,世界史怎么成了新课题?仔细一想还真有道理,因为世界史其实是欧洲史,是欧洲人讲的故事。他认为,欧亚是世界的主要舞台,而推动这个舞台的

图 6.17 欧洲中心观:从欧洲看世界

中心是中亚,也就是游牧民族向外征战,造成欧洲的民族大迁移,把中国的历史也打乱了,这是推动力,但是真正的世界舞台的中央在地中海。

所以我们需要重新认识历史,重新阐明中国历史,要向世界说明,历史演变起码有两种模式。东西方的历史发展是不同的,欧洲模式是征战,中国发展不是靠武力,而是靠融合。"黄祸"不是中国人的文化,中国历史上没有主动对外掠夺的战争。最好的例子是将郑和与达·伽马对比:郑和率领庞大的水军到访其他国家,为了弘扬国威,赏赐了珍贵礼品,带回的只是土产和奇珍异兽,这在西方是不可思议的;而达·伽马开拓印度洋航线的过程中烧杀抢掠,焚毁整船的穆斯林,炮轰印度卡利卡特城,用血腥手段赢得大洋。

近百年来,我国社会发展模式以西方模式为榜样。近期的国际实践证明:理想化的"自由""平等"并不存在,"民主""人权"只适用于一部分人。古希腊创立的"民主"不包括奴隶,甚至不包括妇女;欧洲的繁荣就建筑在非洲奴隶和美洲资源的基础上,美国面临的种族歧视,是社会发展本身决定的。

欧洲发展的模式，本身注定是不可拷贝的。毛泽东曾说："帝国主义的侵略打破了中国人学西方的迷梦。很奇怪，为什么先生老是侵略学生呢？"当代中国人的任务，是要找到新的途径，实现东方大陆文明和西方海洋文明的结合，传统文化和现代科学的结合，进而建立中华民族现代文明。我们仿佛又听到先哲们的声音，又回忆起1900年梁启超的《少年中国说》："美哉我少年中国，与天不老；壮哉我中国少年，与国无疆！" 我们今天就要用少年中国说的精神来问中国人：你了解自己吗？中国特色是什么？让世界重新认识中国，是当代中国人不容推诿的历史责任。

◎ 参考文献

[1] 汪品先. 试谈中西海洋文化的比较——从郑和下西洋说起 [M]// 苏纪兰. 郑和下西洋的回顾与思考. 北京：科学出版社，2005.

[2] 汪品先. 转型——我国基础研究的当务之急 [J]. 科技导报，2020，38（10）:38-40.

 问答

> 问：中华历史上数次分分合合是否利于中华文化的传承？北魏孝文帝改革完全抛弃原有的民族文化去学习汉族文化，这种行为是对的吗？

答：这很有趣。文化的交流很多是通过打仗，跟水一样，文化都是从高处往低处流。那么历史上很多分分合合，恰恰就是文化交流的机会。

一个比较好的例子就是古希腊。古希腊名气不大，岛也不大，古希腊文明是谁帮着传出去的？是亚历山大大帝。亚历山大大帝带领马其顿的军队打到印度，这一路上就把地中海和西亚的一批国家全部希腊化了，古希腊的很多人到了西亚，一部分古希腊的文化就保留在阿拉伯国家。所以文艺复兴的时候，就从阿拉伯国家再把古希腊文化找回来。

这么多次的分分合合是否有利？是的。就是靠分分合合才把不同的文化融合。北魏孝文帝的改革是无可非议的，什么道理？文化是从高处往低处流，孝文帝是鲜卑族，是游牧民族，游牧民族文化并不发达，为什么？因为生活都不固定，谈不上发展文化，历史上的文化发展一般都和城市化相关。我见过澳大利亚的土著人，他们每两个礼拜，逢周四晚上在野外，整夜地唱啊跳啊，因为政府两周发一次钱。钱用光，再去讨饭，那种生活方式很逍遥、很潇洒，但是不产生文化。所以孝文帝跟他的奶奶冯太后学了汉族的文化以后，他认可汉文化。战国时候赵武灵王学匈奴的骑射，因此我们今天都习惯穿裤子，那是他的功劳。文化就是这样取长补短、相互融合，中国文化其实就这么来的，要不然怎么会有这么大的国家。

问：东方文化从古至今以家庭、集体为本，但中国人目前普遍畏官畏上，大多不敢对比自己地位高的人提出异议，这样会不会阻碍个人发展，难以创新呢？

答：对，是这样的。这就是文化的两面性，东方文化有它的优点，有它的缺点。16世纪打开世界航海路线的不是中国人，不是东亚人，而是西方人。我们应该想办法吸收好的，以家庭、集体为本，与个人的发展创新是不矛盾的。在创新突破的同时，要孝顺、以集体为重，也是可以的，但是唯唯诺诺，只会跟风那就不会有创新。我说的开创东西结合的新的文化，就是把两种文化的优点融合在一起。

问：中国大陆文化要融合海洋文化似乎是发展趋势，但是西方国家会接受与大陆文化的结合吗？

答：是的，给外国人讲，他也不听。我们大陆文化要吸收海洋文明的优势，打造一个新的文化，关键是中国把自己的事情做好。我们生活在世界大变化的时代，同时中国又有生机勃勃的力量，不是保守的，我们积极推动全球发展，而不只是被动接受。

问：如何真正认识中国、世界？我认识远方只能通过网络上互相抨击、真假难辨的消息与资料，我该怎么相信一些东西？

答：网络时代改变了我们获取信息的渠道，但是现在社交媒体提供的很多信息被严重歪曲了，唯一的办法就是独立思考，不要什么都相信。其实科学研究跟社会生活是一个道理，任何东西都不要随便信。以前有"本本主义",现在不要"手机主义",人家一讲你就相信,是不对的。现在网络社会造谣言太容易了,起个哄也很容易。我也体会到什么叫炒作,炒作比从前容易得多,这时候冷静的头脑能战胜一切,你应该自己判断什么东西是对的,什么东西是错的。当然要保持一定的信息来源,如果你的信息来源全部封闭了,那就很难判断了。

> 问:中国文化在鼎盛时期也曾能够与外国文化和谐相处,但是为什么在封建社会的晚期,却不能够接受、包容外来文化呢?中华文化在最近一段时间内热度提升,但是也有一些国人出现过热的、偏激进的民族情绪,面对一些外来文化抵制,请问这些现象出现背后的问题是什么?

答:国家和人一样,越有自信的人越欢迎交流。汉唐盛世和清朝晚期,中国对外关系的处境截然不同,当然也反映在文化交流上。但是中国古代从来居高临下,以为中国就是"天下",清朝外交部叫作"总理各国事务衙门",就是处理来朝藩属事务的,对外国文化不屑一顾。反映在群众身上,也就是极端化,要么做洋奴,要么做激进的反对者,没有平等交流的习惯。这是历史上长期封闭的结果,现在环境全变了,青年人真没有必要再走老路。

> 问:我国距离科学"深加工国"的距离有多远?现代中国还存在需要"西学东渐"的地方吗?

答:各门学科并不一样,我国有的学科已经很有水平,但是总的来说差距还是很大。有时候我们的专家为了申请立项,夸大自己的水平，不见得值得相信。近几十年来我国科技发展速度全球第一，但是硬件发展得快，软件发展得慢，因为仪器设备是可以买的，创新能力只能靠自己培养、自身提高。因此东西方的合作交流，依然是我国科技发展的必要条件。

问：随着文化的融合，世界的文化会不会越来越单调？

答：多样性是文化发展的必要条件，文化垄断可以巩固原有的进展，却不利于新文化的产生。因此，联合国强调保护文化的多样性。我们反对"印度化"，说的就是这层意思。文化交流会产生融合的效果，但并不是制造"千人一面""千篇一律"的效果。因此，正常的交流可以促进文化多样性的发展，却并不是全世界人人都要去喝可口可乐。

问：如何才能扩大中国文化的影响力，是否要创造新的载体传播我们的文化（如日本的动漫、美国的好莱坞大片等）？

答：这正是青年一代的任务。民族复兴不能光靠国内生产总值，还要靠软实力。以中国之大、中国文化根底之深厚，目前在世界上的文化影响实在太小，小得与大国地位不相称，但是这又只能靠文化交流、文化传播去推进。政治或者经济的力量可以起一定的辅助作用，但真正的国际影响还得靠文化作品本身。

> 问：西方的一神宗教要求单一的规律，强调普遍性；东方的多神宗教追求多样的规律，强调差异性。但是我们往往说 diversity 是美国的价值观，而中国则比较墨守成规、循规蹈矩。这两种观点互相矛盾吗？

答：误会了，一神教和多神教并没有造成"普遍性"和"差异性"。具体地说，包括犹太教、基督教与伊斯兰教的闪米特诸教或者叫亚伯拉罕诸教，都说只能信奉宇宙唯一的造物主，可是不但基督教与伊斯兰教不能共享"普遍性"，教内的派别（如什叶派和逊尼派）也没有统一的可能。同样，多神教也并不鼓励差异，神虽多，教还是一个。

可见，宗教的大类划分并不足以决定社会的文化性质。美国，可以说是英国加尔文派清教徒远走新大陆开创的。法国人嘲笑美国，说两国的区别在于：法国有一百种奶酪，只有一种宗教；美国只有一种奶酪，却有一百种宗教，这就是美国的多样性。中国的循规蹈矩，或者说保守，不是宗教，而是"礼教"造成的。这也正是我们主张要进行历史反思、认识自己的原因。

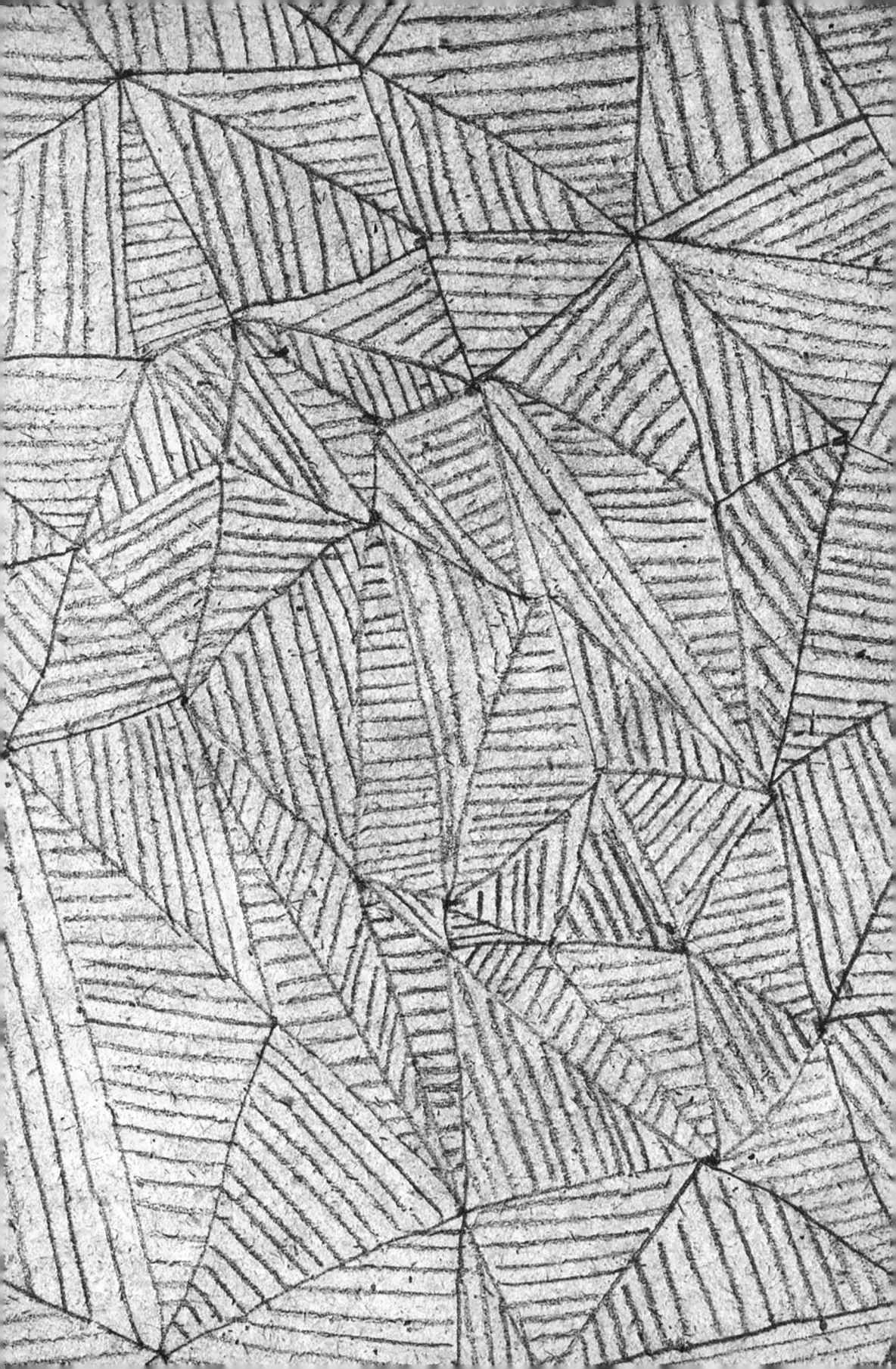

第七章 科学通用语

英语在第二次世界大战之后才演变为当今的世界通用语。汉语曾是东亚的通用语。今天全球语言六七千种,母语为汉语的人数量最多。方块字曾一度被诟病,却是联结中华民族的文化纽带,随着技术发展,会有更好的应用前景。我国在推行双语教育的同时,要提高汉语在科学中的"币值",为增强国家的软实力而奋斗。

但是上述观点并非学术界的共识,至少 2015 年以来就有争论。那么汉语在现代科学里有没有前途?

第一节

信息交流的载体：从语言到文字

文字从图画符号起步，向表意和表音两个方向演化发展。现在表音文字是世界主流，表意文字唯有在中国一直流传并发展成汉字系统。

◎ 从一场争论说起

几年前有过一场关于语言的争论，我应《文汇报》的邀请写了一篇文章——《汉语被挤出科学，还是科学融入汉语？》，并请他们组织讨论。据说多数人不赞成我的观点，于是《文汇报》讨论版的标题就叫作《人为扩大汉语在科研上的应用：此路不通》。（图 7.1）

A

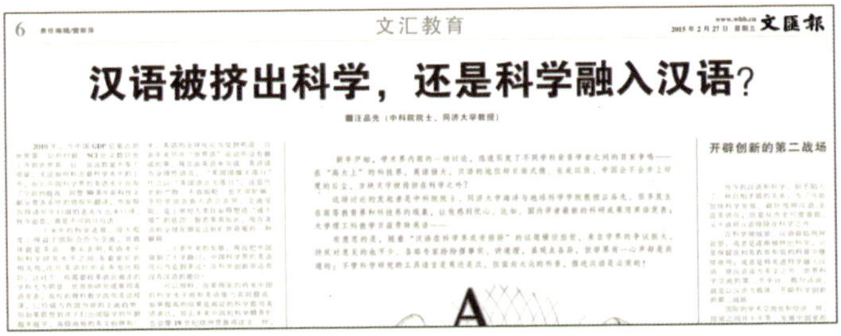
6 文汇教育 文匯報

汉语被挤出科学，还是科学融入汉语？

开辟创新的第二战场

B

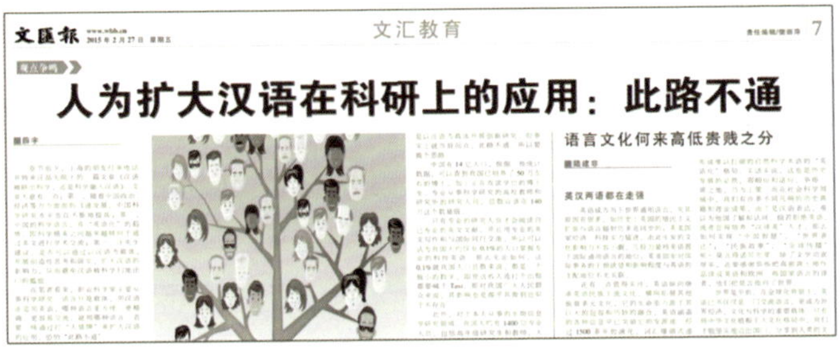
文匯報 文汇教育 7

人为扩大汉语在科研上的应用：此路不通

语言文化何来高低贵贱之分

图 7.1 2015 年《文汇报》关于语言的讨论。A. 汪品先的文章；B.《文汇报》组织的讨论

早就有西方人说,汉语用在科学上是不行的,现在大学里也是这样,鼓励教师用英语上课,可是遇到英语水平不好的教师,则会给学生带来困扰。我主张把科学融入汉语,汉语文化里面应该有很浓的新的科学的气息和分量。如果中国学印度,把方块字丢掉,学英文来做科学研究,我认为这是一条文化自杀的路。我在《文汇报》发表的那篇文章的结尾说:"我们想告诉年轻人的是:如果你真想从事科学研究,那除了学好英文外别无选择。所不同的是希望年轻人能够更上一层楼,成为具有双语能力、拥有东西方双重文化底蕴的人,通过科学去促进华夏振兴,而不是蹒跚在世界科学村头、邯郸学步、东施效颦。"

◎ 信息载体的多样性

人类的社会活动需要交流信息,信息是要有载体的,或者是语言,或者是文字。动物用多种方式交流信息,有气味、行为、色彩以及声音。唯独人类发展了语言,产生了思维能力。当今世界有六七千种语言,数量上以欧亚语系占压倒优势。在现存语言中历史最久、作为母语使用人数最多的,却是汉语。

生物必须交流信息,尤其是社会性生物。它们用多种"语言"进行交流,比如蚂蚁,两只蚂蚁用触角碰碰,就是用味道交换信息;昆虫通过紫外光能够看见花粉的位置,但看到的花和人看见的花是两样的。图7.2A是普通光照出来的一朵黄花,如果用紫外光照,花的中间是

图7.2 人和昆虫视觉的不同。A. 普通光照片;B. 紫外光照片

红的（图7.2B），这就是蜜蜂要采蜜的地方。

动物的声音语言与人类的不同，有很多动物用声音交流，但是人类听不见，比如蟋蟀、蝗虫、老鼠，它们的声音很多是超声波，比如蝙蝠的超声波人类就听不见。各种动物发声的部位也是不一样的，哺乳动物用喉管发声，鸟类用鸣管，昆虫是靠翅膀振动，青蛙用声囊。

海洋里的哺乳类动物特别需要依靠声音交流，因为嗅觉、视觉的作用都受到限制，而声波在水里的传播速度，要比在陆地快得多（比海平面快4倍）。鲸鱼用靠近头顶喷水口上的气囊振动发声，可以远传5000千米，声彻大洋。鲸鱼发声一般在几十赫兹，有的鲸鱼"唱歌"，频率可以从20赫兹到24000赫兹。但是人类某些活动如海洋轮船等噪声给鲸鱼捣乱，严重威胁着鲸鱼的生态环境。

人类交流使用声波的波段，与动物是不一样的。（图7.3）男性和女性、成人和小孩，声音的频率也不同，大体上男性100赫兹，女性200赫兹。但是海豚音可以到几万赫兹，发出非常尖的声音，而蝙蝠已经用到超声波。人类接收声波

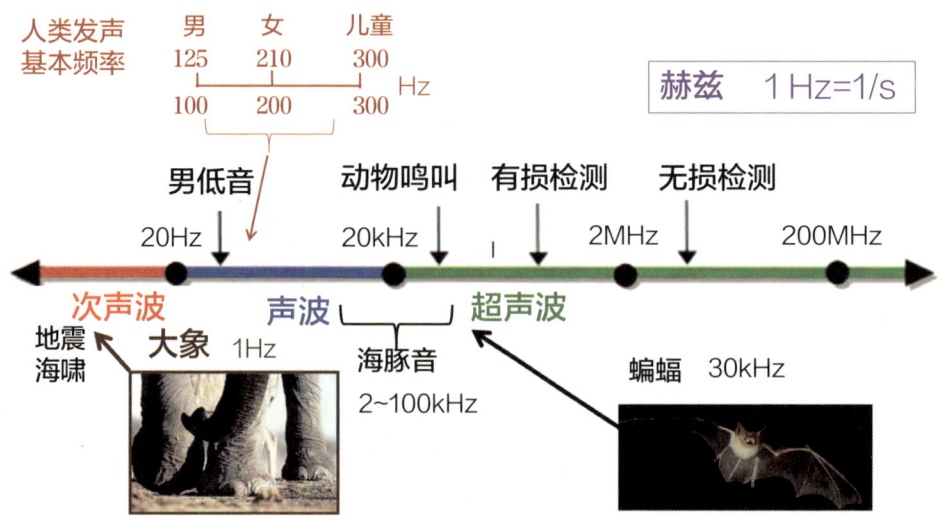

图7.3 动物发声的不同频率

的范围也是有限的,只能是2~20000赫兹的声波,但是猫、狗、蝙蝠能听到的声音人却听不到。有意思的是大象,大象跟鲸鱼一样,可以用很低频的声波传递信息。低频声波传得非常远,大象用腿在地上蹾,这个声音的频率只有1赫兹,但是可以传到几千米以外,所以这是大象的优势。

人靠喉头、声带发声,同时人也通过喉咙呼吸。当人类祖先走出森林开始直立行走后,骨骼变化提高了发声能力。头部形状发生变化,面部变平,舌头后移,喉部下垂,形成更大的闭合声道,从而能发出大量新的更复杂的声音。当然,人类不仅用语言文字,还有很多行为语言、图像语言,如聋哑人的手语、交警的肢体语言、航空母舰上的起飞记号、交通标志、厕所的标志等,这都是信息的载体。有趣的是当前日益兴旺的网络文化中,图像和文字结合的表情符号迅速发展,包括颜文字(图7.4A)、绘文字(图7.4B)、表情包(图7.4C)。颜文字是用标点符号或各类字符来模拟表情的图形符号系统,绘文字最初模仿借鉴日本动漫符号,宛如现代版的象形文字,面对快节奏的信息社会,这类表情符号有助于我们摆脱"词不达意"的窘境。

各类生物都能用自己的方式交流信息,但只有人类发展了语言能力。近年

:-)	@_@	^_^
微笑	晕头转向	高兴
:-D	T_T	=_="
开心	哭得很伤心	无奈
:-(	^o^	./.#
不悦	抱抱	生气

A

B

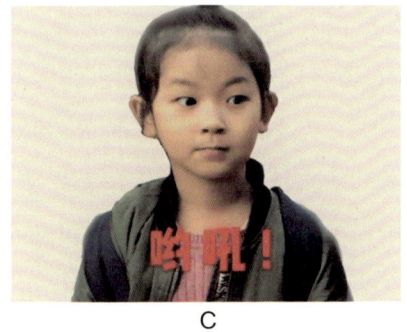

C

图7.4 网络文化的表情符号。 A.颜文字实例及其含义;B.绘文字实例;C.表情包

来医学上一项重要的发现是 $FOXP_2$ 基因———一种有关语言能力发展的基因。这个基因是从一个家族发现的，这个家族在语言上有障碍，后来研究发现问题可能出在这个家族的一种管语言能力的基因上。至于这个基因是如何影响语言能力的，到现在还是未解之谜。虽然一些灵长类动物也有这种"语言基因"，但是人类的 $FOXP_2$ 等基因在 20 万年间经历了一系列进化，导致了人类独有的复杂语言表述和抽象思维的能力。语言功能的发展，使得人类不需要通过基因传递就可以获得技能，这在人类学上称作"文化演化"（cultural evolution）。

◎ 语言和文字的演变

5000 多年来，人类的语言和文字都经过了复杂的变化，但现在世界科学领域的语言格局只有几十年历史。我回忆，从开始念书直到 20 世纪 80 年代，法、德、苏等国还都在强调自己的语言，国际学报的摘要一般都用三种语言写，德文、法文、英文，有的还有俄文。到 21 世纪，清一色只有英文摘要了。本来在德国拿洪堡奖学金的人是一定要学德文的，后来也变了，因为德国科学家自己也在用英语。英文全球化是最近几十年来出现的新现象，包括科技文献的英文化。

为解释当代语言的地理分布，要从语言的产生历史讲起。最早的文字都是图画，由图画演化为文字。世界各地发现了许多种古老文字，有些至今没有办法解读，也难以确定使用的年代。一般认为世界上最古老的文字有五六千年前苏美尔人的楔形文字或者叫泥板书（图 7.5A）、5000 年前原始埃及文字圣书体（图 7.5B）和三四千年前中国的甲骨文（图 7.5C），它们都经过了由图画文字（表形文字）到表意文字的演化阶段。

现在所知道的最早文字是两河流域的泥板书，拿芦苇秆在黏土上刻画，经

图 7.5 世界上最古老的文字：A. 泥板书；B. 圣书体；C. 甲骨文

过烧烤或者晒干就能够保存。两河流域像个历史的旅馆，很多王朝、不同的民族先后"入住"过，所以文化在不断演变。泥板书的楔形文字由公元前 3000 年苏美尔人发明后，在两河流域流行了 2000 多年。公元前 2000 年左右，巴比伦、亚述、赫梯、腓尼基等都借用这种楔形文字，结合本民族的特点加以改造，长期使用。在希腊克里特岛上发现的克里特泥板文也非常古老，只是有的至今还不能解读。

最为壮观的是伊朗西部悬崖上的"贝希斯敦铭文"（Behistun）。（图 7.6）铭文刻在 100 米高的悬崖上，那已经不是在泥板上，而是刻在岩石上，记载了公元前 522 年，伊朗的大流士一世打败政敌一事。大流士把他的政敌踩在脚下，对面一列人都是他的政敌，脖子用锁链连着。铭文用古波斯、埃兰、巴比伦三种楔形文字书写，到 19 世纪才被破译。

希罗多德等古希腊先哲称古埃及文字为"圣书体"（Egyptian hieroglyphs），以前我们把 hieroglyph 这个词翻译为"象形文字"，但是后来发现这样翻译是不对的，因为里头既有图形文字又有音节文字。"hiero"是神圣，"glypho"是书写，应该译"圣书体"。圣书体是一种跟宗教相关的书写体，有的雕在坟墓上，法老坟墓上就有。圣书体看起来是图画，其实并非都是表意，有的是表音的。比如圣书体中画的鸟，表示的是鸟叫的声音，所以说图像文字

图 7.6　伊朗的贝希斯敦铭文

不完全是图画，也有音节，有的是一个图代表一个字母。古埃及圣书体主要为教士等少数人使用，延续了 4000 年。公元 391 年，拜占庭皇帝关闭古埃及庙堂，古埃及语消失。

　　古埃及灭亡太早，已经没有人识得这消亡的文字，因此其破解的历史很有趣。在拿破仑时代，1799 年法国军官在埃及发现了一块石头，就是现在伦敦大英博物馆的罗塞塔石碑（Rosetta Stone）。石碑上面有三种文字，最上面是古埃及的圣书体，中间是古埃及大众体，下面是古希腊文。（图 7.7）根据古希腊文的对照，方才破解了古埃及文字的含义。通过对比得知，碑文内容是孟菲斯地区的祭司于公元前 196 年向托勒密五世感谢其善举的献词。

　　古埃及的文字更多是写在莎草纸上。莎草是一种植物，它的茎经过排列、挤压、捶打、抛光，可以被用来在上面写字。5000年前古埃及开始使用这种方法，现在还有人在造莎草纸。如果到埃及去旅游，莎草纸是价廉物美的纪念品。公元105年蔡伦改进造纸术，8世纪传到欧洲后，莎草纸便不再是主要的书写材料。

类似的圣书体图画文字后来还在产生。公元4世纪，墨西哥的玛雅文字形成，这也是一种图画文字，玛雅文化已经形成自己的文字和书籍。16世纪西班牙人入侵以后，毁掉了玛雅人的天文、哲学、历史、科学等文献，随之玛雅文字消亡了，所以只是在区域历史上起过作用。

图 7.7　三种文字对照的罗塞塔石碑

◎ 方块字的产生和演变

中国的甲骨文由金石学家王懿荣在 1899 年从中药龙骨中发现，他三次担任清朝国子监祭酒，相当于现在的教育部部长。王懿荣喝汤药时发现龙骨上有字，之后就买有字的龙骨，非常有头脑。但是因为他支持义和团，八国联军打进来，他跟夫人都投井自尽了。他儿子将他收藏的龙骨给了刘鹗（1857—1909），即《老残游记》的作者。1903 年，刘鹗出版《铁云藏龟》，这是殷墟甲骨文历史上的

第一部著录。龙骨的产地为河南安阳殷墟，1928—1937 年进行了 15 次科学发掘，1950—1982 年进行了 20 多次发掘，获得刻字甲骨 15 万片。

比甲骨文还要早的原始文字，就是距今六七千年前彩陶上的符号。

新石器时代的仰韶、马家窑、黑陶等文化中，均发现有彩绘花纹的陶器，其中也有刻画符号。

还有金文，又叫铭文、钟鼎文，是刻在青铜器上的文字，商、周至西汉时使用。因为很难刻，金文一般才几个字，到殷朝末期也未超过 50 字。西周晚期的毛公鼎，上面刻了 497 个字，是青铜器铭文中字最多的。现在毛公鼎是台北故宫博物院的镇馆之宝。

战国时期诸侯各自为政，文字的形体极为混乱。秦始皇统一六国后，李斯等以秦国文字为基础，创建出一种形体匀圆齐整的新文字，叫作"小篆"（图7.8A）。秦始皇推行"车同轨，书同文"，统一度量衡，促进了社会的发展、文化的传播。

小篆写法复杂，秦朝的一个小官叫程邈，因为得罪了秦始皇在监狱关了十年之久。原来他的职位是徒隶，也就是狱吏，他发现司法官用小篆写文书很费劲，于是简化了小篆，以方折笔代替圆转篆书。秦始皇知道此事后赦免了他，并擢升其为御史。程邈是徒隶，这种书写格式在徒隶中流行，所以叫隶书。中国汉

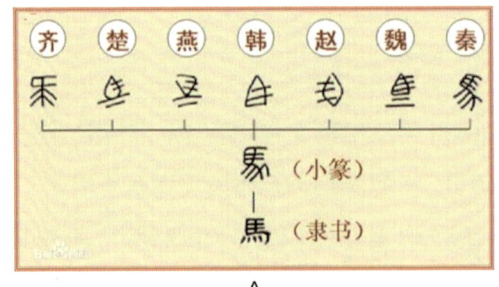

图 7.8　汉字的演进。A．战国时七国的"马"字写法；B．汉字两千多年的演变

字从甲骨文到金文、篆书、隶书、楷书，演化到我们今天写的字，是个伟大的发展过程，有人说这是中国人的第五大发明（图7.8B）。

早期文字都是用图形表达意思，之后演化有两大方向：表音文字、表意文字。埃及的表形文字里有的就有声音，后来就往声音方面发展，一个图表示一种声音，这就是表音文字，今天世界上主要的文字系统就是表音文字。唯有汉字演化成为表意文字系统，而且一直沿用至今。中国方块字的发明、改进和演化是中国人的一个大的创造。所以方块字到底有没有价值？是个宝，还是个祸害？这就是我们曾经面对的争论。

第二节

世上文字知多少：民族分裂之招

世界语言文字的分布，就是世界政治历史的投影。汉语是中国统一的文化纽带，而语言分割也是政治分裂的有效手段。

◎ 世界上的语系

人类演化出现了语言能力的差异，各族群分别发展自己的语言。有趣的是，很多字是一样的，如小孩子最先会说的一般都是"妈妈"，我们都管母亲叫妈妈，有人说格鲁吉亚人例外，他们管爸爸叫"mama"，不知道是不是真的。世界上多数国家都是点头表示赞成，摇头表示反对，但据说尼泊尔人是反的，摇头表示赞成。后来我问了尼泊尔人，其实他们表示赞同的摇头是一种晃头，摇头晃脑，并不是真正的摇头。随着相互联合或者强者战胜弱者，人类族群合并，语言减少，但现在全球还有6000~7000种语言，有许多正在消亡。（图7.9）

世界是印欧语系的天下，欧洲、美洲、南亚、澳洲，全世界超过15亿人的母语属于印欧语系，都是拼音文字，其中包括日耳曼、罗曼、斯拉夫、印度-伊朗等许多语族。我们汉藏语系的中国人用的是方块字。印欧语系的地理源头都在欧亚，美洲、大洋洲现在使用人数最多的语言是殖民者带去的。日耳曼语族包括英语、德语、荷兰语、挪威语等；罗曼语族包括意大利语、法语、西班牙语、葡萄牙语等；斯拉夫语族包括俄语、乌克兰语、波兰语、捷克语、斯洛伐克语等；印度-伊朗语族包括印地语、孟加拉语、波斯语等。其中日耳曼、

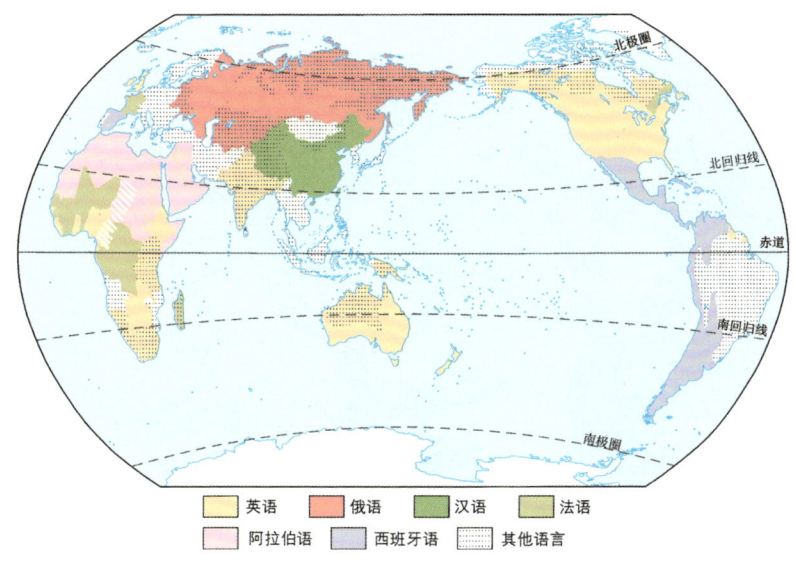

图 7.9　世界语系分布

罗曼、斯拉夫三个语族，构成了今天欧洲的主要语种。（图 7.10）

至于我们所说的印欧语系，其实来自 18 世纪英国东方学者威廉·琼斯（William Jones，1746—1794）的假说，他认为欧洲各种主要语言和印度、伊朗的语言有共同的来源，这就是"印欧语系"。与此相应，就推断公元

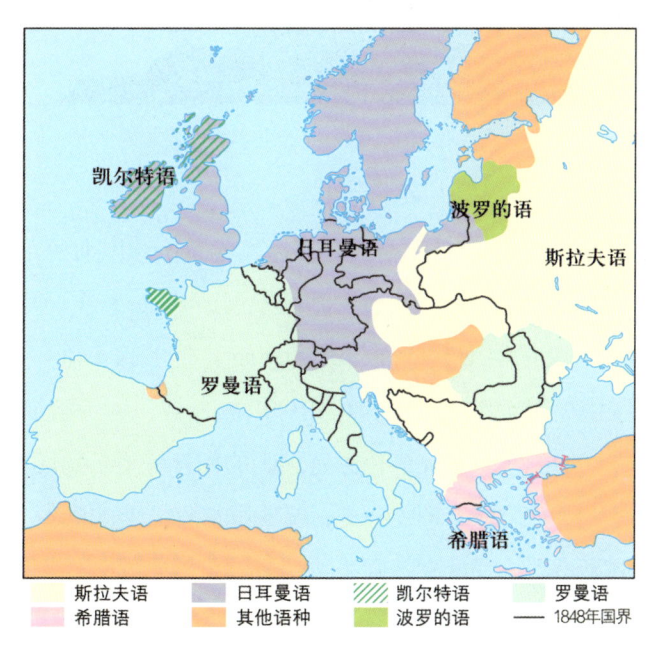

图 7.10　欧洲三大语族的地理分布

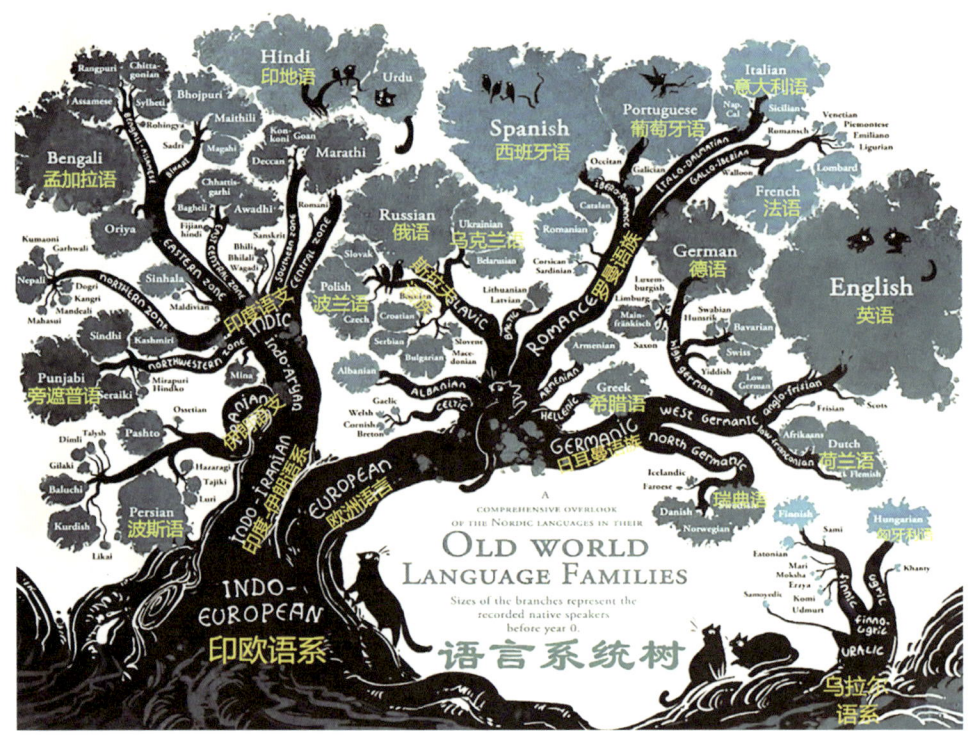

图 7.11　印欧语言系统树（图中汉语非画作原有）

前 4000 年就有古印欧人生活在高加索山脉以北的草原，后来一部分向东进入印度和伊朗，一部分向西在欧洲发展，从而形成众多的语言。有位北欧女艺术家米娜·桑伯格（Minna Sundberg）在 2014 年画了一幅《印欧语言系统树》，图中树冠大小表示现代用作母语的人数，树干粗细表示古代用作母语的人数，生动地表达了欧洲各种语言之间的相互关系。（图 7.11）

这种语言的系统分支，反映了文化演变的根源。同一部《圣经》里的名字，到了不同语言就有不同表达。最为典型的大概是"约翰"这个名字，从《旧约》里希伯来文的 יוחנן（读 yohhanan）开始，到了各种欧洲语言里演变出不知道多少种叫法，一旦译成中文就变成了各种不同的人名（表 7.1），中国人哪会想到原来指的都是同一个名字。

以上是讲语言的地理分布，如果讲使用的人数就不同了。据2017年的统计，全世界以汉语为母语的人将近13亿，以西班牙语为母语的人4亿多，以英语为

表7.1 名字"约翰"在不同语种里的变化

语族	语言	名称	汉译
希伯来语		יוחנן (yohhanan)	约翰
罗曼语	拉丁文	Ioannes	约翰
	法文	Jean	让
	西班牙文	Juan	胡安
	意大利文	Giovanni	乔瓦尼
日耳曼语	英文	John	约翰
	德文	Hans	汉斯
		Johannes	约翰尼斯
	荷兰文	Jan	扬
斯拉夫语	俄文	иван	伊万

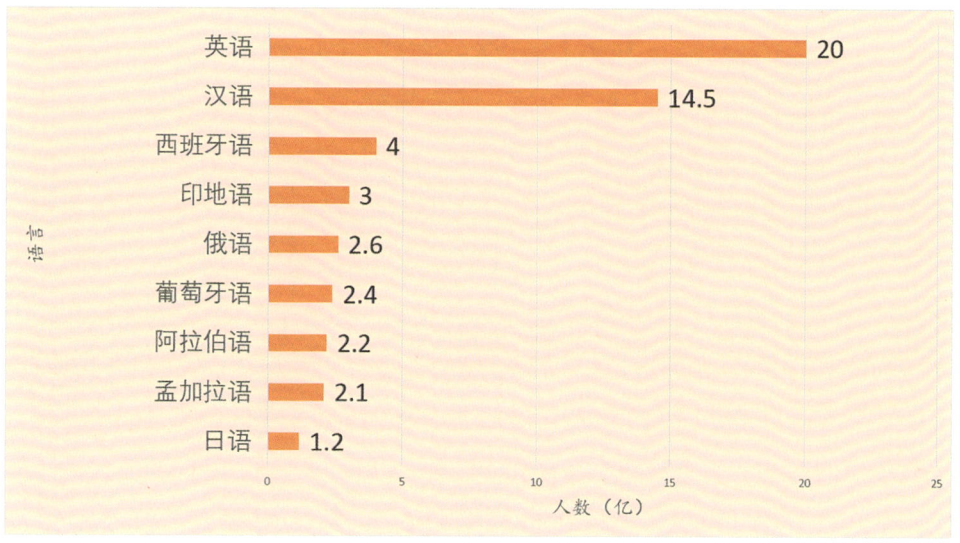

图7.12 世界使用人数较多的语言

母语的人3.6亿，但全世界讲英语的人大概有20亿，讲阿拉伯语的人超过2.2亿，讲印地语的人大概不到3亿。(图7.12)假如14亿多中国人的大多数与科学无缘，我们没有必要为汉语在科学中的地位操心。但如今14亿多中国人中18~22岁人口七八千万，各种形式的高等教育在学总规模超过4600万人，即一半以上的适龄青年在接受高等教育，当然要计较汉语和科学的关系。

文字和语言相似，使用拉丁字母的地理范围最广。拉丁文字来自希腊文，但是在印欧语系中，使用拉丁字母的各种语言历史并不长，古英文产生于5世纪，德文产生于16世纪，法文产生于9世纪，阿拉伯文字产生于8世纪，斯拉夫文字产生于9世纪，相当于中国的唐朝末期。

◎ 语言与政治

世界语言文字的分布，就是世界政治历史的投影，语言记录了国家分合、民族迁移的历程。地理上越闭塞、越分隔，语言就越多，因为对交流的需求少。今天世界六七千种语言中1/3在非洲，而一半以上的人使用着印欧语系的语言。

因为罗马帝国的统治，拉丁文成为欧洲"通用语"，但当时英伦三岛用凯尔特（Celt）语，现在威尔士岛上还在用。古英文是怎么来的？5世纪时日耳曼人入侵，形成古英语；11世纪时诺曼人入侵带来法语成分，形成中古英语；而莎士比亚使用的现代英语16世纪才形成。英帝国鼎盛时期，统治领域约占1/4地球面积，英语从其他国家吸收了很多新词。所以英语的词汇量特别大，文字特别丰富，去买字典的话，英文字典非常厚，因为英语吸收了欧洲的各种语言。

欧洲的语言差别不大，但是各自独立，因为欧洲众多的国家是民族迁徙、宗教战争的产物。不少欧洲语言之间的区别，远不如中国方言间的差异大。如果把俄文讲"错"了就变成乌克兰文，把德国北部的低地德语跟英文加起来除二，那就是荷兰文。尽管差异不大，但是属于不同的语言。所以说，论差异、论规模，欧洲的语言状况可以与中国的方言相对应。

印度是世界上语言最多的国家。2011年印度人口普查数据显示，印度有19569种语言，其中母语有1369种，印地语为母语的人占全国人口的43.63%，使用人数超过1万人的有270种。印度钞票上就印了15种文字！（图7.13）印度北方的人肤色比较白，是雅利安人，属于高种姓婆罗门，说印度-雅利安语（印地语为主）；南方的人比较黑，属于低种姓，用达罗毗荼语。印度1949年制定宪法，规定印地语为联邦官方语言，设立15年的过渡期，逐步取代英语，但南方强烈反对，因为讲印地语的人数在南方极少。实际上，印度官方行政语言是英语，印地语的使用率才7%。英语是印度政府规定的三种教学语言之一，大学教学100%用英语。如果中国也这样，来个"印度化"，那中国传统文化就没有了。

图7.13 印度卢比

语言统一的程度和国家管理相关。巴基斯坦人口数约2.4亿，也是多语言国家，以乌尔都语为国语。其实乌尔都语跟印地语非常相似，但是乌尔都语用阿拉伯字母书写，印地语用天城体字母书写，于是变两种语言了。巴布亚新几内亚是澳洲北部的国家，995万人口，面积46.28万平方千米，比四川省小一点儿，讲800多种语言，分属40多个语系，单种语言使用人数全球最低，这样当然不利于交流。

语言分割是政治分裂的有效武器，有一个典型例子是南斯拉夫。南斯拉夫建立于第一次世界大战之后，并于第二次世界大战后成立社会主义联邦共和国，有六个成员国家，官方语言是塞尔维亚-克罗地亚语(Serbo-Croatian)。

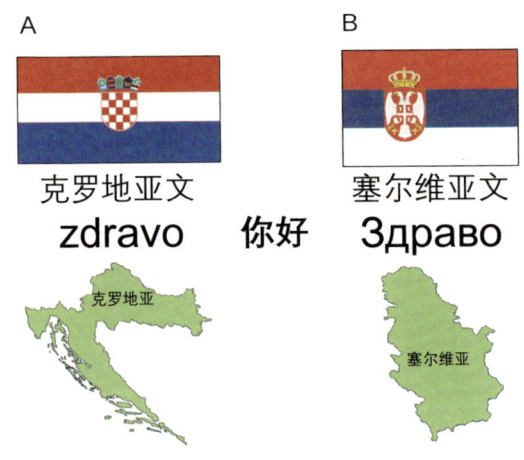

图 7.14 同一种语言用两种文字书写的"你好"。A. 克罗地亚文；B. 塞尔维亚文

1992年，南斯拉夫解体后，克罗地亚（Croatia）和塞尔维亚（Serbia）就分开了，这两个国家加起来人口只不过1000万人，面积加起来相当于辽宁省，分成两个国家，有两种语言，所以塞尔维亚-克罗地亚语也解体。塞尔维亚语和克罗地亚语口语相同，但书写时用两种字母，他们口头交流时彼此都能懂，但克罗地亚人用拉丁字母，塞尔维亚人用西里尔字母写字。(图7.14)关键在于两个民族信仰的宗教不同：都是基督教，但克罗地亚人信仰罗马天主教，塞尔维亚人信仰东正教，使用不同字母表。

　　这不是唯一的例子。罗曼语系有28种语言，意大利语、法语、西班牙语、葡萄牙语、罗马尼亚语、加泰罗尼亚语……例如，比利牛斯半岛就有好几种语言，加泰罗尼亚是西班牙最富有的自治区，首府是巴塞罗那，足球水平也很高，加泰罗尼亚人口占西班牙人口的16%，国内生产总值占西班牙的20%，50%的居民说西班牙语，40%说加泰罗尼亚语，自治区面积3.2万平方千米，比海南省小一点儿，所以加泰罗尼亚动不动就要闹独立。

◎ 世界语言能统一吗？

　　世上为什么有这么多种语言？假如你去读《圣经》，那么《旧约·创世纪》第11章告诉你，大洪水劫后，天下人本来都讲一样的语言。然而诺亚的子孙越来越多，在古巴比伦附近定居下来，建成了繁华的巴比伦城，又想同心协力建造能够通向天堂的"通天塔"。上帝为人类的虚荣和傲慢而震怒，于是让人类说不同的语言，使人类相互之间不能沟通，造不成"通天塔"。不知道语言众多是不是上帝的安排，但是人类要实现"世界大同"的理想，确实也涉及语言。

20世纪上半叶，有人提倡，世界大同以后要用同一种语言，实际上是指欧洲国家要有统一的语言。于是出现各种人造语言，据说一共发明了900种，伊多语（Edo）就是一例。其中最成功的是波兰人柴门霍夫（Ludwik Lejzer Zamenhof，1859—1917）发明的辅助语言Esperanto，后译为"世界语"。柴门霍夫是眼科医生，1887年，他出版了第一本世界语教科书。世界语包括22个拉丁字母和6个加符号的字母，不变音、不变位，总共16条规则，名词结尾都是o，形容词结尾都是a，副词结尾都是e……一目了然，语法也简单到不能再简单。世界语是最接近罗曼语系的语言，是为印欧语系的人设计的人造表音文字，得到20世纪革命运动的支持，当时想让欧洲的工人很容易就学会，实现共产主义的时候大家就用这种语言。这对于欧洲大概非常合适，但是对亚洲就不见得了。欧洲人的"世界语"首先是给无产阶级革命用的，要中国工人学欧洲的"世界语"就很不合适，中国人首先要冲破汉语和欧美语言的隔阂，学哪一门主流语言都可以，但绝不是从人造语言入手。

世界语也传到中国来了，20世纪早期，我国一些学者积极支持世界语推广。1939年，毛泽东的题字很微妙："如果以世界语为形式，而载之以真正国际主义之道，真正革命之道，那末，世界语是可以学的，是应该学的。"当时，巴金有些小说也被翻译成了世界语。早在1921—1923年，鲁迅、周作人、昆仲就接待过世界语者、盲诗人爱罗先柯（В.Я. Ерошенко）来华访问。近几十年，我国召开过几次世界语大会，包括1986年第七十一届国际世界语大会，2004年第八十九届国际世界语大会，2013年第十届全国世界语大会，影响不大。语言是自然演化的历史产物，作为一种人造语言，世界语已趋式微，即便维也纳小型的世界语博物馆也已经门可罗雀，相当冷清。

第三节
世界通用语演变：东亚古文化圈

历史上通用语都是随着国家兴衰而变化的，汉语曾经是东亚的通用语，英语的全球化是第二次世界大战以后美国强势的产物。

◎ 通用语及其历史演变

20世纪晚期，英语逐渐成为"世界通用语"（Lingua franca），到21世纪趋势更甚，这是人类历史上第一次出现一种语言"全球通行"。通用语历来具有区域性和时间性。罗马帝国及其后数百年，拉丁文至少在地中海区域是通用语。直到200年前，汉语是东亚地区的通用语。不使用通用语发表的科学成果，往往会湮没在故纸堆里。

前些年发现，16世纪的达·芬奇有6000页的手稿与插图，包含解剖学的图画200多页，都是用左手反写意大利文，没用当时的通用语拉丁文书写，也没发表。一直到不久前才被翻译成英文发表出来，世人震惊，说达·芬奇应该是伟大的"现代科学之父"，他在解剖学方面做了很多事情。

20世纪意大利理论物理学家埃托雷·马约拉纳（Ettore Majorana，1906—？，1938年失踪）在微中子质量上做了开拓性的先驱研究，并提出马约拉纳方程式。但是他1932年的文章是用意大利文写的，直到1966年他的成果才被《美国物理学报》介绍和评价，"马约拉纳方程式""马约拉纳质量""马约拉纳中子"等名词开始流行。到了他100岁诞辰的时候，为了纪念

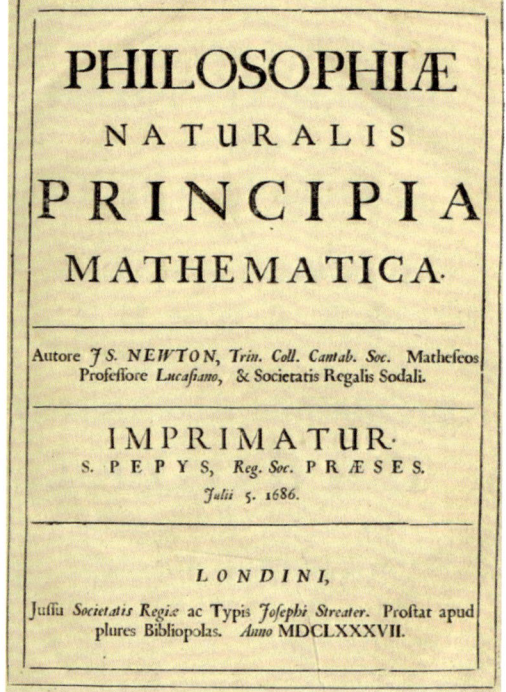

图 7.15　牛顿的三大定律（图 A）和爱因斯坦的相对论（图 B）都不是用英文写的

他，发行了纪念邮票，但是邮票上的肖像打了马赛克，表示这个人是一个谜。

这么看来，只有英文才是科学真正的载体吗？其实不然，因为这是近几十年的现象。爱因斯坦的相对论（《论动体的电动力学》）是 1905 年用德文发表的，牛顿的三大定律（《自然哲学的数学原理》）是 1687 年用拉丁文发表的，都不是英文！（图 7.15）所以英文真正成为通用语，只不过是近半个世纪的事。

回顾历史，罗马帝国统治欧洲，使得拉丁文成为通用语，尤其是现代科学的形成过程早期基本使用拉丁文，至今拉丁文仍用于生物学名。法文是 17—19 世纪欧洲的流行语，是欧洲贵族的通用语。反映在文学作品里，如列夫·托尔斯泰《战争与和平》里凡是贵族的对话都是用法语，而不是用俄语。

17世纪，法文代替拉丁文成为通用语。至今说法语的国家与地区，如加拿大的魁北克、刚果（金）、瓦努阿图等，遍及各大洲。20世纪中期，第二次世界大战以后法语逐步被英语取代，但是我们的护照直到1990年还是用法语、英语双外语，而且法语在上、英语在下。

◎ 历史上的汉字文化圈

汉字文化圈指在历史和文字上受汉文化影响的国家，包括中国、朝鲜、韩国、日本、越南等。他们在历史上完全使用汉字，或者与本国固有文字混合起来使用汉字，仅有几个游牧民族不使用汉字。明清时期，汉语在东亚地区是流行语言，汉文化的影响很广。举例来说，在蒙古国西北与俄罗斯接壤处，曾经有个图瓦人民共和国，那里的博尔巴任（Пор-Бажын）是个旅游点，"博尔巴任"是唐朝的古城堡，可能是8世纪远嫁回鹘的中国唐代宁国公主的行宫。这说明当时华夏盛世的影响范围很大。

汉字的境外推广存在一定困难。表音字容易改造，被不同口语采用时，可以通过增加单词，甚至字母来解决。但方块字是表意字，作为通用语，其他民族难以将自己的口语融入。改造汉字有两种途径，一种是改造方块字，如西夏文、古壮文、契丹大字等；还有一种走表音字的路，日本假名、韩国谚文、越南字喃都走的这条路。

在这些改造的方块字里，笔画最多的大概就是西夏文。西夏（1038—1227）是北宋前后出现在西北地区的政权，西夏文是1036年仿汉字创制，多是两字合为一字，属表意体系。（图7.16A）幸亏我们不是西夏人，西夏文是真难写，得把汉字的笔画再加一倍。唐末五代时，契丹在北方建立辽国，契丹大字大部分采用汉字增减笔画形成的文字，就没有那么复杂。（图7.16B）

日本最初没有文字。5世纪，日本人借汉字来记录其口语。8世纪时，从汉字发展到用音节文字（假名）来记事，借汉字楷体偏旁造出"片假名"，借汉字草体偏旁造出"平假名"。假名借用汉字的形和音、放弃了原来的词义，是一种"假借"的用法。同时保留了汉字，所以日文里的汉字才是"真名"。

韩国对汉字的改造比日本要彻底。李氏王朝的"世宗大王"李裪（1397—1450）于1443年发布"训民正音"（图7.17A），即"谚文"。他找了一些大官编出汉字读音的注音符号，分为辅音、元音（图7.17B），把辅音元音拼成一个字，发一个声音，用这样的办法改造出现在的韩文。谚文的子音、母音均来自汉字偏旁，再拼成

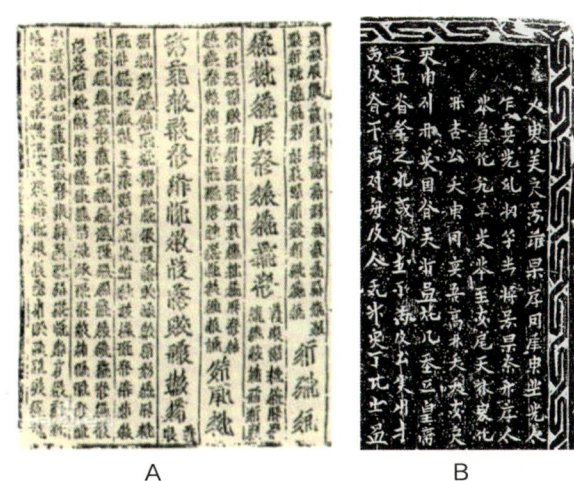

图7.16 历史上的改造方块字。A.西夏文《孙子兵法》；B.契丹大字《耶律昌允墓志》拓片

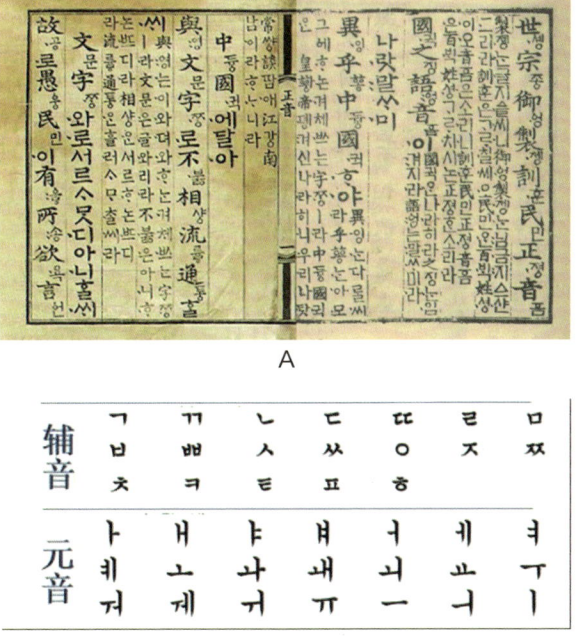

图7.17 韩文的产生。A."训民正音"；B.韩语字母

方块形的字。和日文一样，世宗大王文字改革的初衷是帮助人们易于掌握汉字的读音，属于扫盲性质，联合国教科文组织还设有“世宗大王扫盲奖”，但这是后话。

第二次世界大战后，朝鲜地区先后废除汉字，改用表音的谚文；但是51万韩文单词中，70%原本是汉字词。1949年的韩国到处都能看到中国字，现在已经没有了，然而博物馆里几乎全是中国字。把汉字废掉以后，韩国人不会读历史了，怎么办？后来提出恢复汉字。1998年，9000名韩国知名人士成立“全国汉字教育推进总联合会”。2009年，20名卸任总理递交《敦促在小学正轨教育过程中实施汉字教育的建议书》，指出半世纪来“专用韩文”导致了“文化危机”。韩国教育部在2014年曾提出导入汉字至小学课本的想法，遭到反对，最后折中，先导入300个汉字。如何处理汉字教育，直到现在韩国还在争论。

越南走的是另外一条路。越南的语言经历几次改变，从汉字到字喃再到拼音文字。8世纪汉字传入越南，13世纪开始使用的字喃或称“喃字”，是基于汉字借用表音的。（图7.18A）17世纪初，法国殖民者派传教士和商人来到越南，法国天主教会建立了拼音文字。1954年越南独立后废除喃字，

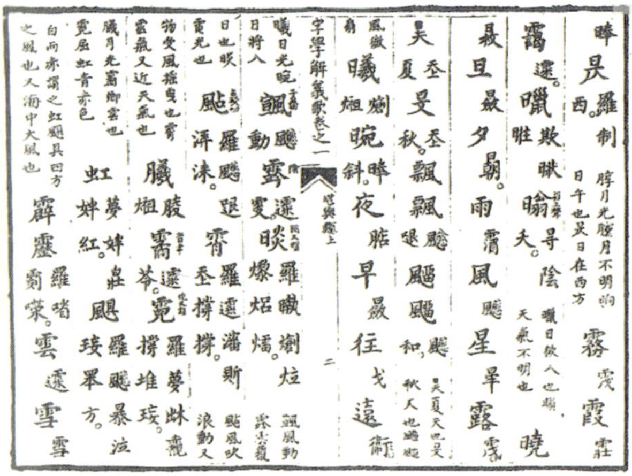

A

Aa Ăă Ââ Bb Cc Dd Đđ Ee Êê
Gg Hh Ii Kk Ll Mm Nn Oo Ôô
Ơơ Pp Qq Rr Ss Tt Uu Ưư Vv
Xx Yy

B

图7.18 越南文字的演变。A. 字喃；B. 现代越南文字母表

现在的越南文字以罗曼语系为基础，有29个字母（其实相当于22个英文字母，有的加上变音符号，但没有F、J、W、Z）（图7.18B）。越南现在的情况和韩国有些相似，因为产生了文化的断层，有人提出导入汉字教育，但是不被接受。总之，语言分割是政治分裂的有效武器。

◎ 中国方言与欧洲文字

我多次说过：在文化地理上，中国应当和欧洲比，而不是与某个欧洲国家比。欧洲许多国家的语言、文化历史上的差别，只相当于中国方言、省份间的差别。由于语系不同、表意与表音文字的不同，中国人学欧洲语言的难度，远远超过不同国家的欧洲人相互学习外语的难度。中国文化积累的深度和特殊性，也绝不是某个欧洲国家能比的。

中国的八大方言，七个在东南，这是4世纪以来多次衣冠南渡的产物：西晋末的永嘉之乱导致八姓入闽，唐朝的安史之乱、宋朝的靖康之难……中原人一次次向南逃难，促使当地形成了新的语言，但是汉字总体没有变，一直保留方块字。粤语保留了很多古代汉语特性，如普通话只有四个音，而粤语有六个音，所以粤语中有的字，普通话里没有，例如佢、冇、乜、咁、嘅、啲……此外，方言也影响到一些词的用法。例如，"八"在《说文解字》中为"别也"，繁体字"八"作"捌"，但是由于方言谐音，现在人们把"八"赋予"发"的含义，寓意发财。中华人民共和国成立以来大力推广普通话，不同方言区的交往已经不成问题。相反，有些地方开始担心自己方言的消失。尤其是历史较短的方言，担心根基不牢。比如，上海话，这是中国最晚形成的一种方言，是五口通商以后由苏南、浙北的方言混合而成，2009年就曾经出现过是否需要维护上海话的争论。

同样的道理，欧洲的语言也是历史上一点点发育起来的。罗马帝国以拉丁语为国语，现在拉丁文已经基本消亡，欧洲现在流行的语言都产生得比较晚。16 世纪，马丁·路德（Martin Luther，1483—1546）翻译《圣经》奠定了德文的基础；14 世纪的杰弗雷·乔叟（Geoffrey Chaucer）和 16 世纪的莎士比亚促进了现代英语的形成和发展。16 世纪，卡斯蒂利亚语（Castilla）成为西班牙语；法语源自拉丁语，16 世纪取代拉丁文成为官方语言；俄语是 14 世纪封建割据时期产生，俄罗斯的公国摆脱蒙古统治后独立发展起来的。可见，现在欧洲的语言都是中世纪以后的产物。

其实各国的语言也都有方言，既可以靠共用文字加以统一，也可以加强区别，利用不同文字实施分裂。以德文为例，德文是原始日耳曼语的一部分，最早的德语和北欧国家的瑞典语、丹麦语、挪威语等，都属于原始日耳曼语。中世纪德意志境内诸侯割据，交通不便，德语方言相差很大。德语形成语言靠的是宗教改革家马丁·路德，1534 年，他用德国的一种方言将《圣经》翻译成德语，这成为德语统一的基础。

记得 20 世纪 80 年代初我在德国时，拿洪堡奖学金的人必须到歌德学院学德语。我直接进了中级班，但是我发现同学里德语学得快的都是瑞典人、挪威人，后来才明白其实他们根本用不着学，因为他们的母语和德语本来就差不多。

◎ 语言障碍及其克服途径

表意文字和表音文字之间的鸿沟，为中西方文化交流和语言翻译都带来了巨大的困难。加上学习方块字的古旧方式效率太低，废除汉字的呼声曾几度高涨。当代信息技术的发展，改变了方块字书写和打字的方式，为汉字的使用开拓了新的前景。语言的地位随政治、经济而演变，汉字的前途也将取决于民族复兴的前景。

在表意文字和表音文字的翻译方面,我们曾经闹过很多笑话。艺术品的翻译切忌直译,比如《霸王别姬》曾被译成"Farewell my concubine"(再见了,我的小老婆),那就一点儿艺术细胞都没了。更糟糕的是清朝末年,翻译手册(图7.19)把表音文字用汉字标出来,干脆按照汉字来读,这种翻译谁能听得懂?!

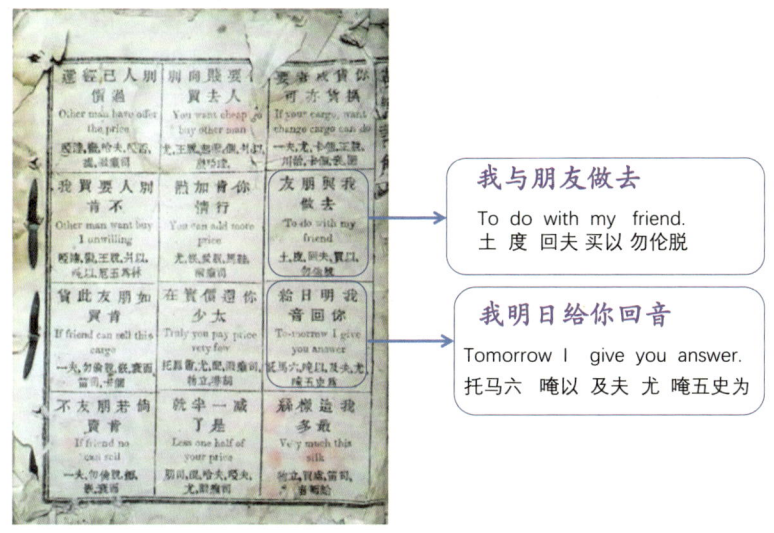

图 7.19　清朝的翻译手册

比较聪明一点儿的翻译,是上海的洋泾浜英语。所谓洋泾浜是英、法租界分界的小河,后来填没了叫爱多亚路,抗日战争胜利后改叫中正路,新中国成立后又改称延安东路,现在建成了延安路高架。当年的洋泾浜上有小船来做买卖,产生了很多民间的外语,宁波人的说法"来叫come,去叫go,一元洋钿温得拉(one dollar)",都很有趣,这类洋泾浜英语逐渐变成了上海人的口语。比如,上海话里"瘪三"怎么来的?是英语 beg sir,指要钱的人;原来工厂里的工头叫拿摩温,其实是英语 number one;戆大是什么?是傻乎乎的雄鹅 gander；发嗲，其实是"发 dear"……我们的口头语言就是这么发展来的。

商品翻译也有区别，有的成功，有的不成功，著名的例子是可口可乐。Coca-Cola 饮料 1927 年刚刚进入中国时，中文译名极不成功，叫作"蝌蚪啃蜡"。后来该公司在英国登报，以 350 英镑的奖金重新征集译名。旅英作家蒋彝（1903—1977）从《泰晤士报》获悉后，以"可口可乐"之名应征，一击即中，成为至今被广告界公认为翻译得最好的品牌名字之一。

至于学术用语，汉语里的很多词是从日本来的。比如，Socialism（社会主义）一词，福地源一郎在 1878 年译为"社会主义"，再由梁启超在 1902 年引入中国，而康有为、梁启超早年译为"人群之说"。Communist Manifesto（《共产党宣言》）先是由幸德秋水、堺利彦合译出了日文版《共产党宣言》，1920 年陈望道根据日译本、英译本翻译出第一本中文的《共产党宣言》。

再如"化学"一词的翻译，最早日本兰学学者根据荷兰文 Chemie，按照音译为"舍密"。英国传教士马礼逊（Robert Morrison）在《华英字典》里，将 chemist 意译为"丹家"。1855 年，墨海书馆 做编辑的王韬首次在日记中提出"化学"一词。王韬（1828—1897）是苏州出身的洋务人才，中国第一个办报的人。1859 年，日本人在《六合丛谈》合订本看到"化学"两字，便加以采用，舍弃了原来"舍密"的译法。

将欧洲的科学名词，通过日文重译为中文，也给我们带来了不少麻烦。比如说，中国的地质学工作者就受了太多重译的罪。地质年代名称是留学生从日文翻译过来的，例如，Cambrian 的日语汉字读音的音译名是"寒武纪"（音读为カンブリア纪），Devonian 的日语汉字读音的音译名是"泥盆纪"（音读为デボン纪）。中国照搬日本汉字引进，但读法完全不同。 而我们的学生还以为泥盆纪和泥巴做的盆子有关系。所以我们被这类翻译害惨了，但是到现在

---

1 墨海书馆（The London Missionary Society Press），是基督教新教传教士在华创立的最早的印刷出版机构，馆址在上海福州路和广东路之间的山东中路西侧。1843—1863 年出版《圣经》和科学书籍。出版新闻刊物《六合丛谈》。

这类翻译都没有所改正。

不但是学术名词，即便国家民族的称呼，都含有历史遗留的笑话。俄罗斯的历史始于"基辅罗斯"（Киевская Русь，882—1240）。在元、明两朝，我国曾称俄罗斯为"罗斯"或"罗刹国"，但因为蒙古人发不出颤音，就在颤音"p"前加"o"。清朝时，蒙语的"OROS"转译成汉语时，Русь 就成了"斡罗斯"和"鄂罗斯"，直到把"俄罗斯"写进了《大清统一志》和《清史稿》，才代替了"斡罗斯""鄂罗斯"等其他译名。然而日文的翻译未受影响，Россия 译为"露西亚"或者"ロシア"。我们现在还叫俄罗斯，最感别扭的是白俄罗斯，2018 年白俄罗斯驻华使馆正式提出，他们国家的名称应为"白罗斯"。

反过来也一样，俄罗斯称中国为"契丹"（Китай），也属误会。为什么是契丹？基辅罗斯建国时期，中国北方有辽国，国号契丹。契丹族的耶律阿保机在 916 年统一了契丹各族，947 年南下中原，改称"辽国"，后来为金国和蒙古所灭。因为俄罗斯从北边接触中国，先接触到的是辽国，然后南下才是宋朝，所以把中国叫成了"Китай"。

其实香港的国泰航空公司（Cathay Pacific）的"Cathay"，也就是"契丹"。马可·波罗的地图上，长城以南是中国，长城以北是契丹。可能受《马可·波罗游记》的影响，Cathay 一词在欧洲广为流传，指代中国。名称反正都用到现在了，也别认真了吧。

由于从第三种文字翻译，或者通过南方方言翻译，许多地名今天拿普通话读起来就"错"了。例如，厦门源自闽南话 Amoy，金门为 Quemoy，广州译成 Canton，不同于广东省（Kuangtung）。Warsaw（华沙）、Washington（华盛顿）的"华"字都是吴音，Canada（加拿大）、Singapore（新加坡）的"加"也都是南方音。San Francisco 译"三藩市"比较近，"旧金山"是历史称呼。Seattle 译"西雅图"还算接近，但有人说，按读音和普通话最贴切的译法是"死丫头"，当然这是玩笑话。再比如 Portugal（葡萄牙），明朝译"蒲都丽家"

或"博尔都噶亚",后按闽南音,译成了"葡萄牙",有点儿误导。德国的 München(慕尼黑)是从英文 Munich 转译,但英文"-ch"是 k 音,并不是"黑"。意大利 Firenze(佛罗伦斯),徐志摩译"翡冷翠"是对的,而且很有诗意,现在通译"佛罗伦斯"是来自英文"Florence",就显得平淡了。

上述这些翻译中的问题纯属语言出入,无伤大雅,但如果怀有政治意图的误译,就又当别论。说个唐朝阙特勤碑的故事,那时西北有个中亚游牧民族的突厥汗国。732 年,突厥汗国的毗伽可汗,为纪念他去世的弟弟阙特勤立了石碑(图 7.20)。碑的正面刻突厥文,背面刻唐明王亲书的汉文,而这个"阙特勤碑"真是个"两面派":汉文内容是玄宗皇帝悼念已故突厥可汗阙特勤的悼文,都是好话;而突厥文却是训诫、提醒突厥人对汉人要保持警惕:"你们这些突厥人啊,曾因受其甜蜜话语和精美物品之惑,大批人遭到杀害。"这块阙特勤碑如今在蒙古国呼舒柴达木湖畔,是 19 世纪末俄国学者发现的。

图 7.20　阙特勤碑

第四节

汉字与现代科学：两种文化之选

中国要推进跨越海陆的全球新文化，就需要提高汉语在学术交流中的"币值"，而不能走"印度化"的道路。

◎ 方块汉字的比较分析

面对现代科学，汉语、汉字向何处去？表意字还有没有前途？不仅中国，汉字文化圈的表意字，都有向何处去的问题，这就是这章开头说的问题。

虽然曾有人主张消灭汉字，但是实践表明，通过汉字简化和义务教育，汉字完全可以为大众所掌握，其本身并不是造成文盲的主要原因。相反，中国方言之间的差异之大不亚于一些欧洲语种的区别，方块汉字正是跨越方言阻隔的桥梁、维系民族统一的纽带。

汉语经过很多次改革，我小时候就有注音符号"ㄅㄆㄇㄈ（b、p、m、f）"帮助我们读音。注音符号的历史悠久，还是1918年由当时的教育部发布的，现在还在台湾地区沿用。（表7.2）1958年，我国改用拉丁字母的汉语拼音方案，非常成功，对内便于学习外语，对外便于与国际接轨。后来就分批推行汉字简化。至于抛弃方块字，汉语全盘拉丁化，我们却始终没有尝试过，也幸好没有去试。然而汉字改革总是个问题，那么问题在哪里？

汉字到底"坏"在哪里？第一，书写复杂。批评者说汉字的发明就是为少数人服务的，不是为大众使用的。汉字不但书写困难，学会使用也十分困难。

表 7.2　注音符号与汉语拼音对照表

一、字母表

字母名称	Aa ㄚ	Bb ㄅㄝ	Cc ㄘㄝ	Dd ㄉㄝ	Ee ㄜ	Ff ㄝㄈ	Gg ㄍㄝ
	Hh ㄏㄚ	Ii 丨	Jj ㄐ丨ㄝ	Kk ㄎㄝ	Ll ㄝㄌ	Mm ㄝㄇ	Nn ㄋㄝ
	Oo ㄛ	Pp ㄆㄝ	Qq ㄑ丨ㄡ	Rr ㄚㄦ	Ss ㄝㄙ	Tt ㄊㄝ	
	Uu ㄨ	Vv ㄪㄝ	Ww ㄨㄚ	Xx ㄒ丨	Yy 丨ㄚ	Zz ㄗㄝ	

V 只用来拼写外来语、少数民族语言和方言。
字母的手写体依照拉丁字母的一般书写习惯。

表音字的优势是简单易学，只有几十个字母，几乎会说就会写。

第二，有人说汉字不够严谨，汉字从艺术使用开始，使用在科学上不够严谨——但这是西方的观点，并没有看见论证。现代科学就是通过表音字建立的，但从来没有证据说汉语不适用于现代科学。科学研究中我们习惯用表音文字，但不是说表意文字就不能产生现代科学。比如，阿拉伯数字1、2、3，是什么？那不是表音，是表意！用不同的语言读音不同，但都是一个意思，1就是1，2就是2。

第三，难以复制。汉字适于手写，在打字、印刷上就有巨大困难，但这些困难随着现在技术的进步，已经基本上被消除了，甚至反过来了。

在西方人心中，"表音文字比表意文字更高明"这个观念根深蒂固。19世纪德国哲学家黑格尔说，汉字只是一种"聋人的阅读和哑巴的书写"，一开始就是为少数人的政治统治创造出来的。法国德里达说，语音"与心灵有着本质的直接贴近的关系……它表达了心境"。从西方中心论出发,汉字只能被淘汰。

其实书法艺术最能反映文字与心灵的关系,而恰恰是汉字和阿拉伯文的书法艺术最为精湛。艺术跟心灵直接相关,只有表意文字才有这么好的书法艺术。拼音字母也有艺术,比如阿拉伯文的书法艺术是很棒的,但是表意文字更利于表达心灵。西方书法艺术中,能和中国的书法艺术相比的也就是阿拉伯字。

汉字的特点是单音节,不但赋予诗词和对联格律的特色,同时使得语言的表达更加简洁,联合国6种语言(英、法、西、俄、阿、中)文本中,以中文文本为最薄。单音节恰恰在科学里大有好处,举例来说:中文97的读法,只有3个音节3个符号,非常简洁,而西方文字都要用十多个符号(表7.3),凭什么说汉语是不好的?

按照西方中心论,流行的一种观点是方块字不适用于科学表达,不如拼音文字那样逻辑分明,因此汉字可以用来传承文化,而不适用于发展科学。其实,这里混淆了科学发展的传统背景和语言载体本身的特色。有的研究人员撰写的学术论文,无论用的是中文还是英文,往往都有着论证不严、逻辑不清的毛病。这里既有我国传统文化中不利于科学发展的遗传病,也有在近代封闭条件下形成,而至今不能自觉的恶习惯。

中文有个弱点就是不好复制,中文打字原来是一个大问题。19世纪发明了打字机,当然只能打表音文字。1915年,美国留学生祁暄发明了第一台中文打

表7.3 数字"97"在5种语言中的不同写法

语种	97	音节/个	符号/个
中	九十七	3	3
英	Ninety seven	4	11
德	Sieben und neunzig	5	16
法	Quatre-vingt dix-sept	5	18
俄	Девяносто семь	5	13

字机，获得美国专利。1952年，林语堂发明的"明快打字机"也获美国专利，64位键，打一个字按三次键，每分钟可打50个字，有7000个汉字，因为太贵，并未得到推广。在电脑打字出现之前，流行的是双鸽牌中文打字机（图7.21），基本原理就是在字盘里找需要的铅字，选中后"啪"一下打在纸上，所以要很熟练的人才能快速找到字。到了20世纪90年代出现电脑打字，中文打字难的问题迎刃而解。

由于计算机文字录入采用二进制的编码，一个汉字只相当于两个拼音字母，因此汉字输入计算机的速度也最快。加上现在有人工智能技术支持，在中文电脑上键入一个"a"字母，计算机会"推测"你打的汉字，这样打字速度更快。长远看，"图文字"的拓展和人工智能的翻译，都不支持英语一个语种"独大"。汉字承载的信息量远大于拼音文字，同一个文本，汉字的篇幅最短。

斯坦福大学历史学教授墨磊宁（Thomas Mullaney）对汉字书写的历史进行研究，2017年出版《中文打字机》一书。2016年，他在《大西洋月刊》上发表文章说，正是中国在电报和打字机领域曾经遭遇的尴尬历史，促进讲中文的人在软件出现之后，对其进行了充分的利用——以至于现在用中文输入比用英语要快得多。现在可以通过仅仅键入一个字母——与一个汉字相对应的第一个字母，就可以输入一组汉字。换句话说，这是一种"智慧"文本。

电报和打字有相似性。1844年，美国的莫尔斯（Samuel Morse，1791—1872）发明电码，莫尔斯电码由点（.）和线（-）两种基本信号组成，用于拼音

图7.21 双鸽牌中文打字机

字母十分方便。但是1871年电报传入中国时遇到很大困难，由荷兰天文学家和法国海关官员设计了解决方案：为每一个汉字分配一个四位数的代码，然后将其翻译成莫尔斯电码的圆点和虚线。例如，我的名字分别用4个数字代替：汪3076，品0756，先0341。这样，莫尔斯电码中每个数字包含五个点(.)或线(-)，而每个字母只包括1~3个，这使得中文电报更昂贵而且效率较低。当然，在网络时代，这些"障碍"都成了历史故事。

面对现代科学，中国的方块字向何处去？我们要"印度化"吗？在学校教育、科技交流中用英语，生活用语、传统文化用汉语？这显然行不通。我们应该提高汉语"币值"，发展双语能力，发扬双语教育的潜在优势，构建汉语国际学术交流平台，提高中华文化软实力。钞票是有币值的，比如现在1美元比5元人民币还值钱，但是汉语文章能否比英语文章"值钱"，取决于文章的内容。直到今天，汉语在科学里的"币值"相当低。用汉语发表的论文非但不为国外所知，不进SCI，也不为国内所重视，不入国内统计。原因在于汉语学报的评审程序不够严格，有了好的成果也不用汉语发表。与此相应，汉语教材和科普作品在时间上严重滞后，质量上明显落后。如不改变通过文献系统的反馈作用，前景可能越来越坏，所以要提高汉语学术文章的质量。如果很多创新是首先用汉语提出来的，汉语的价值就大了，因此需要始终倡导"提高汉语币值，发展双语能力"。

文化是科学的根，而母语又是文化的根。科学的创造力源自文化，犹太民族的3000年历史中，有2000年流离失散，却始终坚守着犹太教和希伯来文。正是在外界压力下犹太人形成了对知识和智慧的重视，以色列才能以1000多万的人口，获得世界四分之一的诺贝尔奖。

我非常赞成德国哲学总会的前主席伽达默尔（Hans-Georg Gadamer，1930—2002）说的话，"一个人的哲学思想真正说来只能用母语表达，用任何外语来讲哲学只能是模仿，而不是自己的哲学思想"。如果把哲学看成深层次的科学，那么源头创新也就是深层次的创新，与一般浅层次的修正、改进不同。因为源头创新和哲学思考一样，只能在文化土壤上进行，而不是从外国文献里产生。联合国规定每年 2 月 21 日为国际母语日，以保护文化的多样性。南非前总统曼德拉说过："你用一个人懂得的语言与他交谈，你的话进入他的大脑。你用一个人的母语与他交谈，你的话深入他的内心。"科学创新的深层次思考需要文化滋养，而母语文化就是最近的源泉，最有可能带来创新的火花。

◎ 提高双语能力

文化有多样性，科学作为文化的一部分，发展的旅程也应该有多样性。以汉语作为载体的中华文化，应当在其深处蕴藏着科学创新的胚体。真理只有一个，但是走向真理的道路不应该只有一条。垄断不利于创新。理想状态是中国的科学创新既跟国际结合，又保持独立性。比如，芬兰语言独立于世界其他语系，除了大型国际会议用英语外，芬兰国内的会议甚至波罗的海周边的区域国际会议，芬兰语都是常用语言。

语言是有深度、有层次的。贺知章的《回乡偶书》我非常喜欢。"少小离家老大回，乡音无改鬓毛衰。儿童相见不相识，笑问客从何处来。"少小离家的人，口音还是没有改，这就是语言的深度。语言的深度往往取决于学习语言的次序，哪个语言先学，就印象最深。一般人在默念数字的时候，用什么话？一般都是家乡话，我就是用上海话。第二个是强度，语言记忆是否牢固，跟语言使用的强度相关。

我自己就有这样的经历。小时候说上海话，1960 年起我留苏 5 年，在莫斯科大学学习，一回国先在北京学习，我的叔叔到北京开会来看我，结果我说不出上海话来了！因为此前 5 年我没有说过上海话。1981 年，我拿洪堡奖学金在德国基尔大学做研究,正好我在莫斯科大学留学时的俄文老师也在德国教俄文,她一听说我在德国高兴得不得了,坐火车来找我,我俩见面第一天谈得不大好,因为我的俄文有点"锈掉"了,第二天就非常流利,她说:"你看我就是你的俄语'钥匙'!"确实,从1960年到1981年,差不多20年,我中断了使用俄语。

1978年我参加一个代表团出国,先是在法国2个礼拜,本来我有点法语基础,在莫斯科大学的时候作为二外学了点法语,回国后在华东师大的工会俱乐部又学了点,因此我到了法国,全团就我一个人可以跟法国人做一些简单的交谈,结果在美国6个礼拜后又回到巴黎机场,他们来接我叽里呱啦又讲法语,我就一塌糊涂。只有6个礼拜,我的法语就生疏了。所以越是晚学的语言,记忆越浅。我在基尔大学的时候,还用德语做过学术报告,当时我只发表了一篇德语文章。现在要我讲德语,我就万万不行了。我学德语时已经40岁,太晚,所以很快就忘掉了。我总结了学习多种语言的经验教训:全心全意先学好第一外语,冲破表意、表音文字的界限,切忌肤浅的"速成"学习方法,切忌一种没学好又学下一种。使用是学外语最好的方法,要胆大敢说,脸皮厚不怕说错。

再回来讲科学。就像我们国家需要依靠高科技实现经济转型一样,科学研究也需要转型。不能只当科学上的"外包工",想要成为创新型国家,就不能只注重"论文优势",应该在国际学术界有自己的特色,有自己的学派,有自己的题目。为此,也要有自己的语言载体。

我们要开辟创新的第二战场,举办高层次汉语国际学术交流会,促进世界华人用汉语交流。打造高水平的双语刊物,拓展国内外的影响,尤其是用汉语推进介于论文和教科书之间的国际综述。争取在国内提出新的观点、新概念,被译成外文在国外流传。使汉语在科学领域获得新生,并且产生出国际瞩目的新型文学和科普作品,刘慈欣的《三体》就是成功的一例,《十万个为什么》据说已经翻译成几种语言了。

创造海陆结合的全球新文化,需要语言文字的基础。汉语、汉字,必将在创造新文化的过程中逐渐更新、完善。当今世界,正在经历着百年不遇的巨变,语言文字也不例外。颜文字、绘文字、表情包等表情符号的广泛采用,正在影响世界交流的方式。新技术、新途径,都为我们推进全球性新文化创造了机会。科学界应该向双语进军,在现代科学和传统文化相结合的基础上,为加强民族复兴的软实力做出贡献!

◎ **参考文献**

[1] 汪品先. 汉语被挤出科学,还是科学融入汉语?[M]// 汪品先. 瀛海探径——汪品先科学人文随笔. 上海:上海教育出版社,2018.

[2] 汪品先. 如何重建创新文化的自信心?[M]// 汪品先. 瀛海探径——汪品先科学人文随笔. 上海:上海教育出版社,2018.

 | 问答

问:语言有高低优劣之分吗?未来是否有表音和表意字结合的语言?

答:日文就是表音和表意字的结合,假名表音、汉字(真名)表意,但是不能说多么成功。有过这样的说法:表音文字比表意先进,当年废除方块字的根据就是这种主张。现在看来不然,尤其是信息技术的发展,引发了各类表意文字正在网上兴起。

语言演化的漫长过程难以预测,但看来不会是朝向单一的表音方向,不能排除表意与表音结合的可能性。

> 问:科学不断发展的现在,每天会诞生新的名词和概念,汉语能否像创造化学元素的汉字那样,为新的名词创造新的文字?简化没有使汉字朝着表音字方向发展,汉字是否还应该继续简化?

答:如果想要将先进科学融入汉语,就应该使得汉语成为英文之外,世界科学交流的第二个平台,犹如国际贸易中除了用美元之外,还可以用人民币结算,这里当然需要新的名词和概念。但是中文作为单音节的表意文字,通常可以用新的文字组合,也就是新词汇来解决,一般不需要创造新的文字。

汉语肯定还会演化,但不见得是继续简化。现在用的是1956年的《汉字简化方案》,1977年公布的《第二次汉字简化方案》是"文化大革命"的产物,如"蛋"简化为"旦"、"街"简化为"亍"等,后来被停止使用,汉字形体在一个时期内需要相对稳定。

信息科学对汉语的影响,必将远远大于对表音文字的影响。由此估计,汉字必将进一步演化,但不见得需要转向表音的方向。

> 问:未来还有可能出现基于东方语言文字的世界通用语吗?

答:世界通用语历来是政治经济发展的历史产物。汉语几百年前曾是东亚地区的通用语,当初日、越、韩等还没有自己的文字。和当初的拉丁语、法语一样,英语作为世界通用语到头来也会有终结的一天。但是具体的前景难以预测,只知道这必将是个漫长的过程。

> 问：您提到未来会建立一个全球大文明，那么在这里会实现语言的统一吗？

答：建设全球大文明，实现语言统一的"世界大同"，其实当年推广世界语就有这层意思，只是后来并不成功。语言的发展是历史的自然过程，这类问题还是留给幻想家去回答吧。

> 问：香港特别行政区和深圳市的许多学校用英语授课，讲义和作业也采用英文，那么内地的许多学校是否应该效仿这样的做法？这样对学生是有利的吗？

答：全英文教育就是我说的"印度式"的道路，印度高等教育和优质的中小学教育都用英语。近年来，有些外国大学到中国办分校，相当于学校搬家，采用全外语教育也无可非议；但是中国的大学也走印度道路，那就是自毁祖业的文化自杀。

我并不是反对内地大学有的课用英语讲，但一定要有合适的条件，关键是要有合适的老师和帮助学生掌握内容的办法。我强烈反对不顾实际条件，硬性规定几分之一的课要用英文教，结果专业没有学好，英文也没有学好。

> 问：有人提到英语水平是科研工作者不可或缺的一种能力，但从全国范围看，从事科研工作的人只是少部分人。您如何看待这条建议呢？

答：在国际范围内各种语言的"币值"不同。当今世界，英语作为通用语是历史的潮流、时代的产物，不仅在科学界，在一般文化领域都享有最高的"币值",掌握英语就可以扩大信息源。但是以为只有做科研的人才需要英语,那是极大的误会。现代社会里科学知识无所不在,新文化的重要特点就是融入科学的成分,决不是科学家才需要英语。我建议同学们应培养自己的双语能力。

> **问:** 现在有家长在孩子很小的时候就送他们出国留学,甚至有人把孩子留在国外寄宿家庭生活,您怎么看待过早送孩子出国留学这一现象?

答:学外语确实越早越好,但是文化教育应当有主次。我相信中国文化有自己的优越性,中国式的教育也有其成功的一方面。因此作为中国家庭,培养孩子应当从中华文化起步,在可能条件下让孩子较早接触外语,也会有利于双语教育的成功。但是学外语是要有感情的,让孩子在使用中学,在快活中学,而不是拿着鞭子逼孩子学。

第八章
地球的未来

气候变化是全人类面临的共同挑战,世界各国应该站在为人类文明负责的高度,加强团结、推进合作。

全球变暖是第一次由科学问题引发的国际议题,反映出单一物种的活动开始威胁到地球的生存环境。从50年前学术界宣传"核冬天"到现在担忧全球变暖,前后的矛盾反映出科学认识不够成熟。当前在寻找可持续发展模式的道路上,西方的"末日文化"和东方的"天人合一",都可以产生学术影响。

第一节

科学引发的国际议题：全球变暖的提出

科学家提出二氧化碳的温室效应引起全球升温，要求世界各国共同决定减少温室气体排放，但是经济利益的矛盾是全球性纠纷的背后原因。

◎ 温室气体与气候外交

讨论"地球的未来"，要从全球变暖讲起。现在大家担心的是地球的可持续发展，原因是温室气体造成全球变暖。这原本纯粹是个科学问题，现在变成了各国共同关注的问题，也是人类历史上第一次由科学问题引起的重大国际议题。20世纪80年代科学家的重大发现，变成了21世纪广泛的争论：温度在上升，未来的地球怎么办？

2015年12月12日，《联合国气候变化框架公约》近200个缔约方在巴黎气候变化大会上一致通过《巴黎协定》，以工业化前的水平为基准，把全球升温的幅度控制在2℃之内，并且努力争取限制在1.5℃之内，21世纪下半叶要实现温室气体净零排放。2020年9月22日，我国在联合国大会宣布："中国将采取更加有力的政策和措施，二氧化碳排放力争于2030年前达到峰值，争取在2060年前实现碳中和。"这就是我们今天说的"碳达峰"和"碳中和"。但是，美国出尔反尔。2016年9月3日，美国加入《巴黎协定》；2017年6月1日，特朗普宣布退出《巴黎协定》；2021年2月19日，拜登政府又重新加入《巴黎协定》。进进出出，就像走旋转门。

从1991年到2019年，中国是世界上最大的碳排放国（图8.1A、B）。但是话要说回来，从历史上来看，中国工业化很晚，如果把每个国家的历史排放加起来，美国二氧化碳排放量要比中国多得多（图8.1C）。但是中国现在提出来，2030年前碳排放达到最顶峰，2060年以前要达到"碳中和"，也就是说回收的二氧化碳要和排放出来的相等，这是很大的一个挑战。

近30年来，联合国多次召开以气候变化为主题的会议。1992年，首届联合国环境发展大会上各国签署了《联合国气候变化框架公约》。1997年，《京都议定书》限制发达国家的温室气体排放；2005年，《京都议定书》生效，开始限制温室气体排放。2009年，哥本哈根气候变化大会，讨论2012年后如何限制发展中国家的温室气体排放。2013年，华沙气候大会就很冷清，仅有4个小国家的总统、总理出席会议。2015年，巴黎气候大会至少有150位

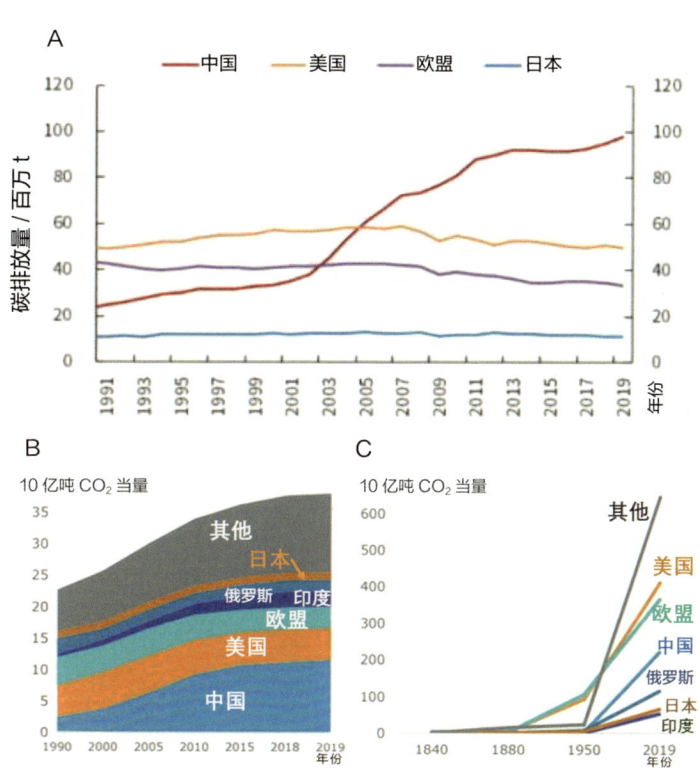

图8.1 A.世界各国的碳排放量。B.1991—2019年各国碳排放量；C.工业化以来各国累计碳排放量

国家元首参加，中美两国元首会晤，争取温室气体零排放。

◎ 碳排放与全球变暖

几十年前，地球大气里有多少二氧化碳，是没人管的。加利福尼亚大学的基林教授（Charles Keeling，1928—2005）在美国夏威夷岛莫纳罗亚山（Mauna Loa）开展大气二氧化碳含量的观测，绘制了著名的基林曲线，这是世界上唯一从20世纪50年代开始到现在的大气二氧化碳含量实测曲线，见证最近60多年二氧化碳含量不断上升，而世界的温度也是呈上升趋势，对温室效应造成全球变暖很有说服力。基林曲线的测量延续到现在已经60多年，到2023年3月大气二氧化碳的浓度已经上升到421ppm（图8.2）。

不过，现有的实测数据资料时间还是太短了，怎么办？有更早的资料——冰芯。科学家从极地的冰盖下打钻，把冰芯取出来，冰里面有气泡，气泡里面的气就是古大气。（图8.3A、B）通过分析，得到了近80万年来的大气记录。80万年来，二氧化碳的曲线跟温度的曲线是平行的（图8.3C），所以温室气体

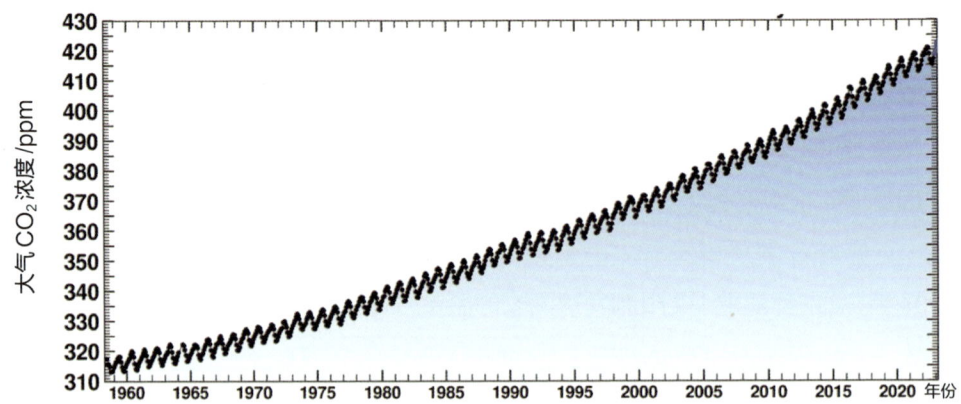

图8.2 夏威夷莫纳罗亚山大气二氧化碳实测含量曲线图显示，大气二氧化碳浓度上升。此图为基林曲线及其延续

确实跟现代气候变化是对应的。至于两者之间是否有因果关系，那正是现在争论的问题。

当前全球气温为什么升高？推断是因为大气的温室效应。一个星球发出的辐射光波的波长是跟它的温度成反比的，太阳表面的温度5000多摄氏度，所以它

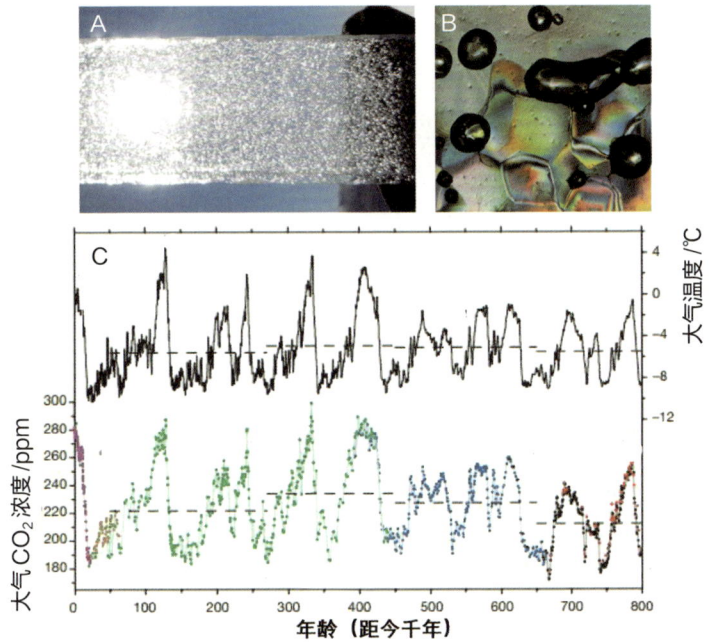

图8.3 冰芯气泡中古大气的80万年记录。A.充满气泡的冰芯；B.显微镜下看冰芯中的气泡（黑色）；C.南极冰盖记录中80万年大气温度和CO_2浓度的相关性

发出来的波是很短的，而地球温度相对低，所以地球辐射的波是长的。长的波辐射出去，被大气里的温室气体，主要是二氧化碳和甲烷、水吸收掉了，热量就留在大气里面，像一个暖房一样，所以叫作温室效应。

研究温室气体变化的气候效应，变成一个国际任务。1988年成立了联合国政府间气候变化专门委员会（IPCC），作为研究气候变化的国际平台，每隔几年发布一个报告，1990年发布第一个报告，2022年发布第六个报告，报告都证明确实大气二氧化碳浓度和温度都在升高。

气温升高最明显的标志是冰雪的融化，所以全球升温，极地最敏感。最近40年的记录显示，北冰洋海冰面积在减小，格陵兰冰盖也在融化。每年9月是

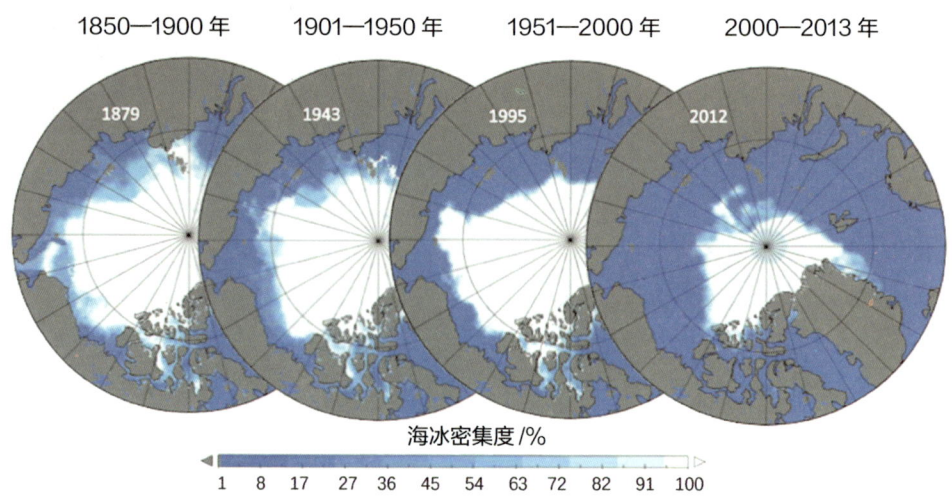

图 8.4 北冰洋海冰面积（9 月最低值）的历史比较（每 50 年一幅图）

北冰洋海冰覆盖面积最小的月份，如果做历史比较，就很容易看到进入 21 世纪以来，海冰面积发生显著的收缩（图 8.4）。

当然，低纬区也有反应。赤道上一座死火山乞力马扎罗雪山（Kilimanjaro Mount）海拔 5895 米，是非洲第一高峰，5000 米以上山顶有永久冰雪覆盖，成为世界罕见的赤道雪山奇观。但随着全球变暖，高山冰川大量融失，冰雪总面积从 1970 年的 5.0 平方千米减少到 2014 年的 1.5 平方千米。拿照片做对比，仅 1993 年到 2000 年的七年里，冰雪就减少了一大片。（图 8.5）

从全球环境的角度看，最严重的影响来自大陆冰盖，因为大陆冰盖的融化足以引起海平面上升。全球大陆冰盖占陆地面积的 10%，论体积，南极的冰盖占全球冰雪总量的 90%，格陵兰冰盖大约占 8%。其中南极冰盖体积 2450 立方千米，如果全部融化，全球海平面将升高 60 米。如果格陵兰冰盖全部融化，全球海平面将升高 6 米。

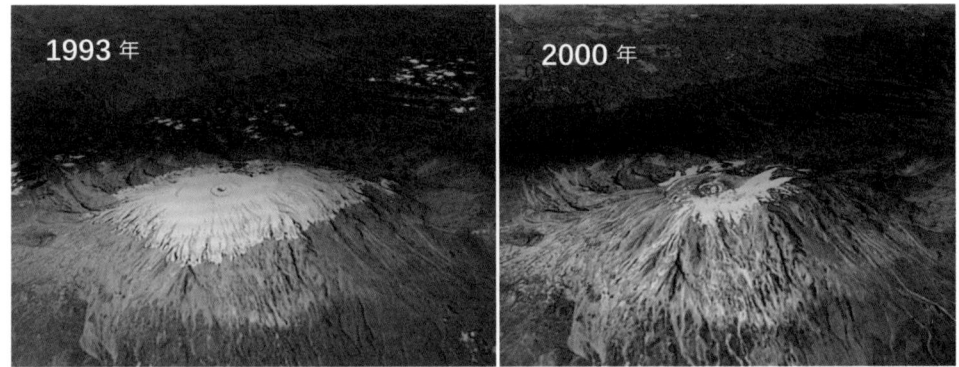

图 8.5　乞力马扎罗山顶积雪的变化

1880 年以来，全球海平面上升了 210~240 毫米，据推测主要原因是全球变暖引起的冰盖融化，这对于很多国家都是一个重大的威胁。计算机模拟表明，如果温室气体继续如此排放，到 2100 年世界海平面最高可能上升 2.5 米。2.5 米意味着什么？上海大部分就淹在海里了。

最紧张的是岛屿国家，太平洋岛国图瓦卢（Tuvalu）很可能成为第一个被淹没的国家。图瓦卢由 9 个环形小珊瑚岛组成，人口有 1 万多人，面积 26 平方千米，海拔最高处只有 4.5 米。什么概念？面积只有上海杨浦区的一半都不到。2000 年海上风暴，图瓦卢的海面上升至 3.2 米，连屋顶都被淹没了，人怎么办？爬树上去。2002 年起，他们就在有计划地迁移居民。

印度洋上的马尔代夫共和国由 1190 个珊瑚岛组成，形成 26 个环礁，海洋面积 9 万平方千米，陆地面积仅 300 平方千米，35 万人口，海拔 1.2 米。珊瑚礁经不起一点点海平面上升，如果海面每年上升 2 厘米，估计马尔代夫 50 年后就会消失。所以这种海岛国家对于海平面上升、全球变暖是特别敏感的。2009 年哥本哈根气候大会前，马尔代夫议会在水下开会，总统和部长们在水下签署文件，让大家看看：我们的世界末日要来了。

◎ 从科学问题到国际议题

一个科学问题——全球变暖，是如何变成气候外交问题的？这就要从一位美国女作家说起。第四章里我们介绍过海洋生物学家蕾切尔·卡逊，她在去世前一年半出版了《寂静的春天》（图4.18A），用非常优美的文字描述了杀虫剂DDT的危害。一些植物吸收DDT，人再吃植物，杀虫剂就到人体里了，这很危险。已经发现很多野生的动植物死于土壤里的DDT。这本书给社会带来很大的震动，产生了严重而持久的政治后果。近几十年来，关注全球宏观环境，已经成为发达国家的新思潮，气候变化、环境保护、可持续发展，超越了科学范畴，变成政治和文化的新命题。世界上发起了保护环境的政治运动，比较早的一个是1971年成立于加拿大的志愿者组织——绿色和平组织（Greenpeace International），总部位于阿姆斯特丹，有28个国家与区域组织参加，涉及42国，到现在还在活动。一开始影响不是很大，但发展为绿色政治，出现了政党，影响就大了。世界上最早的绿党（Green Party）是1972年成立的新西兰价值党。绿党在20世纪后半期开始在欧洲发展壮大，最著名的就是德国绿党。现在将近90个国家出现绿党，有的还执政或者参政，主要都是在欧洲。

所以说，政治和气候的关系是在20世纪60年代萌芽，70年代提出，80年代凸显。这个过程首先从追踪温室气体开始，而且是温室气体里本来不起眼的氟利昂。

氟利昂（Freon）是几种氟氯代甲烷和氟氯代乙烷的总称，比如空调的制冷剂、发泡剂、清洗剂里面都有，20世纪80年代末使用达到顶峰。虽然氟利昂在工业上用得很好，但其中氯原子跑出来，会进入平流层受紫外线作用，不光直接破坏臭氧，还会和臭氧相互作用放出更多的氯原子来，大概一个氯原子可以破坏10万个臭氧分子。

先是20世纪70年代，科学家发现氟利昂能破坏臭氧层，臭氧层一被破坏，过强的紫外线直接影响人和地球其他生物的生命。接着在80年代，臭氧洞、全球变暖等的发现，导致科学界对大气化学变化的担忧和对圈层互相作用的注意。于是科学界的人提出要制止氟利昂的使用。1984年，国际科学联合会举行首届全球变化学术讨论会。1986年，国科联设立"国际地圈-生物圈计划"，正式开始全球性的全球变化研究，重点研究全球生物地球化学过程，追索全球碳循环。1987年，在联合国环境规划署组织下，签订了《关于消耗臭氧层物质的蒙特利尔议定书》。1996年，全球禁止生产氟利昂，保护臭氧层。2000年开始，全球停止使用氟利昂。这是件很了不起的大事，化学家和大气科学家提出来的科学问题变成了社会问题，取得了成功。

受到成功禁止氟利昂的鼓舞，科学家提出，下一个议题是温室气体。这里讨论的温室气体主要指二氧化碳（CO_2）、甲烷（CH_4）、一氧化二氮（N_2O）、六氟化硫（SF_6）、氢氟碳化物(HFCs)、全氟碳化物（PFCs）等。1997年12月通过的《京都议定书》，全称是《联合国气候变化框架公约的京都议定书》，目标是消减各国温室气体排放量，在2008年至2012年，将发达国家的二氧化碳等6种温室气体的排放量，在1990年的基础上减少5.2%。2005年2月16日，《京都议定书》终于正式生效。但温室气体排放是工业化的结果，没有禁止氟利昂那么简单。"减排"的协议直接损害当事国家的经济利益，引起国际和国内的政治纠纷。

美国不同意减排，如果减排1%的温室气体，美国要损失1400亿美元，因此美国跟欧洲国家产生矛盾，2001年美国退出《京都议定书》。截至2004年，主要工业发达国家的温室气体排放量在1990年的基础上平均减少了3.3%，但美国的排放量比1990年上升了15.8%。

国际气候外交的进程并不顺利。从1995年起，联合国在世界不同地区轮换举行世界气候变化大会，1997年京都的大会比较成功。2011年南非德班的气候大会，决定启动绿色气候基金。2012年卡塔尔多哈大会决定，《京都议定书》

第二承诺期从2013年起,为期8年,可是加拿大、日本、俄罗斯、新西兰明确宣布不参加《京都议定书》第二期承诺。2013年华沙气候大会更是气氛"昏暗"。关键问题是,谁来为二氧化碳买单?谁该减排?发达国家和发展中国家的矛盾凸显。

2007年,中国的二氧化碳排放量超过美国,到2015年的时候,是美国的1倍,后来又有增加。(图8.1)但是中国14亿多人,每个人日常生活的衣食住行都涉及二氧化碳排放,美国才3亿多人。2005年,按人均排放量统计,美国几乎是中国的5倍。如果按历史人均累计排放算,美国约是中国的20倍。所以美国工业化时可以排,中国现在就不可以排?这就是现在外交上一个重要的争论。如果把二氧化碳排放分为生产用掉的和消费用掉的,那么美国从中国进口商品,生产在中国,消费在美国,这个账应该算在谁身上?(图8.6)

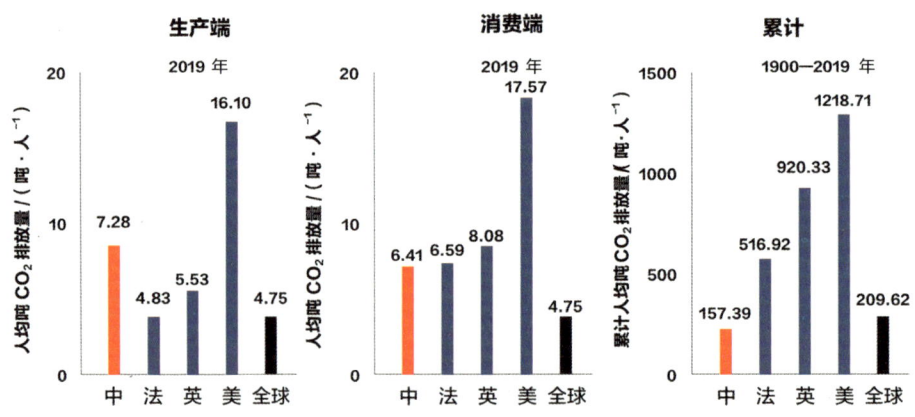

图8.6 二氧化碳排放分类统计

2020年,中国在联合国大会上宣布,二氧化碳排放力争于2030年前达到峰值,争取在2060年前实现碳中和。这是中国给自己提出了可持续发展的艰巨任务：2030年碳达峰，2060年碳中和，发展清洁能源，减少碳排放，增加碳汇。

气候外交的同时，还有学术上的争论：全球气候变化的理论上的争论。温室效应早在19世纪被物理学证明，全球变暖已得到20世纪观测的证实，但是对这两者之间的关系存在争论。目前的全球变热是不是一种周期性变化？当前的升温与碳排放量较大是不是因果关系？这些问题到今天都没有完全解决。（图8.7）也就是说，温室气体造成全球变暖，还是一个理论上有争议的问题。根本原因在于，人类的观测研究时间太短，地球上碳循环的周期太长。

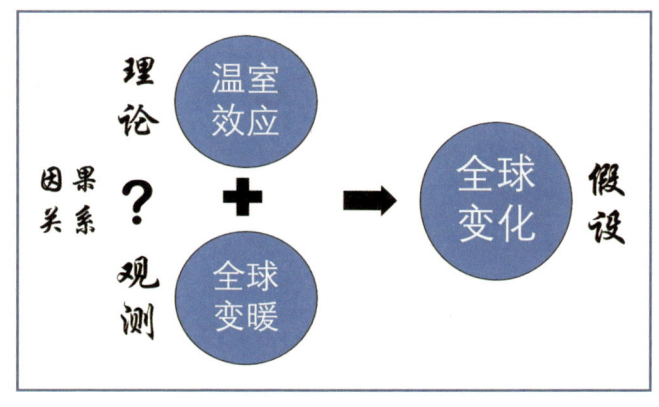

图8.7　全球变化在学术上的争论

第二节

温室效应的科学症结：碳循环气候效应

地球上碳循环机理十分复杂，科学界对全球变冷和变暖的说法前后矛盾，以致温室气体排放和全球变暖的因果关系至今尚在争论。

◎ 温室效应的物理基础

温室效应作为一种物理现象，19世纪时科学家们已经解释清楚。1827年，法国的傅里叶（J.J.Fourier，1768—1830）提出红外热辐射理论。1863年，英国的丁达尔（J.Tyndall，1820—1893）用实验证明温室效应是存在的。1896年，瑞典的阿伦尼乌斯（S.Arrhenius，1859—1927）又对温室效应做出了定量计算，所以说温室效应的物理问题，19世纪就已经解决。但是20世纪，温室效应问题走出实验室进入大气圈，涉及温室气体的气候效应，在气候学上却从一开始就有争议，至今未能充分认识，这正是当前学术界面临的重大任务。换句话说，温室效应没有问题，全球变暖也没有问题，两者的关系却是争论的问题。（图8.7）

上一节说过，太阳光是短波辐射，不直接产生热量；地面放射的是长波辐射，产生热量。热量在红外线的长波段，因此二氧化碳、甲烷等温室气体，只有吸收地面放射的长波辐射才能产生温室效应。这是物理学上的温室效应。（图8.8）

气候学讨论星球大气圈里的温室效应，就要复杂得多。不同星球的温度相差悬殊，因此温室气体的含义就不一样。地球上水汽是最重要的温室气体，但是其他星球不一样，比如土星的卫星之一"土卫六"（Titan），它离太阳很远，

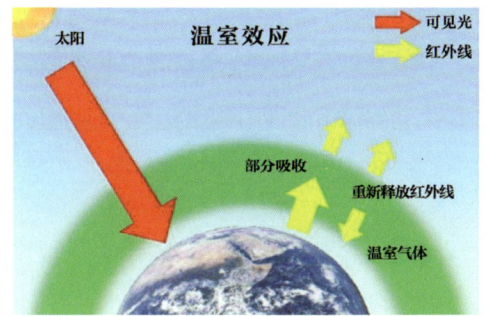 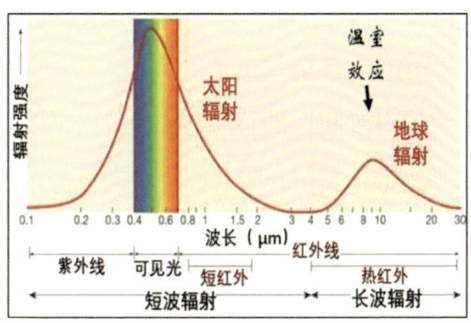

图 8.8 太阳辐射与温室效应：阳光的短波辐射被地面吸收再放射，变为长波辐射。大气吸收长波辐射而升温

由于温度低、密度高，氮气就是主要温室气体。其实水是地球上占比最大的温室气体，但是水汽的饱和度受温度控制，水汽会相变为云和雨，因此长期的气候效应还在于二氧化碳。（图 8.9）然而水汽和二氧化碳的温室效应又随高度与纬度而变：低纬、低空水汽含量很高的大气里，水汽的温室效应比二氧化碳强得多；在高纬、高空水汽含量低处，情况相反。温室气体气候效应太复杂，因此在国际学术界还是有争论的，但是在讨论全球变暖时指的还是二氧化碳的排放。

总之，当前的全球变暖是否因人类排放二氧化碳引起，尚有争论。有趣的是出现了矛盾现象。2007 年，时任美国副总统戈尔（Al Gore）和联合国政府间气候变化专门委员会（IPCC）分享了 2007 年度诺贝尔和平奖，这对全球变化的研究是一个很大的鼓励，使得"全球变暖"进一步成为国际的

图 8.9 温室效应分析：水汽是地球上占比最大的温室气体，温室效应气体中水汽占 60%，二氧化碳占 26%

焦点。另外，2007 年，英国 BBC 电视台 4 频道播出《全球变暖的大骗局》，作者采访了研究气象学、气候学、海洋学、生物地理学和古气候学的一些教授，说"全球变暖"的背后其实是狂热的反工业化环保分子编造出来的。如此强烈的对照矛盾的症结在哪里？还是两者的关系：到底是不是二氧化碳造成了全球升温。

◎ 太阳活动与全球变暖

值得注意的是，在温度的历史记录中，确实有着 60~70 年的基本周期。（图 8.10）地球的气温不是一直在上升的，这个现象岂不是一种周期吗？几十年变暖，

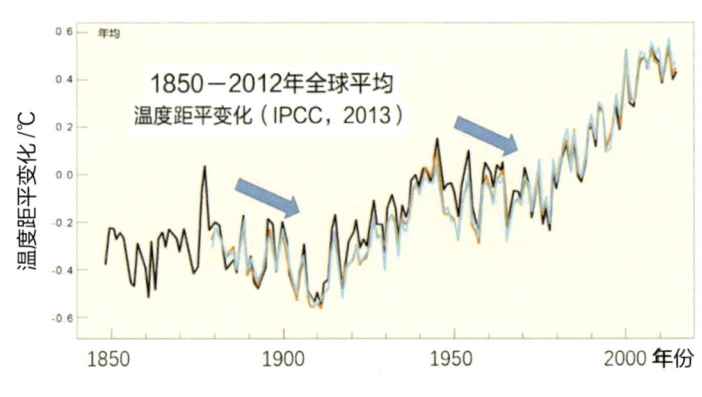

图 8.10　160 多年的温度记录。蓝色箭头指示降温期

几十年变冷……近 25 年的上升趋势，会不会只是反映了年代际的周期变化？

太阳表面的变化，也有周期性。会不会太阳活动就是全球变暖的"真凶"？从记录看，太阳黑子活动的曲线跟气候是有相关性的。太阳黑子越多，爆发的地方越多，太阳活动就越活跃，太阳辐射产生的热量也越多。所谓太阳黑子活动的周期性，是指每个月太阳黑子平均数的变化周期。太阳黑子有 11 年的周期，有 200 年的周期，这类周期可以与气候变化有所对应，比如太阳黑子活动的周期大概是 11 年，但长度并不稳定，有时是 9 年、12 年，有人发现太阳活动周期的长度和北半球的温度有相关性：周期短了温度便会偏高。（图 8.11）

那么，近年来的全球变暖会不会是太阳活动的周期性造成的呢？这就需要

有时间长、分辨率高的温度记录进行比较。果然，美国宾夕法尼亚大学的迈克尔·曼恩（Michael Mann）的博士论文，就提供了这条曲线。他把1000年全世界的温度收集起来，画出来的这条曲线跟曲棍球杆

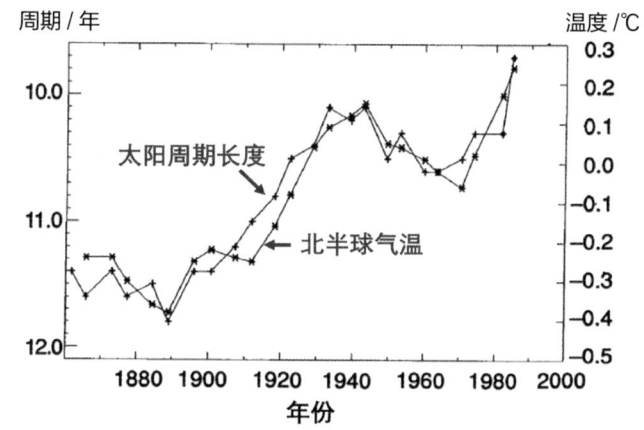

图8.11　太阳周期长度和北半球气温的比较

相似，所以得名"曲棍球杆曲线"（图8.12A）。他写的文章1999年发表以后轰动了科学界，因为他否定20世纪的大幅度升温过程在古代也有过的说法，证明1998年是1000年以来最热的一年，20世纪是1000年以来最热的一个世纪，这种变化不可能归因于太阳黑子，只有人类活动才能造成。但是立即有人出来质疑，认为曼恩的研究方法有问题。这场争论惊动了美国国会，2006年，美国国会委托美国国家科学院应用与理论统计学委员会主席魏格曼组织一个专门小组去调查这个方法，最后的结论是研究方法有缺陷，但基本上还是可以的。尽管如此，这个事件的震动很大，刊登文章的刊物主编和几个编委都辞职了。

一波未平一波又起，2009年9月，有黑客盗取了新英格兰大学气候研究组1000多封电子邮件和3000多份其他文件，用摘取文句的方法加以公布，想说明全球变暖其实是科学家们在作假。后来调查证明，科学家们的信件里并无不妥之处。这就是所谓的"气候门"事件。

然而"曲棍球杆曲线"事件并未就此结束，后来有人又搞了一个"大曲棍球杆"，这回的"球杆"是1万年，不是1000年。原来太阳活动的强度反映为太阳风带来宇宙核素（如^{14}C）的通量，而树木年轮就记录了宇宙核素的增减

($\Delta^{14}C$），从而可以取得太阳活动的间接证据。2013年《科学》刊文，科学家们用全球73套数据，动用树木年轮的证据，再造了11300年来的全球温度，得出的结论是，现在的曲线最高值并没有超过1万年来的最高值，8000年前气温也很高，但是现在上升的速度却

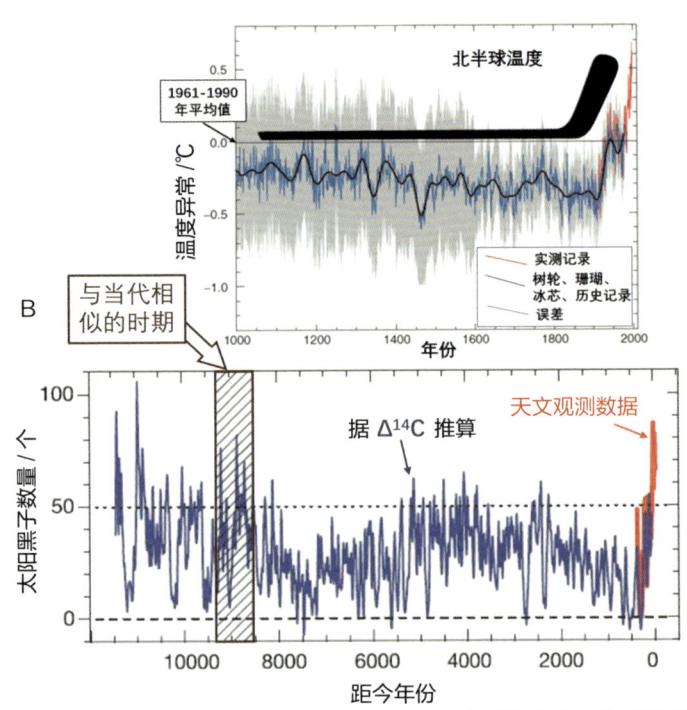

图8.12 太阳黑子和温度变化。A.1000年来北半球温度的"曲棍球干曲线"；B.1万年来太阳黑子活动的变化

是1万年来没有过的。（图8.12B）总而言之，争论还在继续，有人认为既然最近70年跟8000年前一样，都是太阳黑子活动最大，因此太阳黑子活动就有可能是现在气候变暖的原因。

科学界的争论看来一时难以平息，因为我们拥有的记录太短。但是我们又不可能等学术辩论清楚后再作决策，必须不失时机采取措施，这就是这些年来全球温度变化争论的症结所在。

◎ 三十年河东，三十年河西

人类活动能影响气候，近年来气候变暖，这两者都是事实。但问题在于，

两者是否有因果关系？关键还是要弄清楚是自然周期，还是人为引起的变化。近代的大气升温，有多少是人为因素造成的？人类活动影响气候，是工业化以后，还是8000年前，甚至更早以前就已开始？自然趋势是什么？变暖还是变冷？回顾历史，科学界的主流观点是有偏向的，"三十年河东，三十年河西"。

20世纪六七十年代全球气温偏冷，偏偏那时候政治上也是冷战核战威胁严重。当时苏联和美国冷战，其中有一个危险就是核武器，如果使用了核武器，地球就会进入冬天。此话怎么讲？核爆炸以后产生的大量烟尘和一些微颗粒会一直上升到平流层，也就是超过喷气式飞机飞的高度，烟尘颗粒会挡住太阳光，地球地面的温度远远没有高空的温度高，所以地球的大气圈上面热下面冷，出现"反温室效应"。计算表明，如果美俄双方各引爆50枚"胖男孩"那样的原子弹，会使北美和欧亚大陆降温数摄氏度，并延续几年，农作物会没有收成，整个世界也进入"核冬天"。

三四十年前，科学界谈的不是"全球变暖"，而是在"冷战"和"核冬天"背景下的"全球变冷"，那时候的科学界并不认为温室气体有什么不好。比如曾经参与原子弹制造的美国知名化学家哈里森·布朗（Harrison Brown，1917—1986)1953年出版《人类未来的挑战》（The Challenge of Man's Future）一书，提倡大规模生产二氧化碳泵入大气来提高生产力。他论证说，"如大气中二氧化碳增加为3倍，全球食品生产就会翻番"。"可以想象全球规模大量生产二氧化碳，并泵入大气"，为此，"至少要烧掉5000亿吨煤，这超过人类历史上烧煤总量的6倍。煤不够了，可以烧石灰来增加二氧化碳"。今天听起来，就像疯话一样，但是这是一个很严肃的美国化学家在1953年发表的言论。

与此同时，还有新冰期降临的忧虑。美国的布朗大学（Brown University）在古气候研究方面十分领先。1972年1月，在美国布朗大学召开的国际会议讨论"本次间冰期将如何结束？何时结束？"。地球在最近的60万年，出现了10万年一次的冰期旋回，冰期与间冰期交替出现。现在处在温暖的间冰期，但是会议当时认为新冰期已经有迹象要来临。会后两位主席致信尼克松总统："假如人类不加干涉，现在的暖期将很快结束""全球变冷……可望在几千年、也许几百年后降临"。（图 8.13A）捷克裔美国科学家库克拉（G.J.Kukla，1930—2014）是当时写信的两位主席之一，十多年前我和他在北京见面时，问他是谁送的信，他说是另一位主席，大概不太愿意说这几十年前的往事。其实这是 20 世纪 70 年代的大潮流，学报出专辑谈论"新冰期"，媒体炒作新闻说"新冰期"已经来临（图 8.13B），埋怨某一人并不公平。

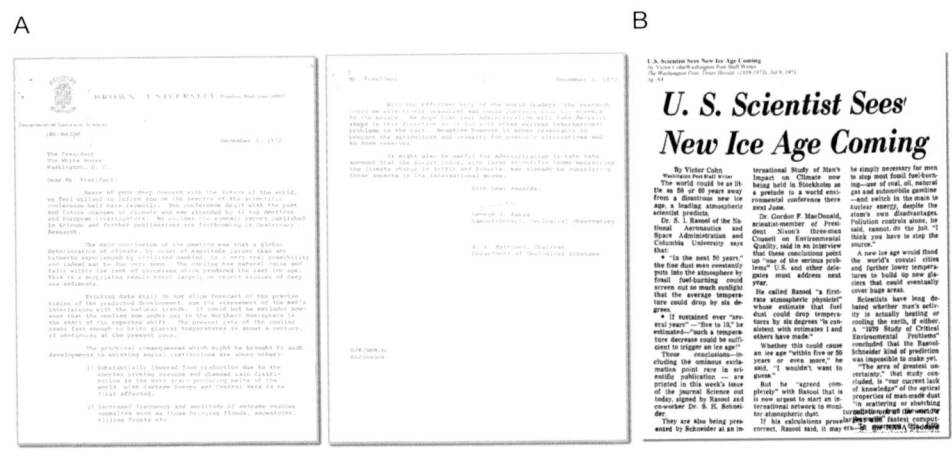

图 8.13　20 世纪 70 年代学术界的"全球变冷"之忧。A."本次间冰期何时结束？"会议主席 1972 年 12 月 3 日致美国总统的信；B.《华盛顿邮报》1971 年 7 月 9 日新闻《美国科学家看到新冰期来临》

还是在 20 世纪 70 年代，苏联科学家也出了个点子想把全球变暖，提议苏美合作建造白令海峡跨海大坝，切断北冰洋和太平洋的联系，融化北冰洋的海冰！跨海大坝长 88 千米，从西伯利亚到阿拉斯加，挡住太平洋冷水。用核能将暖流水泵入北冰洋，靠大西洋来的墨西哥湾暖流水融化北冰洋的冰。（图 8.14）今天咱们担心冰要化了，那时候巴不得把冰化掉。

图8.14 针对"全球变冷"的建议：白令海峡跨海大坝工程

到21世纪，科学界的气氛全变了，到处谈论的是全球变暖。2001年，我出席在英国爱丁堡举行的英国、美国两家地质学会联合举办的"地球系统过程"国际大会，大会请了两位名誉教授致开幕词。其中，英国皇家名誉教授杰弗瑞·博尔顿（Geoffrey Boulton）说的话至今犹在耳边。他说30年前喊"冰期降临"的是你们，如今说"全球变暖"的还是你们，这让人们如何建立对科学家的信任？

我觉得这话没错，对地球系统的碳循环及其气候效应，我们确实了解得太少。科学界探索地球系统的碳循环，是从追踪"失踪的碳"（图8.15）开始的。由于地球上碳循环的观测从20世纪50年代才开始，实际观测时间太短、不全面，迄今弄不清目前的浅海

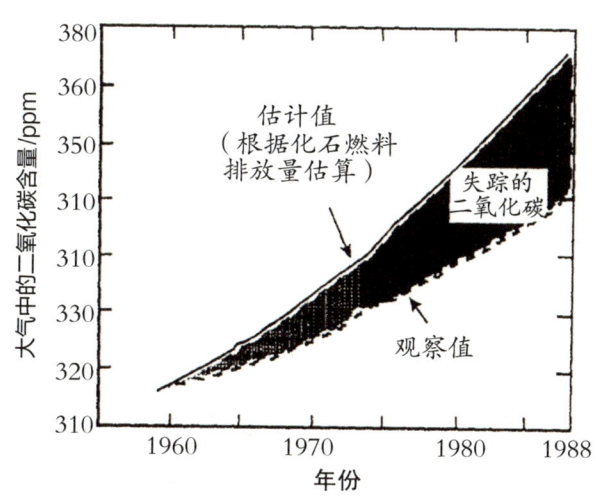

图8.15 "失踪"的二氧化碳

陆架、热带雨林究竟是碳汇，还是碳源。现在的调查大都限于地球表面，包括近地表的大气成分，地面以上和表层海水的生态系统，而对于地球深部碳的赋存及其对表层系统的影响，那就更不了解。

20世纪80年代，学术界面对一个很大的难题，就是人类烧煤、烧油排放出来的二氧化碳跟大气里增加的二氧化碳的数量对不上，失踪的二氧化碳跑哪去了？进行全球研究以后知道了，到大气里的二氧化碳还不到二氧化碳排放的一半，有大概1/3跑到土壤里，还有1/4跑到海里去了。

实际上地球是一个系统，牵一发动全身，碳在地球各个圈层里都有，碳的储量在岩石圈里最多，大气圈里比较少，但是周转的速度，在岩石圈里最慢，大气跟生物的周转是最快的。这么复杂的一个系统，没有全面了解就去下结论，当然要产生问题。

如今，碳排放、碳交易成了国际政治经济的热点，但是科学问题政治化，既是福音又是灾难。"全球变暖"成为国内、国际政治斗争的主题，使得全球变化和有关科学迅速发展，有关学者的学术地位急剧上升；同时会受到非科学因素的严重干扰，不仅引发过火的学术"争论"，而且导致政治力量的干扰。突出的例子是苏联对遗传学、心理学等学科的否定，不但贻误了整个学科的发展，而且危及科学家的人身安全。李森科（Трофим Денисович Лысенко）曾经独霸苏联科学界数十年，以获得性遗传观念否定基因，把孟德尔（G. J. Mendel，1822—1844）、摩尔根（T. H.Morgan，1866—1945）等遗传学家称为"苏维埃人民的敌人"，留下了极其严重的教训。

第三节

学术争论的文化背景：西方的末日文化

欧洲各国对全球变暖的反应格外强烈，这与西方宗教的"末日文化"有关，而与东方宗教的"转世轮回"形成反差。

◎ "末日灾难"的来龙去脉

世界各国对全球变暖的反应有所不同，其中欧洲国家格外强烈，这与西方的"末日文化"有关。现代科学的发展是有文化基础的，西方的末日文化就是其中之一，最为形象化的是"末日钟"。美国芝加哥大学的《原子科学家公报》杂志社，于1947年在大厅里设立了"末日钟"，钟上的针表示离世界末日还有多久。比如特朗普上台，2017年1月向前拨半分钟；新冠疫情暴发后，2021年1月离世界末日只剩100秒钟（图8.16）。

当然，这些科学家并不是真的相信末日，是把"世界末日"比作世界面临的危险。但是一些邪教组织特别起劲，他们曾经多次警告"世界末日"即将来临，尤其在2012年。美国的宗教宣传片《2012世界末日》（*2012 Doomsday*）曾预告2012年12月21日就是世界末日，当时还出现了很多相关主题的电影等艺术作品。

图8.16　芝加哥大学的"末日钟"：2023年1月24日宣布离末日还剩90秒

末日文化的根基很深，文艺复兴时期，意大利的米开朗琪罗（Michelangelo Buonarroti，1475—1564）在梵蒂冈的小教堂的墙壁上创作了一幅《最后的审判》（*The Last Judgement*）（图8.17），这是米开朗琪罗较出色的作品之一。什么叫最后的审判？这就是世界末日，就是耶稣来给大家审判，好人上天堂，坏人下地狱。但是现在世界近80亿人，耶稣怎么审判得过来？

图8.17　米开朗琪罗的壁画《最后的审判》

末日审判起源于拜火教，即琐罗亚斯德教（Zoroastrianism），相信善者死后很容易走过裁判之桥（Chinvat）进入天堂，恶者堕于地狱。基督教《旧约》中把末日审判称为"耶和华的日子"，上帝将审判一切活人和死人，分别升天堂或下地狱。世界末日有各种版本，千禧年主义（Millenarianism）派主张千年循环，基督将再次降临并统治世界，地球变为天堂，再过千年才是末日来临和最后审判。摩尼教也有类似主张。

尽管"世界末日"还只是"预告"，但是"末日灾难"贯穿在西方宗教和多种文化作品里。《圣经》里的大洪水就是其中之一。一旦真的发生自然灾害，"末日"就到了眼前，其中最突出的是黑死病（Black Plague）。14世纪四五十年

图 8.18 1883 年喀拉喀托火山爆发。A. 火山爆发的石版画;B. 蒙克的油画《尖叫》

代,相当于中国明朝初年,瘟疫遍及整个欧洲。据说,疫病从俄罗斯传到土耳其,又传到意大利,1348—1350 年有 2500 万欧洲人死于黑死病。从 14 世纪到 17 世纪,黑死病肆虐欧洲 200 多年,全球约 7500 万人死亡,欧洲 1/3 人口丧命。

  火山爆发,是另一类毁灭性的自然灾害。1883 年,印度尼西亚巽他海峡中的喀拉喀托火山(Krakatao)爆发,能量相当于 13000 颗广岛原子弹。(图 8.18A)第二年全球降温 1.2 ℃,直到 1888 年才恢复。类似的灾难主题反映在文艺作品里,挪威画家爱德华·蒙克(Edvard Munch,1863—1944)1883 年创作的名画《尖叫》(*The Scream*,又称《呐喊》) 就是表现火山爆发以后,欧洲的天都变红了,人都看得发呆。(图 8.18B) 这种灾难主题的作品在欧洲、美国的文化里面是非常多的。例如,20 世纪 70 年代末期的电影《星球大战》(*Star Wars*)、2004 年的电影《后天》(*The Day After Tomorrow*)等,都是灾难题材的作品。

  2012 年,有人把"世界末日"要来了说得有鼻子有眼,说这是玛雅人说的。

根据危地马拉的拉科罗纳（La Corona）遗址的石梯刻文，玛雅长期历（Long Count）从公元前 3113 年开始，经历 5125 年以后，日历就没了，所以玛雅历法的"终结日期"落在 2012 年 12 月 21 日，于是各种邪教纷纷活跃起来，现在回想起来十分可笑。

"末日文化"成为多种邪教散播歪理邪说的源头，但是"末日"远不以 2012 年为限。20 世纪 70 年代，美国的"人民圣殿教"（Peoples Temple）的头目吉姆·琼斯（Jim Jones）自称是神的化身，先后转世为释迦牟尼、耶稣基督和列宁。1977 年，他组织上千名核心信众从美国来到南美洲的圭亚那，惊动了美国社会。美国一位众议员去圭亚那调查访问，也很难查出什么名堂。临走时突然有一个人冲上去，要跟他乘坐飞机离开。眼看事情就暴露了，吉姆·琼斯就让信徒吃氰化物全体自杀，结果酿成 1978 年 11 月 914 人死亡的惨剧，其中有些明显是被迫自杀，这是邪教杀人的典型例子。

2000 年千禧年即将到来前的 1997 年，出现了"千禧年主义"不明飞行物团体宗教组织"天堂之门"（Heaven's Gate）。教主说他与上帝有直接联系，主张在地球被"回收"前离开地球，上帝要接他们去，谁要先走就能逃开"世界末日"。1997 年 3 月 26 日，一批信徒在美国圣地亚哥登上一艘幻想中的"飞船"，39 人分三批自杀。

当代迷信，甚至邪教的一大特色，是歪曲利用现代科学的新概念。最为广泛的是星相学（占星术）引用天文周期算命，用星座的位置预示人间万物的变化。"天堂之门"就是利用"外星人"、UFO 等作为邪教宣传的根据。"2012 世界末日"更是集伪科学之大成，包括磁极倒转、太阳中微子、行星撞击、"光子纪元"等似是而非的说法，妖言惑众。回顾过去，"世界末日"绝不是新发明，历史上曾经"预言"的末日时间有 1910 年 5 月 18 日、1919 年 12 月 17 日、1982 年 3 月 10 日、1992 年 9 月 28 日、2006 年 2 月 12 日、2008 年 3 月 21 日、2012 年 12 月 21 日……今后必然还会永远"预言"下去。

◎ "转世轮回"与生死观

与西方的末日文化不同,从古埃及到东方的婆罗门教、印度教、佛教,都相信人死了以后有灵魂,灵魂还可以回来,这就是"转世轮回"。区别在于个人的信仰和行为是否决定下辈子的命运,而不是有共同的"末日"。在我国,"转世轮回"最精彩的造型大概要数重庆大足宝顶山的摩崖造像,宋朝时人们在那建造了个直径2.7米的"六道轮回图",告诫众生,根据各人今生的善恶,来世将分别得到从"天道"到"畜生道"的不同境遇。(图8.19)

在印度,六道轮回的信仰和种姓制度相结合,形成了甘于贫苦,但求来世的社会风格。六道轮回包括天界、人界、恶鬼、地狱、畜生、阿修罗,这也就是大足石刻的根据。天界、人界、阿修罗是好的,畜生、地狱、恶鬼都是坏的,所以坏人就往下走,好人就往上走。这在印度很容易接受,为什么?因为印度原来推行按血统论制定的种姓制度,制度把人分为4个等级:婆罗门(Brah-

图8.19 重庆大足宝顶山石刻的"六道轮回图"

mins）、刹帝利（Kshatriyas）、吠舍（Vaishyas）、首陀罗（Shudras），此外还有第五种姓，又叫贱民或达利特（Dalits）。据印度《梨俱吠陀》中的《原人歌》记载，婆罗门是神的嘴巴变来的，首陀罗是神的脚变的。如果人一出生就等级低下，怎么办？修下一世，现在苦，但下一世就会好，所以都把希望放在下一世。

　　古埃及相信万物有灵，对死后世界极为重视，相信死后的审判。古埃及人死了以后，把心放在秤上，与神的羽毛比，如果比羽毛轻，这个人心是好的，如果做过很多坏事，心灵受到污染，心就重，所以重的这个人就不能再世，好人可以把心还回来又变人，得到转世、永生。

　　与西方宗教的"末日审判"和东方宗教的"转世轮回"不同，儒家文化承认死亡，但并不鼓吹死后的"世界"。儒家文化对祖宗很重视，也相信祖宗有灵魂，但是孔子不是非常认可非理性的事，他说"未知生，焉知死"，活着的事还弄不清，管什么身后事，按现在的说法是"生不带来，死不带去"。

　　阴阳学说是我国古代朴素的哲学思想，"阴间"文化由此衍生。有人相信有阴间世界，而且可以来回，有的人白天在阳间，晚上到阴间，"上两个班"。各地的城隍庙属于道教，里面供奉的是冥界的地方官，还常供有十殿阎王等。重庆市长江北岸的丰都城，自古被说成是"阴间"的入口，现在成了旅游地"鬼城"。但是道教离生活太近，许诺"白日升天"又不能实现。

　　关于人死去后的灵魂，各种宗教甚至非宗教的祖先崇拜中都有，广泛存在于各种文化中。因为相信肉体死后灵魂尚存，所以尸体的处理至为关键，不少宗教相信要为灵魂保护尸体。除了鬼，还有鬼的"两次方"，是什么？叫虃（jiàn）。也就是说鬼还要死，人怕鬼，鬼怕虃。蒲松龄的《聊斋志异》里的《章阿端》篇就有虃出现。

　　西方犹太教、基督教的"末日文化"，东方源自婆罗门教的"转世文化"，均植根于宗教。宗教是人类最早产生的世界观，因而既可以是科学的对立面，又是文化积累的宝库。宗教和科学都是人类的文化，最初宗教的产生可能源自对超自然力量的恐惧，科学源自对自然界的好奇。人类最大的恐惧莫过于死亡，因此生死观是人生观的一大主题。

王羲之的《兰亭序》里说："古人云，死生亦大矣，岂不痛哉。"中国人对生死一直是重视的，但是从科学角度来看，生死又是另一码事。传说中国的彭祖活了800岁，《圣经》中说玛土撒拉（Methuselah，诺亚的祖父）活了969岁。在第二章里我们讲过，现实世界的长寿纪录是120岁左右。人类接触的许多动物，寿命通常都比现代人短，一般越是行动慢的动物越长寿。

在海洋里，营养贫乏的深海动物生长缓慢，寿命也长。深水珊瑚的生长速度是每年4~35微米，所以世界上最老的动物是冷水珊瑚：夏威夷海域的金色珊瑚（*Gerardia sp.*）2742岁，深海黑珊瑚（*Leiopathes sp.*）4265岁，与热液口、冷泉口的动物群的快速生长恰成对比。

生物世界里，新陈代谢的速度差距极大。什么是生，什么是死？对于低等生物来说，这是个难以回答的问题。细菌和许多原生生物，靠细胞分裂进行无性繁殖。一个细胞分裂以后变两个，那么原体算"死"了吗？不好回答。海底几千米以下有深部生物圈，石头和泥里面生活的单细胞细菌，与海水隔绝几十万年以上，长期处于休眠状态，繁殖周期数千年以上，新陈代谢极慢。

还有更惊人的。1995年，《科学》刊登一篇文章，称在2500万年前的琥珀中有活细菌！科学家们从琥珀中的无刺蜂体内提取出了肠菌（*Bacillus*）并培养成功。此后，作者还听说从琥珀中分析出了2000种细菌。2000年，《自然》杂志刊登文章，说科学家们在美国新墨西哥州二叠纪2.5亿年前的岩盐包裹体中发现活细菌，并提取出活的细菌。

如果一个生物能活几千万年、几亿年，除非它真的"活得不耐烦"，否则就不需要有"死"的概念。2021年，俄罗斯科学家"复活"了在西伯利亚永久冻土层中，已被冻结约2.4万年的微生物蛭形轮虫（*Bdelloid rotifers*）。轮虫是最小的多细胞生物，科学家培养了以后，它不光活了，还繁殖了，因为它是孤雌生殖。这就吓人了，它们可以几万年停止新陈代谢而不死亡！人当然不行了，只有低等的生物才可以"复生"。这种种发现，挑战了我们原来关于生和死的概念。

历史上最希望长寿的就是帝王了，所以臣民祝福皇帝"万岁，万万岁"。皇帝要把身体保护好，就研究长生不老药、炼丹……在棺葬坟茔中也要有和阳间一样的享受。木乃伊的制作十分精致考究，保持尸体完整，作为回魂的依托。这些恐怕都不见得有用，其实他们真应该向单细胞生物或者蛭形轮虫取经。

我们讲地球的未来，涉及个人的未来、人类的未来、整个地球的未来。对于个人来说，最大的问题就是生和死了。我记得苏联作家索尔仁尼琴说过一段非常好的话："人早晚会死，这并不可怕；可怕的是教你现在当场去死。"其实超自然力量造成死人的情况是很多的，全世界的雷暴每分钟有 2000 次，全球每年因雷击造成的人员伤亡超过 1 万人。有一次我从夏威夷飞回来，从太平洋上空看到下面云里"啪啪"响，像放鞭炮那样，可见雷暴很多。

物有其始，必有其终。人的寿命有限，看不到眼前所有事物的"终"。习惯了"人类中心观"的人通常注意的是多细胞动物的"死"，注意不到 10 分钟繁殖一次的海洋细菌，看不到地球系统长周期的演变。一切都有开始、有结束，甚至"宇宙大爆炸"也可能具有周期性，我们目前无从知晓。以这种观点看待事物、看待自己，"生死"就成为逻辑中的事。

第四节

地球表层系统的演变：宜居地球的形成

地球表面经过历次灾变，形成宜居条件，依靠的是地表系统和生物圈的共同演化。需要跨越时空尺度，从星球到基因来揭示地球系统演变之谜。

◎ 人类和地球的演变

人属（Homo）和智人种（Homo sapiens）都起源于非洲。地质历史上的物种很多，没有不灭绝的物种，一般一个物种大概 200 万年的寿命，高等的哺乳动物短一点儿，大概 100 万年。智人到现在 20 万年，起码还有 80 万年，所以离灭绝还早，你不用去买保险了。

人是地球上有智能的生物，影响着地球表层系统。人类改变多种生物的演化，也可能改变自身的演化。人类肯定要演化，会不会变成另外一个新种？会不会住到别的星球上去？我很赞赏尤瓦尔·赫拉利的"简史三部曲"（《人类简史》《未来简史》《今日简史》），讨论在以大数据和人工智能为代表的新技术发展背景下，人类的前景问题，视野宏大。赫拉利很了不起，如果在中国可能是杰出青年了。《未来简史》的英文书名是 *Home Deus: A Brief History of Tomorrow*。*Homo sapiens* 是智人，*Home Deus* 是神人，他提出我们将会从智人向"神人"演化。

地球的未来，这是很有趣的题目。首先我们要了解地球，虽然 16 世纪建立了日心说，而且现在人类已经对地球外部了解很多，但对地球的内部却缺乏了解。地心有什么？真有地狱吗？"地狱"的真相是什么？但丁《神曲》的地狱篇，把地狱想象成漏斗形,下面越来越小,岩石就像石灰岩那样堆叠着。10多年前的荷兰地质学家和矿物学家萨洛蒙·克罗宁博格(Salomon Kroonenberg)在《地狱为什么充满硫黄的臭味》一书中,将但丁《神曲》的地狱篇、凡尔纳《地心游记》与地质现实作比较,讨论"地狱的真相",他用科学的角度来回答幻想作家提出的问题,也很有趣。

17世纪就有人相信地球是空的,相信的人还不是一般人,是发现彗星轨道的科学家埃德蒙·哈雷(Edmond Halley,1656—1742)。他于1692年发表论文提出地球是空心的,他看了牛顿的力学,牛顿根据潮汐来推测月亮的质量,得出的结论是月亮的质量和地球的质量之比是1:26,这样算出月亮的比重是9,地球是5,也就是说,月亮的比重要比地球大得多。如果这样,地球只能是空心的。所以哈雷想象了一个三层的地球,人生活在地球表面上,里面还有两层,最里面才是地心。上面的两层每层上都有山,有水,有生物。后来他还解释为什么北极会有极光,他相信地球两极有洞,极光就是太阳光照进去以后反射出来的。

听上去好像有道理,也有人把它当真,提出南北两极有巨大的空洞,是地球内部的入口。20世纪美国有一个海军少将伯德(R.E.Byrd,1888—1957),南极北极的上空他都去过,称真的是有个大洞。传说他曾从北极的大洞飞进地球内部,进入另外一个世界,那就是阿哥哈特(Agharta),据说一些佛教高僧曾到过这个地中世界。更荒唐的是1945年第二次世界大战结束,希特勒自杀了,但是没找到希特勒的尸体,有人就说希特勒其实没死,到阿根廷去了,从南极洲的窟窿钻到地球里面去了。所有这类幻想与传说,随着对两极的实地考察和对地球内部的多种手段的探测,已经不攻自灭。但是本章的题目是"地球的未来",就不能局限于人类,而要对地球整体的演变进行讨论。

◎ 太阳系的演变

太阳系的故事我们是清楚的,当今太阳系正值中年,将在50亿年后毁灭。

太阳跟其他恒星演化一样，正走在主序星的阶段，与太阳质量相当的恒星寿命约100亿年，太阳系到现在已经有46亿年，等到50亿年以后太阳就变成红巨星，大到把地球的轨道都吞进去了，那时候太阳吞没了地球，这岂不就是地球的末日吗？所以还有50亿年，人类作为物种不可能活几十亿年，所以我们不必操心。

还是来关心地球：地球的面貌为何特殊？水星、金星、地球、月球、火星，基本上是一道起源的星球，为什么面貌差那么大？月球表面布满撞击坑，而地球光滑而且呈蓝色，是什么改变了地球的面貌？因为地球有水，有板块运动。靠海水覆盖装扮成蓝色星球，靠板块运动形成新的地壳。地球能够有液态水，以至于有生物圈、智慧生物，是因为地球在太阳系里的位置有特殊性。地球和太阳的距离决定了地球表面的温度，如果离得太近或者太远，地球上都不会有液态水。金星离太阳太近，火星太远，只有地球表面的温度能够三相共点。无论和太阳的距离，还是个体的大小，地球都很独特，才会处于"宜居带"(图8.20)。

再看元素成分，太阳系的平均成分中氢和氦是主要的，而地球的主要成分是铁、氧、硅、镁，这也是内行星共同的特点。在太阳系形成的早期，木星和土星是移来移去的，并不稳定。科学家曾经想象木星闯入并扫荡了太阳附近的物质，把太阳边上一些元素扫掉了，一部分推到太阳上去，一些重的留在那里，

A

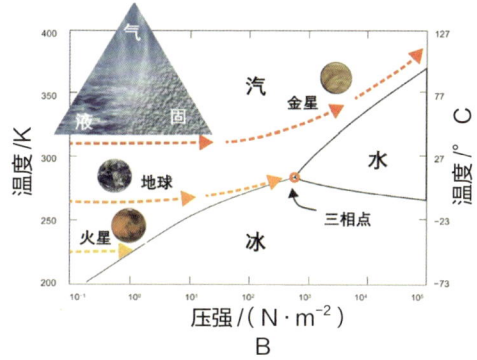
B

图8.20 地球的宜居性。 A. 地球在太阳系里的位置处于宜居带； B. 水的气、液、固三态分布与温度和压强的关系

所以地球的化学成分和太阳系不同，也和整个宇宙不同。(图8.21)这并不奇怪，宇宙大爆炸之后的产物是氢和氦，也是太阳的成分，其他元素是在恒星这"老君炉"里炼出来的。至于元素表里比铁还重的元素，那是恒星演化到终点发生新星或超新星爆发的产物。太阳不是第一代的恒星，所以不但是我们的地球，连同我们身体里的铁、磷、钙等各种元素，都是来自太阳系外的"移民"，是我们继承前几代恒星的珍贵"遗产"。

但是直接决定地球生态环境的，还是大气圈的成分。金星、火星、地球这些内行星的起点十分相似，初期的大气成分相差不大，经过几十亿年的演化，

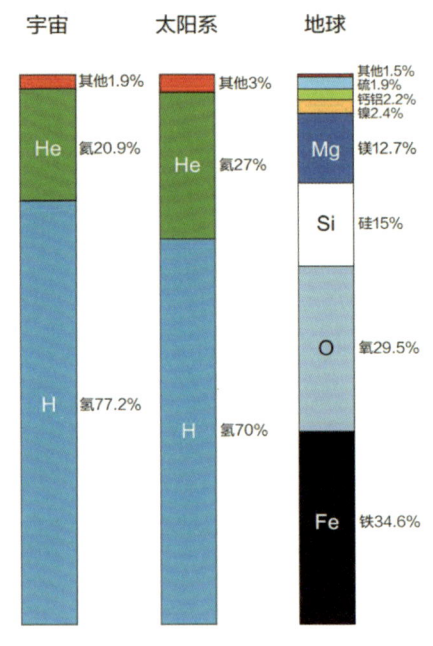

图8.21 地球的化学成分不同于太阳系，也不同于宇宙

如今已经"差之毫厘，失之千里"！(图8.22A)金星的大气圈很可怕，人到了金星上是站不起来的，因为金星大气压力是地球的90倍。更可怕的是云，金星有两三万米厚的有毒的硫酸云。因为金星的火山爆发喷出来的二氧化碳、硫酸，没有海水吸收，形成了20~30千米厚的硫酸云，金星的二氧化碳大气圈气压是地球的92倍。(图8.22B)可以设想，内行星演化的早期是相似的，早期地球的大气圈比金星好不到哪里去。

但是经过40多亿年的演化，地球大气圈发生了根本性的变化。为什么会变化那么大呢？今天的地球有很多氧气，金星上几乎没有，所以金星的大气是还原环境，地球是氧化环境。从还原环境变成氧化环境，需要液态水——海洋，大气圈的二氧化碳溶于海水，再进入岩石圈和地幔深处，这就是地球演化的早

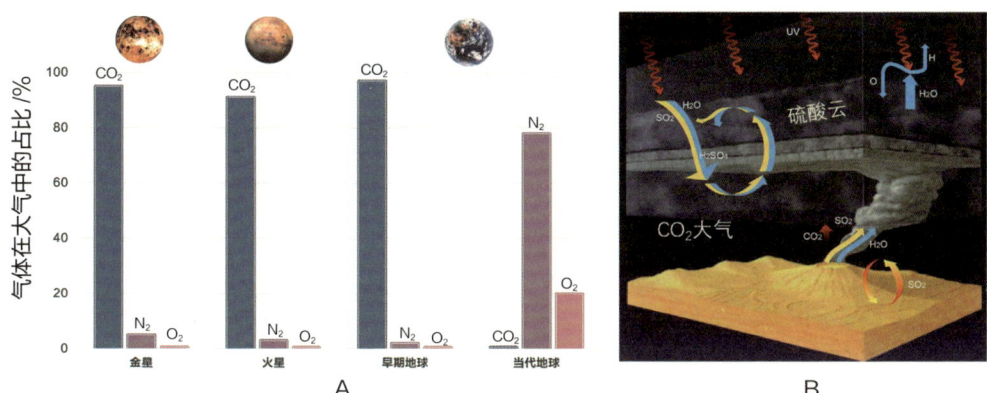

图 8.22 内行星大气圈的比较。 A. 大气成分的比较; B. 艺术家笔下的金星大气圈

期过程。45 亿年的地球史,就是海水和生物将二氧化碳转入地壳,变成氧气大气的过程。在演化的早期,二氧化碳浓度和金星差不多,应为 0.98%,而到工业革命前夕达到了最低值约 0.028%,之后逐年升高,现在约 0.032%。所以我们放眼看历史,就会发现在人类排放温室气体之前,气候、大气本来就在变,而且幅度大得多,所以只有理解不同尺度的变化机理,才能处理好人类活动和气候演变的关系。

然而,揭示温室气体和气候变化的关系,是 40 年前提出的新课题,这要求几代人努力去回答。等到科学界澄清之后再去行动,就已经太晚,因此各国立刻采取全球规模的行动是唯一正确的选择。最近几十年随着航天和深海技术的进步,科学界对于地球宏观环境演化的认识,有了飞跃式的进步,发现早在人类活动之前,地球表面的环境就发生过天翻地覆的巨大变化,其中包括太阳系的变化、地球内部的变化过程和生物圈的演变。

30 亿年前,太阳光度比现在低 25%,但是地质记录表明,当时地球表面的海水并未结冰,什么原因?看来还是温室气体。不仅是二氧化碳,有可能甲烷(CH_4)的浓度也比现在高几个数量级。当然,这是一种解释,也只是一种假说。

地球也在演变,最早也是最大的变化,就是月球的产生。太阳系形成不到1亿年,也就是地球形成大概3000万年时,有一颗相当于地球1/10的星胚撞上地球(图8.23A、B),地球外面的一部分和撞来的星胚一起熔融变成气体(图8.23B、C),这种硅酸盐的高温气体在凝结以后,重新形成了一个月球胚(图8.23D),而高温下的地球表面出现了岩浆海,促进了地球内部分层,进一步演化形成了今天有大洋、有板块的地球(图8.23E)。这是怎么知道的?是登月之后采回样品分析同位素知道的。这类撞击事件在太阳系形成的早期司空见惯,后来的撞击事件少了,但是也有。比如6600万年前,一颗直径大概10千米的

图8.23 月球的诞生。A、B.星胚撞击地球;C.散出硅酸盐气体的岩浆盘;D.凝结形成月球;E.地球进一步演化形成今天的月-地系统

小行星撞到了玛雅人的故乡——墨西哥的尤卡坦半岛,造成了世界上75%的生物灭绝,包括恐龙在内。当然,恐龙灭绝不能全怪撞击事件,在此之前已经有大量玄武岩溢出,在现在的印度形成的德干高原面积就相当于四川省面积,火山带来的毒气已经为恐龙敲响了丧钟。

◎ 生物圈的演变

地球表层之所以有生气,靠的是生物圈;而生物圈能够发展,靠的是氧气。

今天地球大气中氧气占21%，实属来之不易，产生氧气从微生物开始，这是生物圈几十亿年的功劳！早期地球和金星、火星一样，属于还原环境，大气圈里二氧化碳占绝对优势，地球上生命起源也是在还原环境里发生的。但是演化产生了一种蓝细菌，它能够进行光合作用，放出氧气，这些蓝细菌长期的工作，给地球上创造了很多氧气。地球在40亿年间，前20亿年大气中氧气的含量只是现在的万分之一，最近的十几亿年也只有百分之一，所以在地球历史的大部分时间里，氧气的含量一直都是很低的。（图8.24A）

生命过程的基础就是把无机成分变为有机物，无论在还原环境还是氧化环境下都可以进行，但是还原环境下合成有机物的效率极为低下。在还原环境下，生物依靠地球内热，通过化学合成作用生产有机物；在氧化环境下，生物体靠太阳辐射能，通过光合作用生产有机物。地球表面有的是阳光，因此有氧光合作用的出现，是地球系统巨大的"产业革命"。地球是唯一能够把太阳能利用起来的星球，正因为地球上有了生物的光合作用，能够把太阳能变成化学能以后，才把太阳辐射的能量以物质的形态保

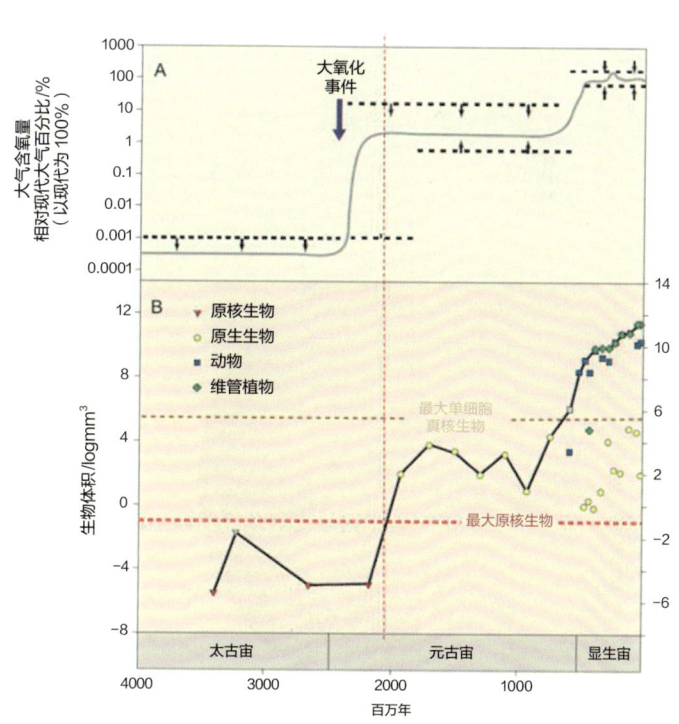

图8.24 生物体积与大气含氧量的共同增长

留在地球上。在地球演化的早期,只是靠地球内部的能量把无机能转化为有机能,也就是现代几千米海底下的黑暗食物链,热液、冷泉生物的作用;但是太阳能生物圈形成并发展后,光合作用大展宏图,制造有机物的效率提高了上万倍。

生物圈能够发展到今天,是生物演化的功劳。单靠微小的单细胞生物不可能占领地球表面各个圈层。而生物要增大个体,必须向多细胞生物的方向发展。地质记录表明,随着大气的演变,大气的含氧量显著增加,生物的体积也越来越大。生物圈演化的头20多亿年,生物长得很慢,也就是几毫米到几厘米,但在最近5亿~6亿年的显生宙,就产生出30多米长的蓝鲸和高逾100米的红杉,重要的原因在于有充足的氧,才有大个体生物,有了大个体生物才能远距离迁移,改造地球的表面。(图8.24B)

然而生物圈的演变过程绝非一帆风顺,而是一部一次又一次攻克难关的光荣史。比如说,7亿年前,整个地球被雪包住了,这在20年前没有人相信,但现在基本上相信了,虽然也还有争论。这怎么会发生呢?当时的地球主要是单细胞生物的天下,大气含氧量才1%左右。蓝细菌制造氧气,虽然不多,但是对于当时地球大气的还原环境来说,氧就是一种毒气,氧会破坏温室气体,比如甲烷就会被氧破坏掉,破坏以后地球的温度可能就下降。从地质证据看,7亿年前后靠近赤道地区都有冰碛石,推测地球一度被冰雪覆盖,成为"雪球"(图8.25)。具体原因至今不明,有的说是天文因素,也有的说就是氧气开始出现所惹的祸。"雪球"延续2000多万年并且反复出现,但是"雪球"

图8.25 "雪球地球"假设(示意图)

却包不住"火",地球内部的岩浆火山作用使冰雪熔融。所以"雪球"也只维持了2000多万年,又被化掉。今天我们歌颂生命演化造就了宜居地球,也不能忽视这些艰难的历程。

生命从海水里起源,而生物登陆是另一个难关。当生物离开水体之后,运动引起体型构造的变化。水里面的生物可以长成球状,反正到处都是营养,动物可以"滚"着走,但是陆地上的生物都是两侧对称。如果你想象自己是个球状的,到了红绿灯面前怎么办?海里面的植物不用发愁水,但陆地上的植物就不行了,要自己去找水,要从土里把水吸上来,所以根茎必须发达。

大约距今4亿年前,生物开始跑到陆地上来,先是植物后是动物,这是地球上一场了不得的巨变,只有大地变绿,地球上的生物圈才能起重大的作用。陆地植被的形成改变了地球表面的景观地貌。比如地面,土壤的形成不但改变碳、水循环,而且因为根系网加固的土壤层抗冲刷的能力加强,植被产生以后对河流冲刷地面的行为产生阻力,于是河道形成曲流蜿蜒而行,演变为曲流河。

荒凉的大地有了植被的光合作用,大气成分就发生了变化。到了3亿年前的石炭纪,大气含氧量高达35%,陆地上长出了很多植物,而且长得非常高。但是有可能微生物的演化没跟上,植物死了要腐烂,但分解纤维素的微生物没有演化出来,结果地球的氧气含量非常高,二氧化碳非常缺。石炭纪是植物茂盛、大量成煤的时期,树木可以高达45米,巨型蜻蜓有75厘米。(图8.26)与用肺呼吸的鸟类不同,昆虫是没有肺的,直接靠气管吸进气体。当时的氧气含量特别高,所以很容易呼吸,蜻蜓长得比后来出现的鸟类还大。

生物圈的经历并不只是劫难,因为生物演化本身也在为自己创造宜居条件,近3000万年来,生物圈内部的协同演化就是一例。植物演化是先有树林,后有草原。地质历史上草的出现比较晚,但是你去摸草的话,有时候手会被割出血来,那是因为草里面有硬的硅酸体(phytolith)。硅酸体是一种蛋白石,到水里逐渐溶化,这样海水里面就增添硅了。海里面演化产生的一种植物叫作硅藻,也需要硅制造外壳。草类的繁盛送来了硅，促进了硅藻的繁盛。再说草比树叶子硬，随着树林变草原，陆地上原来吃树叶的动物改为吃草，于是牙齿就要变长，才能磨得了草，所以就产生了牙齿很长、嘴巴很长、腿也长、跑得很快的动物，这就是马的演化。（图8.27）硅藻和草类的繁盛，改变了地球表层系统元素的平衡，而且增大了气候系统的不稳定性。

总之，一部生命演化史，就是生物圈逐步开始扩大空间范围、提高生产效率的过程。第一个关键环节是利用外来能源合成有机物，也就是"自养"能力

图8.26　3亿多年前的巨型树木和巨型蜻蜓

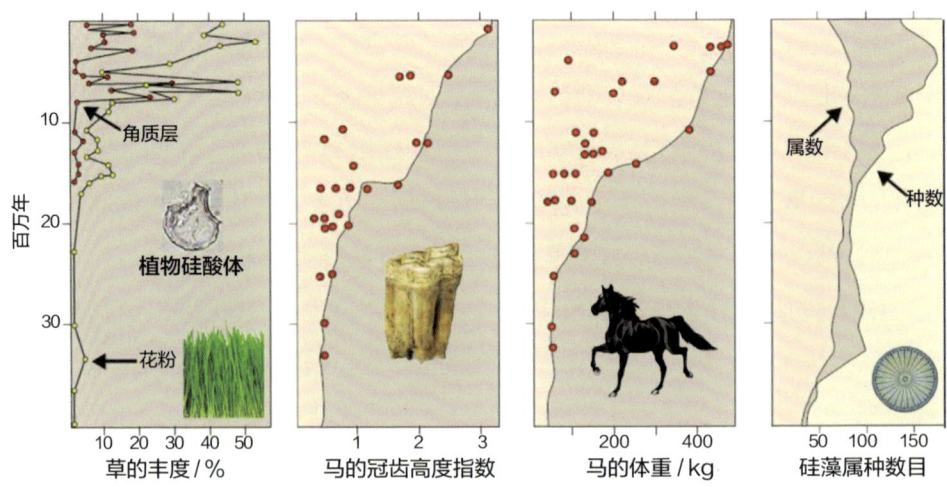

图8.27　近3000万年来生物圈内部的协同演化

的产生,就是生命起源。第二个关键是有氧光合作用的产生,获得无穷尽的能源与物源。第三个关键是动物的产生,是建立起食物链,扩大生物传播能力。第四个关键是生物登陆,在海水之外开辟大陆乃至大气的生活环境。如果放眼整个地球历史,宜居地球的形成是在太阳系演变的天文因素、地球内部的地质因素和生物圈演变的生命因素三者共同作用的结果,生命因素出现最晚,但是所起的作用最大,其中近几百年来的人类活动尤为突出。(图8.28)

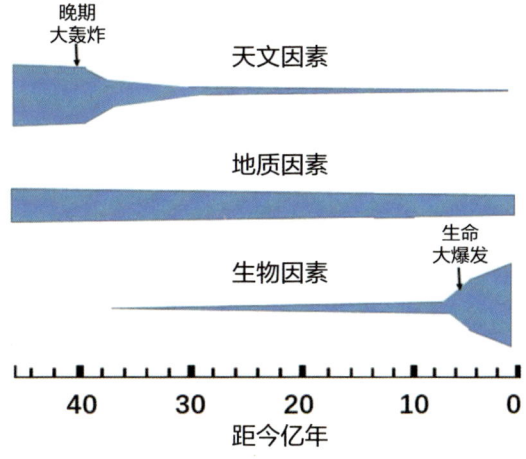

图 8.28 宜居地球塑造营力的历史演变

第五节

人与自然的协调发展：突破"人类中心观"

"人类中心观"是科学家认识世界的大敌。理解地球系统的运行规律，意识到人类只不过是地球上的一个物种，可持续发展才有可能。

◎ "万物之灵"与"征服自然"

人们习惯于自我称呼为"万物之灵"，其实"人类中心观"是科学家认识世界的大敌。人类在科学里面经常犯的错误，很多是因为人类以自己为中心，当年的"地心说"就是教训。只有理解地球系统的运行规律，意识到人类只不过是地球上的一个物种，才能实现可持续发展。

现在我们已经知道，地球的生态环境不像原先想象的那么简单，因此近些年来产生了很多有趣的新思想。荷兰大气化学家、1995年诺贝尔化学奖获得者保罗·克鲁岑（Paul J. Crutzen，1933—2021）2002年在《自然》发表文章《人类的地质学》（Geology of Mankind），提出了人类世（Anthropocene）的概念，即工业革命开启了一个新的地质时期——人类世，人类活动已经强大到能影响全球气候环境的变化。也许更值得注意的是一位英国的科学家詹姆斯·洛夫洛克，我们在第四章里已经提到过他。20世纪70年代，他提出了把地球比作一个生物，像一个超级有机体，能调节自己。我开头也不相信，觉得"盖娅学说"像宗教一样，但是现在回头看地球系统真是这样，各个系统组织在一起，协调配合，才有今天宜居的地球。

现在热议的"全球变暖"和"气候外交",不只是科学技术和国际热点问题,还是人类生活方式、人与自然如何相处的深层次大问题。"全球变暖"的认识过程,体现了西方文化"末日文化"的特色,而可持续发展答案的寻求,需要东方文明的加入,从中华文化里寻找理解地球系统的科学依据和文化依据,建立人与大自然融合,"天人合一"的,而不是"征服自然"的世界观。

不知道有人注意过没有,旅游景点或者一些工程的解说词中,常常出现"人定胜天"的口号。其实这和"万物之灵"的称呼一样,都反映出人类没有摆正自己的位置。人类有时候很可笑,有的人爬到喜马拉雅山顶就说"我征服了喜马拉雅山",就像蚂蚁爬到了苹果上面,说"我征服了苹果"。人类对自然要有敬畏之心。人不去跟自然和谐相处,要征服它,有这种愚蠢的想法才会干出愚蠢的事来。

学术界提出"地球工程学"(geoengineering),建议用大型工程应对温室效应、减缓全球变暖,这既是一种积极的进取,也是一种冒险的挑战,需要慎重对待。一个例子是用上千个巨型塑料管投入海里,靠波浪和单向阀将200米处富营养的冷水泵至表层,深处的水里含有营养物质,营养物质浮到海面来,使得海面的生物量大大增加,可以吸收大气中的二氧化碳。但这个想法有争议,因为深层水也会把二氧化碳带上来,增强温室效应。还有人提出"平流层加注颗粒"的气候工程(SPICE),建议用巨大的气球将硫酸盐气溶胶送入20千米高的平流层,气球炸了以后就可以在平流层里增加颗粒,降低气温。但是实验尚未开始就被叫停,因为真不知道还会派生出何种其他气候与生态后果来。

◎ 可持续发展与和谐世界

很多人提出要当心各种各样的所谓地球工程学,这种做法未必对地球有好处，我们要寻找一个可持续发展的世界，实现一个和谐的世界。"可持续发展"不光是句口号，而是社会发展的唯一选择，即人类社会发展方式必须转型。地球上至今出现过约1000亿智人，其中绝大多数出生在最近的300年，公元初年全球不超过2亿人（图8.29A）；而且随着技术发展，人类活动越来越影响全球环境，必须采用新的社会发展方式才能持续。有待通过全球性的共同努力，尽早揭示全球气候环境变化的机制，控制温室气体的排放，实施可持续的社会发展模式。

在本书的结尾，我想强调，当代世界的根本趋势是全球化。石器时代，地球上的人很少，散落在各大陆，很难相互碰到。重大的变化发生在现代科学产生之后，16—18世纪人口数量快速增加，第二次世界大战以后，人口数量更是爆炸式增加。联合国《世界人口展望2022》报告显示，2022年11月全球人口达到80亿，世界已经变为80亿人的命运共同体（图8.29B）。但是工业化以来，人类社会发展的方式是不可持续的。工业化依靠的化石能源，包括煤、石油、天然气，

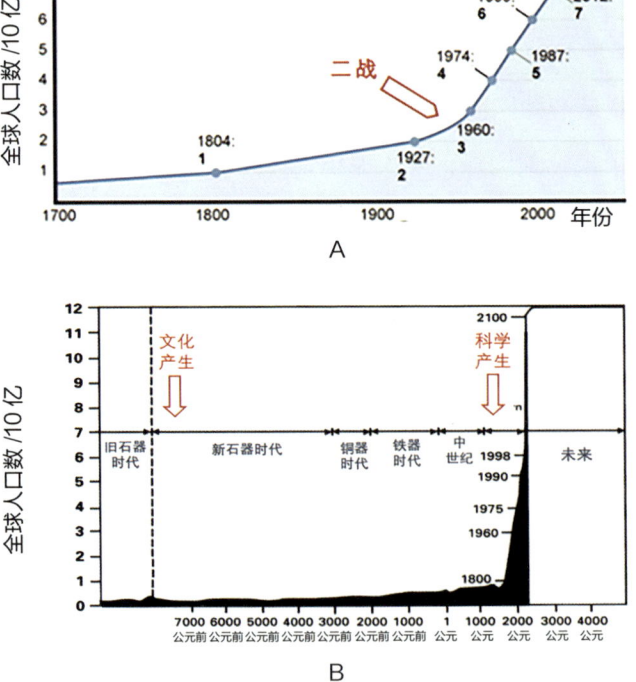

图8.29 世界人口的增长历史。A. 近300年来人口剧增；B. 近万年来全球人口数

那都是几亿年前的植物或者近亿年前的浮游生物,通过光合作用固定下来的碳,而我们在几百年或者几十年里就拿来燃烧,又把碳放回大气。人类把上亿年积蓄的能量耗光,成了地球历史上最大的"啃老族"。

于是产生一连串问题:人类发展,需要用能够再生的清洁能源。16世纪以来欧洲创立的世界秩序,甚至于革命理论,都是以发达国家为主导的,原来提供劳动力、原料的民族,现在也要"发展",就产生了一系列问题。人类共同呼吸的大气、物质交换的贸易、精神交换的语言……都成了国际课题。沉睡的中国醒来了,中国向何处去?是跟着走,还是自己开路?……文化发展铸造了当代人类,现代科学的产生改变了社会发展轨迹,现在,人类发展向何处去?这就是"科学与文化"所面对的问题。

◎ 参考文献

[1] 汪品先. 全球变化与古环境研究 [M]// 汪品先. 地球系统与演变. 北京:科学出版社,2018.

[2] 汪品先. 人类世:在古今之间拆墙 [J]. 世界科学,2019,489(9):35-37.

[3]《全球变化及其区域响应》科学指导与评估专家组,汪品先. 深入探索全球变化机制——国家自然科学基金委重大研究计划的战略研究 [J]. 中国科学:地球科学,2012,42 (6): 795-804.

问答

> 问：20世纪60—70年代说冰期要来了，过了30年又喊全球变暖，这样的科学界确实使人难以信任，但是这也确实是基于当时的状况。那么，科学界应该怎么做才能建立公众的信任呢？出现反复无常的说法，本质原因是什么呢？

答：科学界和社会上一样，多数人往往跟风、顺大溜，造成学术界主流意识一边倒。客观上确实20世纪40—70年代气候变冷，加上冷战时期的"核冬天"威胁，当时的主流观点是冰期降临、全球变冷。但是也有头脑冷静的科学家，始终保持自己的见解。就在这一片"变冷"声中，1975年，美国布洛克教授（Wally Bricker，1931—2019）在《科学》上发表文章，主张"我们正处在全球变暖的边缘"，果然此后全球温度就转为明显上升。

当然，"反潮流"是要有勇气的。关于温室效应和全球变暖的联系至今还在争论，本质原因在于变化的周期长、人类的记录短，但是又不能等科学家弄清楚了再说，于是就出现了矛盾，出现认识的反复。

> 问：什么样的灾难对人类而言可能是毁灭性的？人类作为智慧生物，是否可以打破进化史上每个物种都将走向消亡的铁律？

答：地球历史上最大的灾难是星体撞击，太阳系形成之初的几亿年里，星体撞击时有发生，地球形成不到1亿年就发生了大撞击，形成了月球。以后撞击的频率越来越少，撞来的星体也许越来越小，6000多万年前一颗小行星撞在墨西哥，导致了恐龙和一大批生物的灭绝。事到如今，这类灾难的概率变得极其微小。

确实，在生物演化史中，我们还不知道是否有永生的物种；但是在人类之前，也不曾见过具有智能的物种。人类会不会灭绝，只能留给遥远的后人去讨论。

> 问："人类中心观"虽然是科学发展的一个阻碍因素，但是在科学发展的早期，它有没有对科学起到促进作用？比如全球变暖与冰期旋回，这类气候变化是否也会是地球的一种自我调节，而人类则认为这是一种极其异常的现象。这是否也是一种"人类中心观"？

答：是的，人类研究科学就是从自身需求出发，所谓生态环境首先也是人类自己生存的环境。我们反对"人类中心观"，并不是要求人类吃素放生、珍惜蚁命，而是要全面认识地球系统，意识到人类只是生态系统中的一个物种，这才有可能为社会发展找到可持续的途径。

地质历史上，无论地球表层的温度升降，或者温室气体的浓度变化，都曾经远远超过人类的经历。有人主张地球具有自我调节能力，才能使生物圈和地圈协同演化，屡经劫难而至今不衰。因此人类在应对"全球变暖"问题时，应当放眼地质历史，不应囿于人类经历的时段。

> 问：从历史上看，优秀的科学家往往同时也都是颇有见解的哲学家，是否说明文理兼修的人才将愈发重要呢？

答：促进科学和文化的结合，是我们开设这门课的宗旨。确实，一些大科学家往往也有深厚的人文修养。科学家的兴趣和视野，往往会随着年龄和经历而扩大，进入老年更容易沉浸到哲学里去，以至于有人误会，说大科学家晚年转入宗教。

这种现象并不限于大科学家才有。拿我来说，学术经历从显微镜下的微体化石起步，然后扩大到海洋盆地，进而拓展到地球系统，现在甚至于探讨科学与文化的关系，离自己的专业越走越远，也可以说离哲学越来越近。

图片来源

部分图片来自以下文献：

图 1.17 Jean Marc Côté 作品。 图 2.9 A.Favali P. and Beranzoli L.，2006；B.Francisco R. Villatoro，2015。 图 2.10 C 据 Azam and Malfatti，2007 改。 图 2.11 A. Specifier Review。 图 2.12 GeoGARAGE Blog。 图 2.13 据 Church，1996 改。 图 2.14 A Steven；B Shirey and James；E Shigley，2013。 图 2.15C 修改自 Cook et al.，2006。 图 2.18 A、B Harold Edgerton，Milk Drop Coronet。 图 2.19 C Lin et al.，2013。 图 2.24 Heezen and Tharp，1977。图 3.14 Van Dover et al.，2018。图 3.18 Furnes et al.，2007 和 Marcarelli，2009。 图 3.19 Li and Wang，2019。 图 3.20 Miller et al.，2018。 图 4.9C Wendy M. Ross。 图 4.10 Lauga and Goldstein，2012。 图 4.12 邹佩珠作品。图 4.14 Flemming，2016。 图 8.24 Payne et al.，2011。 图 8.27 据贺娟、汪品先，2005；Retallack，2001 改。

部分图表由汪品先绘制。

本书部分地图由青海天域北斗数码测绘科技有限公司绘制，由青海天域北斗数码测绘科技有限公司授权使用。部分地图著作权归青海天域北斗数码测绘科技有限公司。

致　谢

《科学与文化》这本书虽以个人署名发表，其实却是许多位老师共同努力的成果。记录的是2021年的讲课，其实却是多位专家和同事好几年劳动的产物。作为此课的前身，2017年曾经在同济开设过"文化与海洋"的公设课，邀请钱旭红和丁抗两位教授参加客座授课，他们的精彩演讲是"科学与文化"课程前奏曲的重要部分。

这门课是同济大学海洋学院在校部领导下开设的通识课，自始至终由于鹏副院长组织。在2017年的上课期间，得到了同济校部马锦明、朱大章，还有海洋学院林梅等老师的大力支持，并由刘雨萌、祁晓婉等老师承担了具体组织工作。2021年的课程增强了投入，同济校部吴广明、运迪、顾旭峰、黄艾娇和海洋学院陈俐敏、孙烨忱等老师都给予全面支持，在录像、直播、推送和宣传方面，又得到李华、聂阳阳、张婧雯、严勇、王宁等老师的全力支持，方才取得了课程的完满成功。尤其是在每次课后，还组织了同学提问、老师回答，促成了课程的双向交流。由于田军、黄恩清老师和李科同学的努力，我们从学生的大量提问中选取一部分作课堂回答，并附在本书各讲的末尾。

现在此书的成功出版，全靠人民日报出版社诸位编辑同仁，作者在此深表谢意。对我本人来说，《科学与文化》的编写是一次"接受再教育"的过程，因为只有编写之后方才明白：上课和写书是两码事，提笔落墨要比开口说话吃力得多。尤其是在上课以后的两年里，国内外有不少新发展，我本人也颇有新认识，因此花了不少力气反复修改，尽量充实新鲜内容，减少白纸黑字上的失误。尽管如此，跨越文理写书还是我生平第一回，纰漏在所难免，因此衷心欢迎读者的批评指教，不管是正面还是反面，只要此书能引起科学界和文化界老师和同学的共同关注，那就是对作者最大的鼓励。